철학개론
- 유럽 철학 개론 강의록 -
I

Lecture On Philosophy I
- On European Philosophy -

철학개론 I - 유럽 철학 개론 강의록
Copyright © 2022 by 철학이야기
All right reserved.

이 책의 저작권은 철학이야기 출판사에 있으며 저작권법에 의해 보호를 받는 저작물입니다.
무단 전재와 복제는 금합니다. 단, 출처를 밝히고 사용하는 것은 적극 추천 권장합니다.

유튜브 방송 【폴라스타 채널】의 〖철학아카데미〗코너에서 진행한

철학개론
- 유럽 철학 개론 강의록 -
I

강의 동방명주

Lecture On Philosophy I
- On European Philosophy -

철학이야기

유튜브 방송 【폴라스타 채널】
박근혜 대통령 불법탄핵의 진실을 알린 방송이라 그런지, 조회수가 점점 줄어들고, 구독이 취소되고, 댓글이 사라지고, 실시간 방송이 강제로 중단되고, 방송이 삭제되는 등 유튜브에서 견제당하는 **세계 최초 소통형 철학 방송**

머리가 명료해지고,
논리적으로 생각하는 힘이 길러지는
『철학개론 I』

부제 : 유럽 철학 개론 강의록

이 책에 있는 내용은 **2021년 8월 22일 일요일**
【폴라스타 채널】의 『철학아카데미』 코너에서
대한민국 최초 메타철학자 동방명주가
2700년의 유럽 철학 역사와 철학의 종류에 대해
3시간 56분에 걸쳐 진행한 **문답식 강의**를 기록, 정리, 편집한 것입니다.

"인간은 지적 동물이며,
태어날 때부터 앎을 추구한다."

- 아리스토텔레스 『형이상학』 -

차 례

강의 보기 전·후에 참고하면 좋은 유튜브 방송 소개 …… 15
【철학아카데미】와 【폴라스타 채널】소개 ……………… 16
유럽 철학 개론 온라인 화상 강의 공지 ………………… 21

Prologue 강의 들어가기 전에

1 | Welcolme to 철학의 세계
    Welcome to 철학의 세계 ………………………………… 27
    어설피 철학을 아는 것보다 텅 빈 상태가 더 좋다 …… 32

2 | 인간은 지적, 이성적 동물이다
    인간은 지적 존재 ………………………………………… 37
    인간은 태생적으로 앎을 원하는 존재 ………………… 39
    철학을 배우면 인생의 답을 찾을 수 있나요? ………… 41
    왜 사람들은 철학 인문학에 관심을 가질까요? ……… 44
    가짜와 진짜를 구분하는 법: 질문 ……………………… 46
    이 강의를 신청한 이유는? ……………………………… 47

3 | 왜 우리는 철학을 어렵다고 여기게 되었을까?

이유 1 철학 원래 굉장히 어려운 학문 ·················· 53

이유 2 철학자들의 잘못 때문 ······························ 56

이유 3 철학 교수들의 잘못 때문 ························ 57

이유 4 번역자와 출판사의 잘못 때문 ················ 60

철학이 어려운 건 절대 여러분의 잘못이 아니다 ······· 65

철학 공부는 안내자가 필요한 학문 ······························ 66

Chapter 1 철학 공부가 어려운 이유

철학 공부가 어려운 이유 여섯 ·················· 72

1 | 추상적 개념을 다루기 때문에 ················ 76
철학이 머리 아픈 이유는? ·························· 77
추상적 개념이란? ·· 79

2 | 철학자마다 다른 언어를 사용했기 때문에 ·············· 82
(1) 철학자마다 다른 언어 사용: '이성' '오성' ·········· 84
(2) 시대마다 다른 언어 사용: '덕' ······························ 86
(3) 문화마다 다른 언어 사용: '신' ······························ 92

3 | 역사적 배경을 알아야 하기 때문에 ······ 96

역사철학적 관점 견지의 중요성 ······ 97

역사적 배경을 살펴보는 것이 중요한 이유 ······ 100

   (1) 플라톤 ······ 101

      플라톤의 개인사 ······ 102

      소크라테스트는 소크라테스가 아니다 ······ 104

      소피스트는 어떤 존재? ······ 105

   (2) 아리스토텔레스 ······ 109

   (3) 토마스 아퀴나스 ······ 113

   (4) 애덤 스미스 ······ 115

   (5) 칸트 ······ 118

역사적 배경을 알아야 하는 이유 ······ 119

4 | 제너럴리스트여야 하기 때문에 ······ 123

제대로 된 진짜 학자가 없는 이유 ······ 127

5 | 철학사적 배경을 알아야 하기 때문에 ······ 128

6 | 종교철학과 종교전쟁을 알아야 하기 때문에 ······ 132

Chapter 2 철학을 공부하는 방법 네 가지

1 | 철학사 위주로 공부하기 ·············· 145
2 | 주제·분야별로 공부하기 ·············· 147
3 | 철학자 위주로 공부하기 ·············· 148
4 | 동방명주가 제안하는 방법으로 공부하기 ········· 149

Chapter 3 철학사

유럽 철학사의 큰 흐름 보기 ················ 156

1 | 고대 철학
고대 철학의 네 분류 ················ 157

2 | 중세 철학
중세 철학의 네 분류 ················ 158

3 | 근대 철학
(1) 이성중심주의 철학 ················ 160
(2) 경험절대주의 철학 ················ 161
(3) 칸트철학 ················ 163
(4) 헤겔철학 ················ 163

강의 중간 후기 ················ 165

Chapter 4 알아둬야 할 철학 용어들

1 | 꼭 알아둬야 하는 철학 용어들 ·········· 172
　(1) 관념론 vs. 실재론 ·········· 173
　(2) 유심론 vs. 유물론 ·········· 173
　(3) 본유관념 vs. 외래관념 vs. 인위관념 ·········· 173
　(4) 존재 ·········· 173
　(5) 인식 ·········· 174
　(6) 인식의 원리, 존재의 원리 ·········· 174
　(7) 상대주의 vs. 절대주의 ·········· 174
　(8) 사변 ·········· 174

2 | 꼭 알아둬야 하는 철학 용어들의 관계 ·········· 175

3 | 철학 용어 '선험'에 대해 생각해 보기 ·········· 182
　부채 사례로 본 '선험' ·········· 183
　'선험'은 '이성중심주의'에서만 인정 ·········· 185
　동방명주의 선험 예시: 아이들의 끝없는 질문 "왜?" ·········· 190

4 | 본유관념[생득관념] vs. 외래관념 vs. 인위관념 ·········· 193

5 | 존재, 인식 ·········· 195

6 | 사변 ·········· 196
　발전적인 철학용어 개념에 대한 논쟁 ·········· 197

7 | 상대주의, 절대주의 ·········· 198
　빨갱이들의 혼란 침투법 ·········· 200
　객관주의는 객관적 진리, 보편적 원리가 있다 ·········· 201
　유시민의 거짓말 ·········· 202
　허용된 거짓말과 객관주의 ·········· 204

Chapter 5　철학의 분야

1 | 철학의 분야 ·· 214
2 | 인도 철학의 인식론 ······························· 217
　(1) 상키야파 ······································ 218
　(2) 로카야타파 ·································· 220
　(3) 불교·바이세시카파 ······················ 221
　(4) 니야야파 ······································ 222
　(5) 미망사파[바타파]와 베단타파 ······ 222
3 | 스스로 생각하기 ·································· 224

Epilogue　후기

강의 들은 후 어땠나요? ···························· 229

Addition　철학 공부가 어려운 이유 일곱 번째

철학 공부가 어려운 이유 일곱 번째 ················ 238
1 | 엄밀함 ·· 240
2 | 명료함 ·· 243
3 | 치열함 ·· 248
4 | 올바른 논리 추구 ································ 249
공교육에서 가르치지 않으니 모를 수밖에 없다 ············ 251

Appendix 부록 : 여섯 가지 증명과 단상들

[증명1] "철학은 최고 유용한 학문" 증명 ······· 259
[증명2] "신이 존재해야 하는 이유" 증명 ······· 263
[증명3] "신은 없다" 논리 오류 증명 ············ 266
[증명4] "철학이 과학보다 중요하다" 증명 ······· 273
[증명5] "인간은 이성적 동물이다" 증명 ········ 276
[증명6] "동양철학은 조선이 으뜸이다" 증명 ······· 280

[단상1] 왜 사람들은 "철학은 어려운 학문"이라고
생각하게 되었는가?(1) ············ 283
[단상2] 왜 사람들은 "철학은 어려운 학문"이라고
생각하게 되었는가?(2) ············ 285
[단상3] 과학이 도그마에 빠지면 ············ 291
[단상4] 기억이란 무엇인가 1 ················ 295
[단상5] 기억이란 무엇인가 2 ················ 296

참고 서적 ·· 300

후기 : 『철학개론』에 쏟아진 찬사 ················ 339

강의 보기 전·후에 참고하면 좋은
유튜브 방송 소개

【폴라스타 채널】유튜브의 〖철학아카데미〗 코너

《지식 지식인 개념정리》

"엘리트들이 오만한 이유는 뭘까?"

궁금하신 분은 아래로~

2022년 1월 28일 방송
(1시간 17분 4초)

https://youtu.be/7Chmm8CvGeA

【철학아카데미】와 【폴라스타 채널】 소개

유튜브에서 실시간으로 『유럽 철학 개론 강의』를 진행한 동방명주는 두 개의 유튜브 방송을 운영하고 있습니다. 하나는 【철학아카데미】,
유튜브에서 '철아카'로 검색
하나는 【폴라스타 채널】입니다.
유튜브에서 '폴라스타'로 검색

1. 【철학아카데미】방송은 우리에게 꼭 필요한 인문학을 주제로 하는 방송입니다.

2. 현재 **4만여 명의 구독자**를 보유한 【폴라스타 채널】은 대한민국의 경제적 번영과 정치적 자유, 그리고 경제적 자유를 지키기 위해 시작한 방송으로 찐보수우파 진영을 대표하는 유튜브 방송입니다.

3. 【폴라스타 채널】진행자인 동방명주에게 붙여진 별명 108개
    논리의 여신
    논리의 여왕
    국민쌤
    동방의 횃불
    동방의 등불
    동방의 단비
    시간 마법사
    시공간 마법사
    정리 마법사
    동방의 보배
    동방의 비단
    아시아의 명주, 세계의 명주

동방불패
동방신기
동방신주
동방진주
동방맹주
동방박사
동방똑주
미인 명주
보배 명주
철학으로 애국하는 쌤
동방의 최고 미인
동방 이쁜이
동방의 번갯불
심리의 전설
타이밍의 여왕
타이밍의 여신
on time 동방명주
동방의 진리 쌤
동방 킬러
대한민국 지킴이
동방의 빅뱅
동방의 미인
동방골드쌤
동방 다이아몬드
선구자
동방 희망
동방 보석
동방의 지혜의 등불
늘 맑은 눈의 님
귀신 잡는 해병
동방명주 예쁜이

볼매 명주 (*볼매: '볼수록 매력적인'의 줄임말)
클러버 명주
동방의 진리의 빅뱅 단비 쌤
희망전도사인 레드 버스터
동방의 빛
천리안으로 보수우파를 지켜주는 왕눈이 언니
이 시대의 리트머스
우리의 선각자
순진 천사
지혜의 여신
최고의 보수우파 유튜버
제대로 진실을 파악하게 해주시는 동방명주
난세시대의 양심철학자 동방명주
중공똥개 잡는 동방맹주
북똥개들 잡는 동방명주
동방명주 진리의 빛
동방철퇴
동방대장
미인대장
시대지성 뇌섹녀 동방명주
진짜 철학자
사회계몽가
동방의 천사
예비 노벨평화상 강력 후보자 동방명주쌤
정의와 진리의 빅뱅 단비 쌤
희망의 아이콘 동방명주
이 시대의 진정한 스승
해동둥이
해동공주
동방의 태양
장님들의 눈을 열게 하는 진정한 철학자

동방명주 신령님
지성미 넘치는 과외쌤
대한민국 수호자
대한민국의 빨강 머리 앤
열심히 노력하는 보수 아이콘
찐보수의 샛별
왕눈이 누님
빨갱이 쓸어내는 빗자루
찐보수 종결자 동방명주
리더들의 리더
우파 찐보수 여대장
이 시대에 온 인드라 화신 동방명주쌤
이 시대의 위대한 스승
이 시대의 철학자
이 시대의 위대한 계몽가
생명수
국립도서관
스마트 동방명주
간첩색출대사 동방명주
애국 여신 동방명주
진국 동방명주
환희의 여신
우리를 어두운 세상에서 일깨워주는 공주
야전 철학가
동방의 왕눈이 미인
자연미인
애국 명사
간첩 색출 도사
짐승과 사람을 구별하는 속눈썹을 주시는 호랑이 동방명주 선생님
LOGIC을 갖고 어휘력으로 무장한 정의 지킴이 여전사 동방명주
진성 애국 여전사

19

유쾌한 동방명주
지혜의 여신 동방명주
Red Buster

4. 【폴라스타 채널】에 붙여진 별명들
　　보수우파의 등대
　　찐보수우파의 등불
　　찐찐찐 대박 방송
　　지식충전 배터리 방송
　　태극기를 사랑하는 방송
　　역사탐구방송
　　1000여명의 애청자가 유일하게 풀시청하는 채널
　　찐보수 채널~!! 빠 탈출채널~!!
　　자유민주주의 수호자! 폴라스타!
　　진짜 중에 진짜 방송
　　우리들의 큰 선물 폴라스타
　　우리들의 희망 폴라스타
　　우파채널 중 넘버원
　　똑똑해지는 채널

유럽 철학 개론 온라인 화상 강의 공지

【폴라스타 채널】의 커뮤니티에 공지한 강의 안내문

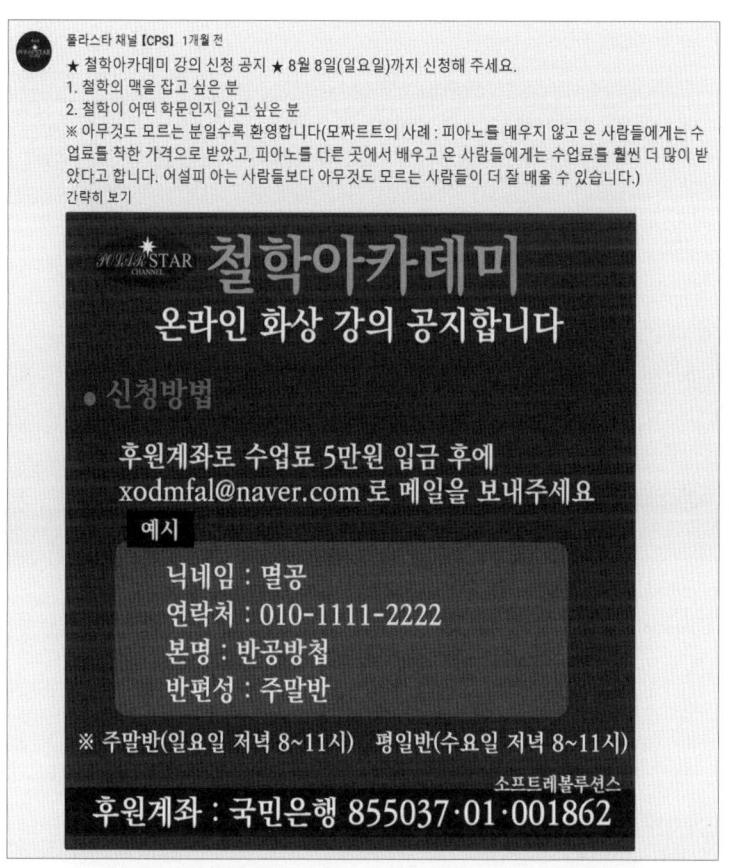

2021년 8월 유럽 철학 개론 강의 공지 내용

환영합니다

최고의 지성을 지닌
인간만이 누릴 수 있는
최상의 정신세계 시공간인
멋진 철학의 세계에
오신 것을

`Prologue` 강의 들어가기 전에

1

Welcome to 철학의 세계

Welcome to 철학의 세계
어설피 철학을 아는 것보다 텅 빈 상태가 더 좋다

> **Prologue** 강의 들어가기 전에

Welcome to 철학의 세계

지금부터 이 세상에서 그 어디에서도 들을 수 없었던 하나밖에 없는 강의, 한국의 유수한 대학에서도 들을 수 없고, 옥스퍼드 하버드에서도 들을 수 없는 유일한 강의, 고대 그리스 아테네 플라톤과 아리스토텔레스 그리고, 스토아학파 이후 최초인 유럽 철학 개론 강의를 듣게 되신 것을 축하드립니다.

제가 오늘 진행할 유럽 철학 개론 강의가 '하나밖에 없는 유일한 강의' 그리고 '최초의 강의'라고 한 이유를 말씀드릴게요. 제가 철학 공부를 시작했을 때 제일 먼저 했던 작업은 철학개론 강의를 찾아다닌 거였습니다. 여기저기 엄청나게 찾았죠. 책도 뒤져 보고, 영상자료도 있나 찾아봤어요. 근데 철학개론 관련 자료가 전혀 없더라고요. 제 나이가 50대 중반인데, 지금까지 10년이 넘도록 누군가 하겠지, 어디에는 있겠지, 어떤 책에는 있겠지, 하면서 계속 찾아다녔습니다. 눈에 불을 켜고 찾아다녀도, 간절한 마음으로 기다려도 철학 공부의 입문을 도와주는 철학개론 관련 자료를 전혀 찾을 수가 없었습니다. 지금까지도요…. 그래서 제가 최초의 유럽 철학 개론 강의라고 자신 있게 말씀드린 겁니다.

그래서 당부 말씀을 먼저 드릴게요. 제가 책을 출판하기 전까지는 여기서 배운 내용들은 혼자만 알고 계셨으면 해요. 이 강의 내용이 조금이라도 새어나가면 진중권 강신주 등의 책을 내왔던 출판사들이 짜깁기에 복붙 편집한 책을 그럴싸하게 포장해서 팔아먹을 수 있거든

Prologue 강의 들어가기 전에

요. 혹시라도 제가 한 강의 내용을 알게 되면 그런 출판사들은 주워들은 단어들이랑 기존의 책 내용을 복붙하고 조합해서 마음대로 짜깁기
_{복사하기 후 붙여넣기}
할 수 있는 재력과 인력풀을 가지고 있으니까요. 콜롬부스의 달걀 같은
_{아무도 못하다가 누군가가 하면 알고 있었다고 착각하는 현상}
거죠. 모를 때는 못 하지만 보고 나면 금방 따라 할 수 있는 거잖아요. 그래서 강의 내용이 밖으로 새어나가지 않았으면 하는 겁니다.

다까라 넹^^

제가 이번 유럽 철학 개론 강의 내용을 정리해서 정식으로 『철학개론』이라는 책을 쓸 건데, 그런 가짜들이 『철학개론』 책 제목과 내용을 오염시키면 안 되잖아요. 그래서 다시 한번 더 여러분 혼자만 숙지하고 계시길 당부드립니다.

로즈 왠지 선택된 사람 같은 생각이 들어 행복합니다.
　　　쌤 고맙습니다.

로즈님, 그렇게 말씀해주시니 감사합니다. "다 자기 복이다." 그런 말이 있는데, 50년 넘게 살아 보니 모든 일이 정말 그런 것 같아요. 로즈님과 여러분께서 제가 하는 이 철학개론 강의를 선택하신 거잖아요. 그러니 "다 로즈님 복이고 여러분 복입니다."

이번 강의 목적에는 강의를 듣고 난 다음 여러분께서 저한테 주시는 피드백을 통해서 더 쉬운 『철학개론』 책을 만들려는 의도도 있어요. 그래서 이번에 출간할 『철학개론』 책에는 피드백에 참여해 주신

분들의 본명이나 닉네임 중 각자가 원하는 대로 넣고, 대화에 참여한 기록도 같이 넣을 예정입니다.

　실은 제가 강의 신청을 받고 나서 정말 안심했습니다. 제 강의를 신청해주신 분들이 열 분이 넘어서요. 의인 열 명, 그러니까 철학을 올바르게 알고자 하는 의인이 열 명이 넘은 거잖아요. 그래서 속으로 '하느님이 우리나라는 버리지 않으시겠구나.' 하는 생각이 들더라고요. <u>소돔과 고모라</u>는 의인 열 명이 없어서 멸망했잖아요. 그래서 저는 정말
『구약성서』의「창세기」에 기록되어 있는 악과 타락을 상징하는 두 도시
완전 기뻤고, 행복해졌습니다. 그런 이유로 다시 한번 고개 숙여 감사 인사드립니다. (인사 꾸벅)

　북극성　오호~ 감사합니다~^^ (꾸벅)고맙습니다~~

　강의는 천천히 갈게요. 아주 차근차근, 부담되지 않도록요. 철학이라는 학문이 원래 어려운 거라서, 아무리 쉽게 설명해도 이해하기 어려운 부분들이 많거든요. 그러니 찬찬히 살펴보면서 한 발 한 발 앞으로 나가보죠.

　정치이야기　넵!

　그리고 첫 번째로 유럽 철학 개론 강의를 신청해주신 여러분들을 위해 제가 깜짝 선물 이벤트를 마련했습니다.

　<u>퍼펭</u>에게 드리는 선물! 『쇼펜하우어 논쟁술』 무료 강의!
퍼스트 펭귄의 줄임말. 선구자, 첫 번째 도전자를 의미하는 말.

Prologue 강의 들어가기 전에

엘라이온 우왕!!! 명주샘 강의 듣고 전투력 상승되겠네용ㅎㅎ

맞습니다! 『쇼펜하우어 논쟁술』 강의를 들은 다음부터는 전투력도 상승될 겁니다.

KV 기대가 됩니다~^^

저도 기대됩니다. 여러분, 혹시 이 강의를 듣기 전에 가슴 설레지는 않으셨습니까?

정치이야기 네~
새라 야호 동방명주 쌤 덕분에 영혼이 호강합니다. 환희롭습니다♥♥♥

저도 굉장히 설렜습니다. 그래서 어젯밤 잠을 잘 못 잤어요. 새벽 네 시 반까지 깨어있었어요. 드디어 제가 근 30년 넘게 공부한 철학을 여러분께 알려 드리게 된 거잖아요. 그리고 제가 그토록 원하고 찾아헤맸던 철학개론 강의를 직접 제가 하게 된 거라서요.

뿐만 아니라 제가 쉽게 설명을 했는지에 대한 피드백도 받을 수 있게 됐잖아요. 강의에서 가장 중요한 건 '설명을 쉽게 했는가?' 하는 점이거든요. 아무리 어려운 분야라고 해도 말입니다.

방송 얘기를 잠깐 해보면요, 여러분, 저는 사실 【폴라스타 채널】의
_{동방명주가 운영하는 정치·철학·문화·예술 유튜브 방송}
동시 시청자 수가 100명이 안 넘을 때가 제일 좋아요. 댓글도 하나하나 다 읽을 수 있어서요. 실시간 방송에 500명에서 3,000명이 넘게

들어올 때마다 살펴봤었는데요, 동시 시청자 수가 350이 넘으면서부터는 댓글들이 너무 휙휙 올라가서 제가 댓글을 전혀 못 읽겠더라고요. 몇 번 그런 일을 겪고 나니까, 100명에서 300명 정도 알차게 방송 참여하실 분들만 오셨으면 좋겠다고 생각했어요. 가족 같은 분위기로 차분하게 갔으면 참 좋겠어서요. 저는 조회수보다 한 분 한 분이 제 방송을 통해 성장하시는 게 더 좋거든요. 근데 사람들이 자꾸 조회수로 【폴라스타 채널】이랑 동방명주를 무시하니까 우리 애청자분들께서 굉장히 기분이 나쁜 것 같아요. (웃음) 그래서 제가 조회수를 높이려고 노력해봤는데요, 여러분도 잘 알고 계시다시피요. 누군가가 유튜브 조회수를 조작하면서 장난치잖아요. 그러니 여러분도 이제부터는 조회수 증가에 신경 쓰지 마시고 방송 내용에 집중해 주셨으면 좋겠어요. 단란하니 정말 좋잖아요~

그럼 강의를 시작해보겠습니다. 천천히 갈게요. 방송 좀 길게 하면 어떻습니까. 우리 예전에 새벽 1시까지 방송하고 그랬잖아요. 아예 밤을 새우자고 하신 분들도 계셨고요.

유튜브 방송 【폴라스타 채널】 실시간 방송

> Prologue 강의 들어가기 전에

어설피 철학을 아는 것보다 텅 빈 상태가 더 좋다

여러분 중에 최소 한두 번이라도 철학 공부를 해 보려고 시도해 보신 분들 계시죠? 지금 참여하신 분들 중에 여기저기 철학 강의를 찾아다닌 분들도 계시거든요.

KV 전 처음입니다 ~^^

아 KV님 처음이세요? 다행입니다. 철학 공부가 처음인데 저를 만나셨다니, 정말 복이 많은 분이시네요. 오늘 철학개론 강의를 처음 듣는 여러분은 복이 많은 분들이세요.

북극성 오호~ 복 받은 분~^^
저도 유럽 철학 개론 강의는 처음 듣습니다~
잘 부탁드립니다~^^

저한테 철학을 배우겠다고 온 사람들이 십여 명 정도 되는 것 같아요. 근데 '좀 아는 사람'을 가르치는 게 많이 어렵더라고요. 그래서 대부분 다 돌려보냈어요.

박라니 저도 처음입니다.

박라니님도 처음이시군요? 처음 철학을 접하신 분들, 축하드려요.

다까라 철학책은 어려워서 모르겠어요.

로즈 저도 처음입니다.

KV 지금 머리가 우주~ 텅~ 비어 있어요^^

완전 좋습니다. 텅 비어 있는 상태, 아무것도 모르는 상태가 어설피 아는 상태보다 훨씬 더 좋습니다. 제가 가르쳐봐도 아무것도 모르는 사람을 가르치는 게 제일 편하더라고요.

제가 겪었던 일을 하나 말씀드려 볼게요. 저한테 철학을 배우겠다고 온 20대 청년이 있었어요. 제가 "너 윤리학 아니?" 물었어요. 그랬더니 그 청년이 자신만만한 표정으로 "윤리학이요? 그거 고등학교 때 배우는 거잖아요." 하고는, 고등학교 때 배운 쪼가리 지식들을 읊어대는 것도 모자라 아예 저를 가르치려 들더군요. 그 청년의 말을 다 듣고 나서, 제가 "너는 철학에 대해 많이 아는구나?" 그랬더니, 그 청년이 굉장히 뿌듯한 표정으로 미소를 짓더군요. 그래서 "너는 아무래도 서연고 철학과를 나온 사람들이나 유학 출신들에게 배우는 게 좋겠다."고 말해주고 돌려보냈습니다.
_{서울대. 연세대. 고려대}

아는 게 너무 많아서, 아니 정확하게 말하면, 어설피 아는 게 많아서, 제대로 가르치기가 어렵겠더라고요. 학교 윤리 시간에 가르치는 내용들은 엄밀히 말해서 윤리학이 아니거든요. 제가 "윤리학이 뭔 줄 아니?" 질문했을 때, 차라리 "잘 모르겠습니다. 제대로 가르쳐 주세요."라고 말했다면, 조금이라도 가르칠 마음이 들었을 텐데 말입니다. 고등학교 때 암기한 짜깁기 지식 쪼가리를 가지고 누군가를 가르치려 들면, 그 애는 선생이지 학생이 아니잖아요. 그래서 조용히 돌려보냈습니다.

Prologue 강의 들어가기 전에

다까라 처음이나 마찬가지예요.

처음이신 분들이 많으니 좋습니다. 철학 관련 강의를 여기저기 들으러 다닌 분들 중에는 이런 경우도 있더라고요. "OOO 강의를 들었는데 너무너무 괜찮더라." 이러면서, 저한테 다음 강의에는 꼭 같이 가 보자는 거예요. 그래서 제가 그 사람에게 "그 강의에서 뭐가 제일 괜찮았는데?" 물어봤죠. 그랬더니 하늘만 바라보며 눈을 깜빡깜빡 멀뚱거리고 있다가 한다는 소리가, "되게 멋있었어." 이러는 거예요. 그래서 제가 다시 "뭐가 멋있었는데?" 물었더니, 또다시 멀뚱거리고 있는 거예요. 그래서 제가 "뭐가 괜찮고 뭐가 멋있는지 설명도 못 하면서 뭐가 괜찮고 멋있다는 거야?" 하고 야단쳤습니다. 그 사람이 그런 강의를 들으려고 꽤 거금을 지불했거든요.

이런 경우를 왕왕 접하면서 저는 자칭 철학자라고 하는 사람들이 사기꾼이라는 결론을 내렸습니다. 강의 들은 사람들이 강의 내용이 뭐였는지는 설명하지 못한 채 "멋있었다" 소리를 한다는 건, 수강생이 아니라 강의한 사람이 문제였다는 걸 의미합니다. 그런 강의를 들으러 다녔던 사람들은 똑똑하다는 얘기를 듣는 사람들이었거든요.

이 얘기를 해 드리는 이유는, 만약 어떤 강의를 들었는데 한번 듣고 기억나는 게 없다면, 다시는 그 강의를 들으러 가지 마시라는 말씀을 드리기 위해서입니다. 아셨죠?

> Prologue 강의 들어가기 전에

2

인간은 지적, 이성적 동물이다

인간은 지적 존재
인간은 태생적으로 앎을 원하는 존재
철학을 배우면 인생의 답을 찾을 수 있나요?
왜 사람들은 철학 인문학에 관심을 가질까요?
가짜와 진짜를 구분하는 법: 질문
이 강의를 신청한 이유는?

Prologue 강의 들어가기 전에

인간은 지적 존재

"인간은 지적 존재입니다."

아리스토텔레스 『형이상학』의 첫 구절에 나오는 문장의 의미입니다.
아리스토텔레스의 철학서. 플라톤의 이데아론을 비판하고 실재론을 설명
『형이상학』은 다행히도 국내 번역본이 여러 권으로 출판되어 있어요. 저는 지금 (아리스토텔레스 『형이상학』 책 세 권을 보여주며) 이 세 권을 같이 놓고 비교하면서 공부하는 중인데요. 책에 있는 내용들을 그대로 읽어 보면,

"인간은 본래 앎을 욕구한다. 이 점은 인간이 감각을 즐긴다는 데에서 드러난다." - 김진성 역주본

"모든 사람은 본성적으로 알고 싶어한다. 다양한 감각에서 오는 즐거움이 그 징표다." - 조대호 번역본

"모든 인간은 태어나면서 앎을 원한다. 그 증거로 감각기관과 그 지각 작용을 좋아한다는 사실을 들 수 있다." - 이종훈 번역본

이렇게 표현되어 있습니다.

아리스토텔레스는 『형이상학』의 첫 문단, 첫 구절에 "인간은 태생적으로 앎을 욕구한다.", "인간은 원래부터 '알기' '앎'을 원한다."는 문장을 넣었습니다. 인간은 지적인 존재라고 선언한 겁니다. 저는 아리스토텔레스의 이 견해에 완전 동의합니다. 태생적으로 '앎에 대한 갈구와 기쁨'을 추구하는 존재가 인간이라는 것을요.

Prologue 강의 들어가기 전에

예를 들어볼까요?

우리는 기회만 되면 무언가를 배우러 다닙니다. 뭔가 더 알기 위해 노력하는 거죠. 그리고 새로운 것을 알게 되었을 때, 우리는 기쁨을 느낍니다. 뿐만 아니라 우리는 알고 싶어 했던 것을 알게 되었을 때도 기뻐합니다. 그냥 기뻐하는 정도가 아니라, 뛸 듯이 기뻐하죠. 아리스토텔레스는 인간이 지적 욕구를 지닌 존재라는 사실을 제대로 간파한 겁니다.

제가 지인들과의 모임에서 가끔 "인간은 앎을 추구하는 동물이다." 혹은 "인간은 지적 이성적 동물이다."라고 말하곤 합니다. 그런데 "인간은 절대로 지적 이성적 동물이 아냐!" 혹은 "인간은 저~얼대! 앎을 추구하지 않아!"라고 우기는 분들이 계세요.

"인간은 절대로 지적 이성적 동물이 아니야!"라고 말하는 분들에게는 제가 "그럼 본인이 지적이고 이성적이지 않다는 건가요?" 질문합니다.

그리고 "인간은 절대 앎을 추구하지 않아!"라고 말하는 분들에게는 "본인이 앎을 추구하지 않는다는 얘기인가요?" 질문하고요.

그러면 그분들은 반론을 제기하지 못하고 화를 내시더라고요?

자기 주장에 논리 모순이 있다는 것도 모른 채 잘난 척 떠들었다가 그만 제가 한 질문 하나로 억지주장을 했다는 사실을 깨닫게 된 거죠. 본인만 이성적이고 앎을 추구하고, 다른 사람은 그렇지 않다는 얘기를 하려던 걸까요? 그렇다면 그건 너무 오만한 태도 아닌가요?

모든 인류는 각자의 문화와 문명을 가지고 있습니다. 인간이 본래부터 지적이고 이성적이고, 앎을 추구하는 존재이기 때문에 다른 동물과 달리 '문화'와 '문명'이라는 것을 이룰 수 있었던 겁니다. 이 사실 하나만으로도 '인간은 지적 이성적 동물이 아니다'는 주장은 허황된 것이 되어버리는데, 그것도 모른다는 얘기를 하고 싶었던 걸까요?

인간은 태생적으로 앎을 원하는 존재

여러분, 한번 가만히 생각해 보세요. 우리는 누구나 새로 배우는 걸 좋아합니다. 많이 배우고 많이 알게 될수록 점점 더 지혜롭게 되는 것 같고, 자신감도 생기고, 기분도 좋아지는 느낌이 들죠? 그게 바로 '앎의 기쁨'인 겁니다.

뿐만 아니라 우리는 내가 배운 것을 다른 사람에게 전달하는 것도 좋아합니다. 그 이유는 내가 누린 '앎의 기쁨'을 다른 사람들에게 전달하고 싶기 때문입니다.

이 모든 것은 인간에게만 나타나는 특징, 인간만이 지닌 특성이죠. 지적 존재, 그것이 인간의 본질이니까요. 그래서 지구의 생물체 중에서 가장 번성하게 된 거고, 유일하게 '문명'이라는 것을 이루게 된 거

Prologue 강의 들어가기 전에

고, '문화'라는 것을 가지고 있는 거죠.

여러분은 제 논증에 동의하시나요?

북극성 네~^^

우리 속담에 "빈 수레가 요란하다." "얕은 물이 소리를 낸다."는 말이 있죠? 이 속담은 '앎'에 대한 얘기잖아요. 다른 민족들에게도 같은 내용의 속담과 격언이 있어요. 인류 전체가 동일하게 '앎'에 대한 속담을 가지고 있다는 사실이 우리에게 시사하는 것은 무엇일까요? 우리 인류는 이미 옛날부터 '앎'에 대한 기쁨을 알고 있었다는 겁니다. 그리고 많이 알수록 겸손해지고 품위 있게 행동하고 지혜로워지고 깊이 있고 무게감이 생긴다는 것도 알고 있었다는 얘기가 되고요.

이것으로써 저는 아리스토텔레스가 '인간은 이성적 동물이다' 혹은 '인간은 앎의 욕구를 지닌 동물이다' 혹은 '인간은 앎의 기쁨을 누리고 싶어 하는 동물이다'라는 주장이 진리임을 증명했습니다. 지금까지 제가 한 논증이 옳은 것 같으세요?

정치이야기 네.
김정수 네.
다까라 맞습니다.

좋습니다.

철학을 배우면 인생의 답을 찾을 수 있나요?

제가 "왜 그 많은 학문 중에 철학을 배우고 싶어 하세요?" 질문하면, 대부분의 사람들은 "이유가 뭔지 정확히는 잘 모르겠지만, 철학을 배우면 인생의 답을 찾을 수 있을 것 같아서"라고 대답하는 경우가 많더라고요. "철학이라고 하는 학문이 어떤 건지 궁금해서요."라고 대답하는 사람도 몇 있었고요.

'인생의 답을 찾기 위해' 철학을 공부하면 '인생의 답'을 찾을 수 있을까요? 네. 그렇습니다. 철학을 공부하면 인생의 답을 찾을 수 있습니다. 하지만 반드시 그렇지만도 않습니다.

제가 "인생의 답을 찾을 수 있다"고 얘기한 이유는 이렇습니다. 철학을 배우면 우리가 평소 생활에서는 느낄 수 없는 뭔지 모를 충만감, 색다른 밝은 충만감이 생깁니다. 그 충만감은 행복감으로 이어지고, 그 행복감은 지금까지와는 다른 눈으로 세상을 보게 만듭니다. 세상을 다르게 보게 되니까, 지금까지 전혀 생각하지 못했던 완전 새로운 게 보이고, 아주 참신한 답도 보이게 됩니다. 그래서 "철학을 배우면 인생의 답을 찾을 수 있다"고 말씀드린 겁니다.

반면, 제가 "반드시 그렇지만도 않다"고 얘기한 이유는, 철학을 공부한다고 해서 수학 공식을 대입해 수학 문제를 풀 때처럼 정답이 곧바로 나오는 게 아니기 때문입니다.

Prologue 강의 들어가기 전에

　제가 조금 전에 '철학을 공부하면 인생의 답을 찾을 수 있다'고 한 건, 사실 한 가지 전제 조건이 있습니다. 그게 뭐냐고요? 저처럼 제대로 공부한 사람에게 철학을 배울 때라는 전제 조건 말입니다.

　자칭 철학자라고 자신의 이름을 팔아먹는 진중권, 도올, 강신주, 최진석 같은 자들에게 철학을 배워보겠다고 강의장에 찾아갔던 사람들 많죠? 그런 분들은 자신의 머릿속에 뭐가 남아 있는지 생각해 보세요. 철학도 아니고, 철학적 고민도 아닌, 그 사람들 이름 석 자만 남았죠? 그런데 이름 석 자는 굳이 강연에 찾아가지 않아도 기억할 수 있지 않나요? (웃음) 왜 그런 부류들의 강의를 들으러 가나요? 그 사람들 이름 석 자를 기억하기 위해서. (웃음)

　여기서 제가 그분들에게 가슴 아픈 지적을 하나 해드려야겠습니다. 그분들은 '지적 호기심' '지적 탐구욕'이 아닌 '지적 허영심'을 채우기 위해서 철학자인 척하는 그 사기꾼들의 강의를 들으러 가는 겁니다. "나 OOO이라고 하는 철학자한테 강의 들으러 가는 사람이야."라는 허영심 말입니다. '앎의 기쁨'을 누리기 위해서가 아니라, '유명인의 강의를 들으러 갔다'는 허영심을 누리기 위해서 계속 찾아가는 겁니다.

　반면, 진짜 철학을 알고 싶어 했던 사람들은 시간이 갈수록 그런 가짜들의 강연에서 허망함을 느끼게 됩니다. 그래서 더 이상 강의장을 찾아가지 않게 되죠.

　그런데 여러분, 강의장에 찾아온 사람들에게 날이 갈수록 허망함을 느끼게 하는 부류가 철학자일 수 있을까요? 진짜 철학자라면 사람들에게 '철학'이 남게 해야 하고, 철학적 고뇌의 기쁨을 알게 해줘야 하는 거 아닌가요?

정치이야기 맞습니다.

가짜들이 판치는 세상은 이제 끝날 시점이 됐습니다. 일단, 진짜 철학을 알기를 원하는 사람들이 가짜들을 버티는 한계효용치가 다 된 시점이기 때문입니다. 그리고 그 한계효용치가 바닥난 시점에 저, 동방명주라는 사람이 나타나서 "제대로 된 철학자는 이러이러한 걸 가르쳐야 한다!"고 얘기하기 시작했기 때문입니다.

자칭 철학자라고 하는 이들이 TV에 나와서 자기들이 철학을 아는 양 잡소리를 떠들어댄 지가 20년이 넘었어요. 근데 우리는 왜 아직도 '철학'이 뭔지 모르고 있는 걸까요? 가짜들이, 철학을 안다고 대국민 사기극을 벌였기 때문입니다. 이런 이들을 사기꾼이라고 부르지 않으면 뭐라고 불러야 하나요?

그 사기꾼들이 언론 방송에 나와서 이 세상에 대해서 다 아는 척 쌩쑈질을 하며 우리한테 뭔가를 계속 얘기하는데, 그걸 듣는 우리 머릿속은 정리가 하나도 안 됐죠. 그뿐인가요? 날이 갈수록 점점 더 뭐가 뭔지를 모르는 상태가 되고 있는 겁니다. 그런데도 진중권 같은 사기꾼들은 자기반성은커녕 오히려 우쭐한 태도로 우리한테 손가락질을 합니다. "당신들 머리가 나빠서, 지식이 부족해서 그런 거야!"라고 말입니다. 그런 빈정거림을 들으면 우리는 좌절하게 됩니다. 자기가 철학을 미학을 가르쳐 준다고 나섰는데, 자기가 못 가르친 것도 모른

Prologue 강의 들어가기 전에

채, 학생들만 나무라다니요? 제대로 된 선생이라면 학생들을 비웃고 비난하지 않을 겁니다. 오히려 더 잘 가르치기 위해 연구하겠죠. 그들이 우리를 비난한다는 건 자신들의 무지함을 드러내는 겁니다. 자신들이 사기꾼임을 증명하는 거죠.

그 가짜 철학자, 사기꾼들이 지금까지 해왔던 가장 나쁜 짓은 자신의 강의를 들으러 온 사람들의 자존감을 무너뜨려 왔던 겁니다. 그것도 몇십 년 동안 말입니다. 정말 나쁜 놈들이죠.

철학을 제대로 배우면 일단 생각이 명료해집니다. 내가 뭘 알고, 뭘 모르는지를 알게 되기 때문입니다. 사실은 이게 가장 중요한 겁니다. 뭘 모르는지를 알아야 뭘 배워야 할지가 명확해지니까요.

다까라 오~~ 행복 바이러스 퍼트리고 싶어요~~

왜 사람들은 철학 인문학에 관심을 가질까요?

요즘 사람들이 '인문학'이라는 단어를 엄청 사랑하죠. 여러분도 그러시고요. 그리고 자꾸 '철학'이라는 단어에 관심이 가죠? 왜 그런지는 모르겠지만 자꾸 '철학' '인문학'에 마음이 가는 거예요. 그리고 '인문학' '철학'을 알아야 뭔가를 제대로 알게 될 것 같다는 생각도 들고요. 그리고 과학보다는 '철학' '인문학'이 더 궁금하고요. 그렇죠?

정치이야기 네~

이건 현재 인류에게 나타나는 공통적인 현상이에요. 왜 인류 전체에 이런 현상이 나타나는 걸까요?

진중권, 도올, 강신주, 최진석 같은 부류가 진짜 철학자라면, 우리는 왜 아직도 '인문학' '철학'에 갈증을 느끼고 있는 걸까요? 자칭 철학자, 자칭 인문학자들이 이렇게나 많은데 왜 철학과 인문학을 공부하고 싶어 하는 현상이 점점 증가할까요? 진짜 철학자라면 이런 현상에 대해 답을 할 수 있어야 합니다. 그런데 못 하고 있죠? 이런 현상에 답도 주지 못하는 주제들이 자칭 인문학이니 철학이니 떠들어 대면서 사람들을 지금까지 속여왔던 겁니다. 그러니까 결론! 지금까지 철학자라고 나댄 인간들이 사기꾼임이 확실하죠?

정치이야기 그러네요.

그러니까 우리 국민이 지금까지 인문학, 철학 이런 단어들을 팔아먹으면서 자기 배만 불린 사기꾼들, 가짜 철학자들한테 사기를 당해왔던 겁니다. 특히 <u>대깨문</u>들이 그런 상태죠.
<small>'대가리가 깨져도 문재인을 지지하겠다'는 의미로 구제불능 무식한 사람의 대명사</small>

저는 진짜 철학자니까 '왜 인류 전체에 이런 현상, 그러니까 철학 인문학을 공부하고 싶어 하고 인문학을 궁금해하는 현상이 공통적으로 나타나는가?'라는 질문에 명확한 답을 드리겠습니다. '인간은 태생적으로 앎의 기쁨을 누리는 존재다'라는 아리스토텔레스의 『형이상학』의 첫 구절을 굳이 빌리지 않더라도 말입니다.

> **Prologue** 강의 들어가기 전에

철학은 인간이 누릴 수 있는 최고 지적 활동입니다. 인문학은 인류가 쌓아온 지적 활동의 결과물이고요. 그래서 인간다움을 잃지 않으려고 노력하는 사람, 지적 활동을 멈추지 않은 사람들은 결국 철학과 인문학에 관심을 가질 수밖에 없는 겁니다. 이게 제가 드리는 정답입니다.

가짜와 진짜를 구분하는 법: 질문

진짜 학자는 문답식으로 강연하는 걸 좋아합니다. 플라톤 책에 쓰여진 것처럼요. 학자라고 부를 수 있는 교수들이나 철학자라고 나선 진중권, 도올, 강신주, 최진석 같은 부류들은 저처럼 질문을 받는 문답식 대중 강연은 거의 안 하잖아요. 대부분 편집 영상이나 준비한 강의안을 들고 대중 앞에 서죠. 진짜 학자가 아니기 때문입니다.

진짜 학자는 스스로 학문을 완성했기 때문에, 다른 사람들이 학문을 완성할 수 있도록 도와줄 수 있습니다. 그래서 질문받는 걸 즐거워합니다. 가짜는 그걸 못합니다. 학문을 모르기 때문입니다. 모르는데 아는 척하는 것이기 때문입니다. 그래서 질문받는 것을 두려워합니다. 그러니 질문을 해 보세요. 자세하게 설명해달라고 요청해보세요. 그걸 피하면 가짜입니다.

이 강의를 신청한 이유는?

여러분이 강의 신청하신 이유에 대해 제가 단언하는데요, "앎의 기쁨을 누리기 위해서"입니다. 왜냐하면 이 이유 외에는 다른 이유가 있을 수 없기 때문입니다. 우리 인간은 자신이 모르고 있던 새로운 뭔가를 알았을 때, 그리고 자신이 궁금해 했던 것을 알아냈을 때 엄청난 기쁨을 느끼거든요. 그래서 늘 알기 위해 움직입니다.

제가 단언한 이유가 맞는지 대답 부탁드릴게요.

KV 앎의 욕구가 전 호기심의 발로로 여겨집니다~

예, KV님 맞습니다. 우리 인류는 호기심이 엄청나게 많아요. 이건 아이들을 보면 알 수 있습니다. 아이들이 말을 배우기 시작하면 "왜?"라는 질문을 엄청나게 하죠?

다까라 네~
엘라이온 앎에 대한 갈증 같습니다^^
박라니 폴라스타 시청하면서 아는 게 별로 없다는 게 답답해서요.

박라니님! 너무 답답해하지 마세요. 하나하나 차근차근 배워 가면 되잖아요. 원래 무언가를 완성하기까지는 오랜 시간이 걸립니다. 저도 마음먹고 본격적으로 서양, 정확하게는 유럽이죠, 유럽 철학 공부를 시작한 게 10년이 넘었는데요. 5년째 되니까 쪼끔 알 것 같게 되고,

Prologue 강의 들어가기 전에

10년째로 접어드니까 말문이 좀 트이더라고요. 그렇게 또 몇 년을 더 공부하고 나니까 이렇게 강의까지 할 수 있게 되었고요.

다까라 저는 정치적 이념이 무엇인지 그 기준이 무엇인지도 알고 싶어요. &^&

김정수 삶을 풍요롭게 하기 위해서요.

아~ 그러시군요. 이제부터 제가 본격적으로 강의 들어가면, 메모하면서 듣는 방법을 권합니다. 제가 방송에서도 자주 부탁드리는 것이기도 하죠? 반드시 꼭 손으로 노트에 메모를 하셔야 합니다. 그렇게 해야 공부한 내용이 내 것이 됩니다. 그 방법 외에 다른 방법은 없어요.

엘라이온 제대로 된 지식에 대한 갈증요. ㅎ

네. 지금, 엘라이온님도, 김정수님도, 다까라님도, 박라님도, KV님도 모두 같은 이유죠? 앎의 기쁨을 누리기 위해서 "인간은 뭔가를 알게 되는 것을 제일 기뻐한다"고 한 말이 맞죠?

엘라이온 네.

아, 참! 예외가 있긴 하더라고요? 대학교 때부터 보니까 지금 정치판에 와있는 부류들, 주로 빨갱이들이죠? 그리고 글로벌 금융 자본가의 하수인 노릇을 하는 인간들은 이 '앎의 기쁨을 추구한다'는 것과 거리가 멉니다. 인간 부류가 아닌 셈이죠. (웃음) 그러니까 누군가의

하수인 노릇을 하는 거겠지만요.

걔네 정말 공부 안 해요. 그러면서 단어 몇 개 외워서 그 단어를 섞어 가면서 뭔가 엄청나게 아는 척 말을 길게 길게 해요. 그 이유가 있는데요, 그건 나중에 심리학 방송에서 말씀드릴게요. 왜냐하면 '앎을 추구하지 못하는 상태'에 대한 문제는 철학에서 다뤄야 할 문제가 아니고 심리학에서 다뤄야 할 문제이기 때문입니다.

저는 '앎의 기쁨'을 추구하지 못하는 이들을 '인간의 탈을 쓴 짐승'이라고 부릅니다. 이런 짐승 부류들을 제외하고, 정말 굉장히 많은 사람들이 '앎의 기쁨'을 추구하고, 알 수 있는 기회를 끊임없이 가지려고 하죠.

로즈 조금 늦었지만 공부해 보고 싶어서요.
새라 이해하며 깨닫고 제대로 살고 싶어서요. ♥♥♥

새라님! 네, 로즈님! 바로 그 공부하고 싶어 하는 그 무엇, 그것이 바로 '앎에 대한 욕구'입니다.

뭔가 아는 것 같기는 한데, 명확하게 설명하기는 어려운 상태를 정리하기 위해서라면 반드시 철학 공부를 해야 합니다. 이런 점에서 보면 사실 철학은 눈에 보이지 않는 곳에서 힘을 발휘하게 해줄 수 있는, 굉장히 유용한 학문이에요.

그런데 지금 우리는 이렇게 유용하고 중요한 학문인 철학을 천시

합니다. 칸트와 헤겔 이후 과학이 급진적으로 발전하면서부터죠. 칸트는 1700년대 사람, 헤겔이 1800년대 초까지 살았죠. 그러니까 최소한 200년 정도는 과학이 대접받고 철학이 천대받는 세상이 된 겁니다. 특히 우리나라에서 이 현상이 두드러지게 나타나고 있죠. 그래서 철학 공부가 더더욱 힘든 상황이 된 겁니다.

Prologue 강의 들어가기 전에

3

왜 우리는 철학을 어렵다고 여기게 되었을까?

이유 1 철학 원래 굉장히 어려운 학문
이유 2 철학자들의 잘못 때문
이유 3 철학 교수들의 잘못 때문
이유 4 번역자와 출판사의 잘못 때문

철학이 어려운 건 절대 여러분의 잘못이 아니다
철학 공부는 안내자가 필요한 학문

Prologue 강의 들어가기 전에

철학을 어렵다고 여기는 이유 1

철학은 원래 굉장히 어려운 학문

제가 철학 공부를 하는 사람이라고 소개하면, 그 어려운 철학 공부를 대체 어떻게 했냐고 물으시더라고요. 물론 사주 봐달라고 하는 분들이 더 많았지만요. (웃음)

철학을 처음 접했을 때, 우리는 철학이 너무 어렵다고 생각하고 철학을 멀리하게 됩니다. 왜 그럴까요? 철학이 어려운 학문이기 때문입니다. 철학이 왜 어려운 학문인지에 대한 구체적이고 본질적인 내용은 잠시 뒤에 〈챕터 1〉에서 더 자세하게 설명해 드리기로 하고, 여기에서는 현상적인 이유를 먼저 짚어드리겠습니다.

여러분이 철학을 어렵다고 여기는 첫 번째 이유는 '어려운 단어와 복잡한 문장으로 구성된 학문'이기 때문입니다. 그래서 학문으로서의 철학은 굉장히 어렵습니다. 아마도 학문 중에서 가장 어려운 학문이라고 해도 과언이 아닐 겁니다. 그러니 여러분이 어려워하는 건 너무나도 당연한 겁니다. 이 점에 대해서는 〈챕터 1〉에서 다시 구체적으로 더 설명해 드리겠습니다.

방송에서도 몇 번 말씀드렸지만, 저는 초등학교 2학년 때부터 글짓기 대회에 굉장히 많이 나갔어요. 그냥 나간 게 아니고 글쓰기 훈련을 받고 상을 받기 위해 출전한 겁니다. 그때 책 읽기 훈련을 받았어요. 책 읽기가 제대로 돼야 글쓰기도 제대로 되니까요. 선생님들이 저

Prologue 강의 들어가기 전에

를 시·도·전국 대회에서 1등 만들려고, 아주 그냥 눈에 불을 켜고 아주 혹독하게 가르치셨어요. 제가 대회 나가서 어쩌다 1등을 한 번 하니까, 그다음부터는 저를 호되게 훈련시켜서 글짓기 대회마다 나가게 하더라고요. 그때는 선생님들이 저를 들들 볶아서 좀 힘들었는데, 나중에 시간이 흐르고 나서 그분들 덕에 제가 독해력도 좋게 되었고, 글도 잘 쓰게 되었다는 걸 깨닫게 되었습니다. 무엇보다 책을 정독하는 방법을 초등학교 2학년 때부터 배웠으니, 정말 감사한 일이죠. 그 선생님들의 모진 훈련 덕에 제 독해력이 좋아졌고, 그 독해력 덕분에 제가 철학책을 어렵지 않게 읽어 낼 수 있게 된 거라고 생각합니다.

저는 대학교 1학년 1학기, 그러니까 대학 들어가자마자 도서관에 앉아서 칸트를 읽기 시작했어요. 고등학교 1학년 때부터는 한문 선생님 덕분에 『논어』『대학』『중용』을 읽으면서 동양 철학에 푹 빠져 살았고요. 고1 때 저는 선생님이 말해준 대로 『논어』『대학』『중용』에 나온 한문을 한자대사전에서 한 자 한 자 찾아 노트에 메모해 가면서 공부했어요. 그리고 고등학교 2학년 때는 프랑스어 담당이셨던 우리 담임 선생님이 저한테 사르트르, 보봐르, 니체 등의 책을 권해주셔서 실존주의 철학에 빠져 살았고요.

* 사르트르(1905~1980): 프랑스 실존주의 작가이자 철학자
* 보봐르(1908~1986): 사르트르와 계약 결혼한 프랑스 실존주의 작가이자 철학자
* 니체(1844~1900): 독일 문학가이자 문헌학자, 음악가, 철학자

저한테 철학이 그다지 어려운 학문이 아니게 된 이유는 이런 개인적인 배경 덕분이 아닐까 합니다. 운 좋게도 제가 어려서부터 어려운 철학에 쉽게 접근할 수 있도록 준비가 되어있었던 거죠. 그러니까 저처럼 독해력을 따로 훈련받을 기회가 없었던 사람들이 철학을 어려워

하는 건 당연한 현상이 아닐까 합니다. 이해하기 어려운 단어에 복잡한 문장들로 구성되어 있으니까요.

독해력을 훈련받은 저도 철학책을 읽다가 앞으로 돌아가서 다시 읽어야 하는 경우가 많습니다. 대부분의 철학자들이 쓴 문장이 너무 길고 어렵기 때문이죠. 한 문장에 기본으로 문장이 두 개 이상이죠. '어려운 단어' '복잡하고 긴 문장', 이 두 가지로 인해 철학을 이해하는 게 어려운 겁니다.

Prologue 강의 들어가기 전에

철학을 어렵다고 여기는 이유 2

철학자들의 잘못 때문

여러분이 철학을 어렵다고 여기는 두 번째 이유는 '철학자들의 잘못' 때문입니다.

철학자들이 길고 복잡한 문장에다 우리가 평소에 잘 쓰지 않는 어려운 단어들을 사용했기 때문에 이해하기 어려울 수밖에 없습니다. 뿐만 아니라 철학자가 단어의 의미를 명확하게 설명하거나 정의를 내리지 않은 채 그냥 사용한 경우가 많기 때문에 더 어렵게 된 겁니다.

그래서 결국 나중에 철학을 연구하는 사람들 사이에서 의견이 분분해진 경우가 생겼습니다. 철학자 본인이 자신이 사용한 단어를 제대로 설명하지 않으니 다르게 해석할 수 있는 여지가 생기게 된 거죠. 특히 하이데거가 그랬습니다.

헤겔이 '내 철학은 나만 알 수 있다'는 말을 남겼습니다. 자기 철학을 자신밖에 알 수 없다는 말을 하다니, 이게 무슨 경우일까요? 헤겔이 자신의 철학을 제대로 설명하지 못했다는 얘기가 되는 건데 말입니다. 헤겔이 당시에 자신의 철학을 연구한 제자들에게 너네는 내 철학을 모른다고 한 건데, 지금의 우리가 헤겔을 연구하는 게 무슨 소용이 있을까요? 기껏 연구하고 분석해놓으면 무덤에서 나와서 "그거 아니야. 내 철학은 나만 안다니까?" 이러면서 연구자들을 야단치지 않을까요? 저는 그래서 헤겔은 공부하지 않습니다.

철학을 어렵다고 여기는 이유 3

철학 교수들의 잘못 때문

여러분이 철학을 어렵다고 여기는 세 번째 이유는 '철학 교수들의 잘못 때문'입니다.

철학 교수들은 학생들을 가르치겠다고 강단에 선 사람들입니다. 그렇다면 최소 철학에 대해 뭐가 하나쯤은 알고 강단에 서야 하는 게 맞죠? 그런데 철학이 뭔지 설명도 제대로 못하고, 심지어 학생들이 질문할 기회까지 차단합니다.

그런 태도는 무엇을 의미할까요? 철학에 대해 한 가지도 제대로 알지 못한 상태로 강단에 섰다는 것을 의미합니다. 그것은 곧 그 학위를 본인이 공부해서 받은 게 아니라, 돈 주고 샀을 가능성이 높다는 의미가 되죠.

철학 교수들이 학생들 앞에서 마치 철학을 아는 척 어려운 단어들을 주워섬기면서 말도 안 되는 소리를 혼자 지껄이다 나갑니다. 질문할 시간도 안 주고요. 아는 척 떠들었는데, 학생이 질문하면 대답 못할 게 뻔하고, 그러면 자기가 아무것도 모르는 채 떠들었다는 걸 들키게 되잖아요. 교수들이 학생들의 질문을 차단하는 이유가 바로 이겁니다. 대부분 선생들이 질문을 못 하게 하는 경우는 자신이 바보가 되는 걸 최대한 피하기 위한 거예요.

Prologue 강의 들어가기 전에

질문을 회피하면 뭐다? 가짜! 그런데 모르면서 아는 척 떠드는 건 사기질 아닌가요? 거짓말로 사람을 속여서 자신의 이익을 취하는 사람을 우리는 사기꾼이라고 부르잖아요? 진중권이 자칭 철학자니 미학자니 나댔지만, 정작 지금까지 철학이 뭔지 미학이 뭔지 아직까지도 제대로 설명 못 하고 있죠? 그러면서 돈 받고요. 그럼 진중권은 사기꾼 맞죠? 다른 사람을 속여서 이익을 취했잖아요.

언론 방송에 출연하는 유명인들 – 왜 유명하게 된 건지 도통 알 수가 없는 아무것도 모르는 사람들 – 이 대국민 사기질을 치고 다니니까 철학 교수들도 똑같이 학교에서 사기 치고 있는 겁니다. 부끄러운 줄도 모르고 말입니다. 저는 이런 사기꾼들이 강단에 서서 떠들어대는 걸 두고 '교수질'이라고 부릅니다.

'교수질'하는 교수들을 몰아내고 진짜 실력 있는 교수들이 학생들을 가르쳐야 학문이 발전하는데, 우리나라 학계 교육계 정말 큰일입니다.

여기에서 제일 큰 문제는 철학 교수들 중에 상당히 많은 수의 교수들이 자신이 철학자인 줄 착각하고, 철학에 대해 뭔가를 알고 있다고 착각하고 있는 겁니다. 모르는 걸 안다고 착각하는 건 정신병자입니다. '철학자'와 '철학교수'의 차이점도 모르고, '철학도'와 '철학자'의 차이점도 모르는 이들이 학생들을 가르치고 있으니, 그야말로 큰 문제 아닌가요?

어떤 대학 철학과에서는 수업 시간에 플라톤 책 강독이나 하고 있더군요. 그것도 그리스어도 아닌 영어 원서 강독이라니… 그 철학과를 다니고 있는 학생들에게 강독 수업을 어떻게 하냐고 물었더니, 교수 혼자 책 읽고 해석하고 강의실을 나간다는 거예요. 아니, 이게 대체 무슨 얘깁니까? 철학과니까 학생 스스로 번역해서 읽어 오게 하고, 강의실에 와서는 그 내용을 가지고 심화수업으로 들어가거나, 학생들끼리 토론을 하게 해야지, 무슨 짓입니까? 소위 철학과 교수라는 사람이 책 들고 혼자 해석하다가 끝내고 나가는 게 대학 철학과에서 하는 수업이라니요? 정말 한심한 일입니다.

대학에서는, 특히 철학과에서만큼은, 그런 식의 강독 수업은 절대 해서는 안 됩니다. 대학생이 되면 공부할 시간이 얼마나 많은데요. 그러니 학생 스스로 번역하고 내용을 숙지하게 한 다음 수업을 하는 게 맞습니다.

만약 학생들의 영어 독해 실력이 부족해서 강독으로 수업을 진행하려는 의도였다면, 수업 시간에 교수 혼자서 영어 읽고 해석해 주고 나가버리는 방식이 아니라, 강독도 해주고 책 내용에 대해 제대로 된 해설을 해주는 게 올바른 교수법이고, 수업이죠. 정말 말도 안 되는 일입니다. 그렇죠?

대부분의 철학교수들이 이런 지경이니 철학과에서 4년 넘게 공부하고 졸업해도 철학을 모른 채 헤매는 경우가 허다한 겁니다. 정말 큰 문제입니다.

Prologue 강의 들어가기 전에

철학을 어렵다고 여기는 이유 4

번역자와 출판사의 잘못 때문

사실 이 네 번째 이유가 모든 것의 원인이기도 하고, 동시에 결과이기도 한 건데요. 여러분이 철학을 어렵다고 여기는 이유는 '번역자와 출판사의 잘못 때문'입니다.

이 얘기가 뭐냐 하면, 영어로 된 책을 우리말로 번역할 때, 번역하는 내용을 숙지한 사람이 번역하는 게 맞나요, 아님 그냥 영어만 잘하는 사람이 번역하는 게 맞나요? 번역하는 내용에 대해 제대로 숙지하고 있는 사람이 번역하는 게 맞죠? 요즘에는 이렇게 추세가 바뀌고는 있습니다만, 대부분의 경우 내용을 모르는 사람이 번역하는 경우가 태반입니다.

여기서 잠시 우리나라 출판사에서 벌어지고 있는 철학책의 번역과정의 문제에 대해서 한번 짚고 넘어가 보겠습니다.

그리스어 → 독일어 → 일본어 → 한국어

그리스어로 된 책을 독일인이 독일어로 번역합니다. 그다음 독일어로 된 책을 일본인이 일본어로 번역해요. 그다음 일본어로 된 책을 한국인이 한국어로 번역합니다. 이 과정에서 잘못된 번역이 나오게 되는 겁니다. 번역이 잘못되면 내용을 제대로 이해할 수가 없게 되죠?

이것 말고도 또 다른 문제가 하나 더 있는데요, 번역 시기의 문제입니다.

독일어로 된 책을 일본어로 번역한 시기가 메이지 유신 이후예요. 그리고 그 일본어로 된 책을 한국어로 번역한 시기가 해방 이후, 그리고 대한민국이라는 사회가 바로잡히기도 전에 터져버렸던 6·25전쟁 그 이후부터죠. 박정희 대통령이 한국을 산업화시킬 때 대학도 더 생겨났잖아요. 이승만 대통령과 박정희 대통령과 대부분의 국민이 북한이 일으킨 6·25전쟁으로 인한 폐허에서 나라를 재건하는 상황이었죠. 이런 불행한 시대적 상황에서 번역을 담당했던 엘리트들이 철학 관련 지식이 일천한 상태로 철학 서적을 번역할 수밖에 없었습니다.

당시 엘리트는 일제 치하에서 대학을 다닌 사람들이니까 당연히 일본어로 된 책이 가장 많이 번역됐죠. 그 일본책은 독일어로 된 책을 번역한 거고, 그 독일어로 된 책은 그리스어로 된 책을 번역한 거였고요. 그래서 번역에 문제가 생길 수밖에 없죠. 그런데다가 시대적 불운으로 인해 철학적 지식이 부족한 엘리트들이 번역. 그 잘못된 번역본으로 사람들은 철학을 공부. 그런 이들이 또 다른 철학책을 번역. 그 잘못 번역된 책으로 사람들이 철학을 공부. 이런 악순환이 계속 이어져 온 겁니다.

그러니까 우리가 지금 읽고 있는 대다수의 철학책은 **그리스어 → 독일어 → 일본어 → 한국어** 이렇게 번역된 거죠. 또 다른 경우는 **그리스어 → 영어 → 일본어 → 한국어**, 아니면 **그리스어 → 영어 → 한국어** 이렇게 번역된 겁니다. 이렇게 두세 번 이상의 번역을 거치는

Prologue 강의 들어가기 전에

경우, 그 내용을 제대로 숙지하지 못한 번역자일수록 잘못 번역할 가능성이 더 높아지는 거고요.

제가 이런 얘기를 하면, "그렇게라도 해서 그런 책들이 나와 있는 게 다행이다." 하는 분들이 계세요. 정말 그렇게 해서라도 철학책이 나와 있는 게 다행인 걸까요? 전 그렇게 생각하지 않아요. 차라리 모르는 게 더 좋아요. 번역자와 출판사의 잘못으로 만들어진 잘못된 책으로 철학에 대해 잘못 알게 되거나 아예 등한시하게 된 게 차라리 잘 된 일일 수 있나요? 또 그렇게 해서 잘못된 것을 익힌 사람이 다른 사람들을 가르친다고 나섰기 때문에 우리나라에서 철학이, 교육이, 그리고 우리 머릿속까지 엉망이 된 건데, 그게 괜찮다는 건가요?

처음부터 그리스어로 쓰여진 책을 한국어로 번역, 처음부터 독일어로 쓰여진 책을 한국어로 번역, 처음부터 영어로 쓰여진 책을 바로 한국어로 번역해야 하는 이유입니다. 이런 책을 정역본이라고 합니다. 정역을 해야 '번역의 오류'를 줄일 수 있습니다. 그래야 제대로 된 진
_{정역定譯: 표준이 되는 바른 번역}
짜 지식이 전파되고, 그래야 우리 모두가 발전할 수 있습니다.

그래도 요즘에는 정역본으로 출판하는 출판사가 점점 늘어나고 있어요. 정말 다행스러운 일입니다.

정역을 한다고 해도 철학을 모르는 상태로 번역을 하면, 철학 용어를 번역할 때 엉뚱한 번역이 나올 수밖에 없습니다. 흔히 '변증법' 하면 '정반합正反合'이라고 하는 게 단적인 사례입니다. 〈定-反-定'〉이거나 〈제1테제-안티테제-제3테제〉. 이렇게 번역했다면, 〈변증법=정

반합正反合〉이라고 잘못 알고 있지 않았을 겁니다. 이게 바로 철학을 아는 사람이 정역을 해야 하는 이유입니다.

그리고 지금 우리에게 필요한 것은 정역본보다 <u>주해서</u>입니다. 플라
<small>주석을 달고, 어려운 문구의 뜻을 쉽게 풀이해 놓은 책</small>
톤 아리스토텔레스 모두 고대 사람이잖아요. 데카르트도 칸트도 헤겔조차도 모두 옛날 사람이고요. 그렇기 때문에 그 당시 사용했던 언어의 의미나 사회적 배경 등에 대해 설명해주는 '주해서'가 필요합니다. 칸트의 경우에는 주해서가 나와 있기는 하지만, 그 주해서가 더 어려운 지경이죠.

우리나라 학계 교육계, 정말 정신 바짝 차려야 합니다. 학문이 엄밀하지 않으면, 특히 철학이 엄중하지 않으면, 나머지가 엉망이 되기 때문입니다.

우리나라 정역 및 주해서로 아주 좋은 사례가 하나 있는데요, 김덕영 교수가 정역 및 주해를 달아 놓은 막스 베버의 『<u>프로테스탄트</u>의 윤
<small>로마가톨릭의 분파로 기독교회에 귀속한 사람들(Protestant)</small>
리와 자본주의 정신』이라는 책입니다. 번역 주해서의 표본이라고 해도 과언이 아니라고 생각합니다.

우리나라는 안타깝게도 아직 제대로 된 정역 주해서가 많지 않은 상황이에요. 그래서 공부, 특히 철학 공부를 하려면 정말이지 바닥부터 다 훑으면서 시작해야 돼요. 그래서 저도 이 자료 저 자료 훑으면서 이 잡듯이 공부했어요. 정말 힘들더라고요.

> **Prologue** 강의 들어가기 전에

　한 철학자의 철학을 알기 위해서는 그 철학자가 살았던 시대적 배경을 알아야 합니다. 그 시대와 관련된 역사책을 찾아보는데, 그런 자료도 별로 없는 거예요. 그래서 이책 저책 찾아다니느라 시간을 엄청나게 까먹었죠. 이렇게 고생하면서 공부를 하고 나니까, 철학에 관심 갖고 철학을 제대로 배워보고 싶어 하는 사람들이 더 이상 이런 고생을 하게 해서는 안 되겠다는 생각이 들더라고요.

　이렇게 어렵게 공부해야 한다면, 철학을 공부해 보겠다고 마음먹을 사람이 얼마나 생길 수 있으며, 생긴다 한들 얼마나 제대로 공부할 수 있을까요? 철학에 접근하기 쉬워야지 철학을 공부하는 사람들도 늘어나고, 그래야 철학 전공자들도 늘어나게 될 것 아닙니까? 그래서 결국 제가 철학개론서를 쓰기로 마음먹게 된 거고, 이렇게 여러분에게 철학개론 강의까지 하게 된 겁니다.

　각설하고, 번역자와 출판사 모두가 철학에 대한 이해가 부족한 상태에서 책을 냈으니까, 당연히 독자들은 이해가 더 부족한 상태가 된 거죠.

　이해가 부족한 사람들이 잘못 번역한 책을 가지고 공부한 교수가 잘 모르는 상태에서 강단에서 강의를 하고, 잘못 번역된 책으로 공부를 해서 석사 박사 학위를 받은 사람들이 강단에 서서 강의를 하고.

　이제는 이런 끝없는 악순환을 누군가가 끊고 바로잡아야 하지 않을까요?

철학이 어려운 건 절대 여러분의 잘못이 아니다

자, 여기까지 들어보니, 여러분이 철학을 어렵다고 여기게 된 건 여러분 탓이 아닌 게 분명해지죠?

그럼 이쯤에서 지금까지 한 얘기들을 간단하게 정리하고 넘어가 볼까요?

〈철학이 어려운 이유〉

1. 철학이 원래 어려운 학문이기 때문이다.
2. 자신이 쓰는 단어를 명료하게 설명하지 않고, 복잡한 문장을 사용한 철학자들 때문이다.
3. 철학 교수들이 철학을 제대로 알지 못한 채 철학을 가르친다고 나섰기 때문이다.
4. 내용을 잘 모르는 번역자에게 번역을 맡기고, 그 책을 출판한 출판사의 잘못 때문이다.

자, 이렇습니다. 여러분 탓이 아닌 거 분명하게 확인하셨죠?

정치이야기 그러네요…
다까라 네~^^

Prologue 강의 들어가기 전에

철학 공부는 안내자가 필요한 학문

지금까지 살펴봤듯이 철학은 어려운 학문입니다. 그냥 어려운 정도가 아니라, 세상에서 가장 어려운 학문이죠. 이렇게 어려운 철학을 제대로 이해하기 위해서는 철학의 길로 잘 안내해 줄 수 있는 가이드가 필요합니다.

'철학' 교육이 아주 열악한 우리나라 같은 상황에서는 더더욱이요. 철학 공부에 흥미를 느낄 수 있도록 도움을 줄 수 있는 안내자가 필요합니다. 물론 철학이라는 학문이 원체 어렵기 때문에 쉽게 안내해 준다고 해도, 어려운 내용이 있을 수밖에 없지만 말입니다.

저도 저를 이끌어줄 안내자를 찾아다녔고 기다렸습니다. 그런데 아직까지 아무도 없네요. 그래서 아직 공부가 많이 부족하지만 제가 시도해 보기로 결심했습니다. 제가 이렇게라도 시작하면 저보다 더 깊이 공부한 사람들이 저한테 자극을 받아 더 좋은 책을 여러분께 선사하지 않을까 하는 바람으로 말입니다.

자, 여러분, 철학을 어렵게 여기게 된 건 여러분 탓이 아닌 거 정확하게 인지하셨죠? 그러니 이제부터는 더 이상 자책하지 마시고, 저를 따라와 보세요. 그러면 여러분은 철학이라고 하는 인류 최고의 학문, 최상의 학문인 철학의 문을 열고 들어갈 수 있게 될 겁니다. 절대 자신의 능력이 부족해서 철학을 이해하지 못하게 된 거라고 자학하지 마세요. 이게 제일 중요한 점입니다. 아셨죠?

最古: 가장 오래된
자기 스스로를 학대함

시간을 보니, 제가 여러분께 "자책하지 마시라"는 얘기를 20분이나 했네요. "나는 머리가 나쁜가 봐!", "아, 난 왜 이렇게 머리가 나쁘지?" 이런 식으로 자학하는 게 가장 위험한 태도입니다.

더 좋아지려고 노력해야 하는 시간에 자책이라니요. 자책할 것과 자책하지 않을 것이 있는데, 자책하지 않을 것을 자책하면 큰일 납니다. 자존감이 낮아지거든요. 자존감이 낮아지면 정말 아무것도 못 하는 상태, 생각조차 제대로 안 되는 상태에 빠질 수 있으니까 조심하셔야 합니다. 아셨죠?

로즈 예~^^

제가 계속 반복해서 말씀드리는 이유는 이게 어쩌면 가장 중요할 수도 있는 점이기 때문입니다. 절대 함부로 낙담하지도 말고, 머리 나쁘다는 자책도 하지 마시길 바랍니다. 여러분 잘못 하나도 없으니까요. 잊지 마세요. 오케이?

KV 네~^^

예, 좋습니다. 자 그러면 이제 진짜 본론, 철학 얘기로 한번 들어가 볼까요?

Chapter 1
철학 공부가 어려운 이유

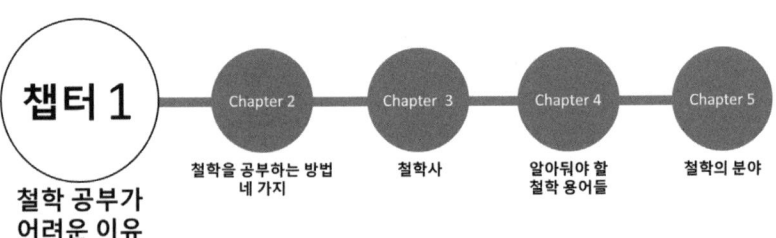

철학 공부가 어려운 이유 여섯

1 | 추상적 개념을 다루기 때문에
　　철학이 머리 아픈 이유는?
　　추상적 개념이란?

2 | 철학자마다 다른 언어를 사용했기 때문에
　　(1) 철학자마다 다른 언어 사용: '이성' '오성'
　　(2) 시대마다 다른 언어 사용: '덕'
　　(3) 문화마다 다른 언어 사용: '신'

3 | 역사적 배경을 알아야 하기 때문에
　　역사철학적 관점 견지의 중요성
　　역사적 배경을 살펴보는 것이 중요한 이유
　　　　(1) 플라톤
　　　　　　플라톤의 개인사
　　　　　　소크라테스는 소크라테스가 아니다
　　　　　　소피스트는 어떤 존재?
　　　　(2) 아리스토텔레스
　　　　(3) 토마스 아퀴나스
　　　　(4) 애덤 스미스
　　　　(5) 칸트
　　역사적 배경을 알아야 하는 이유

4 | 제너럴리스트여야 하기 때문에
　　제대로 된 진짜 학자가 없는 이유

5 | 철학사적 배경을 알아야 하기 때문에

6 | 종교철학과 종교전쟁을 알아야 하기 때문에

철학 공부가 어려운 이유 여섯

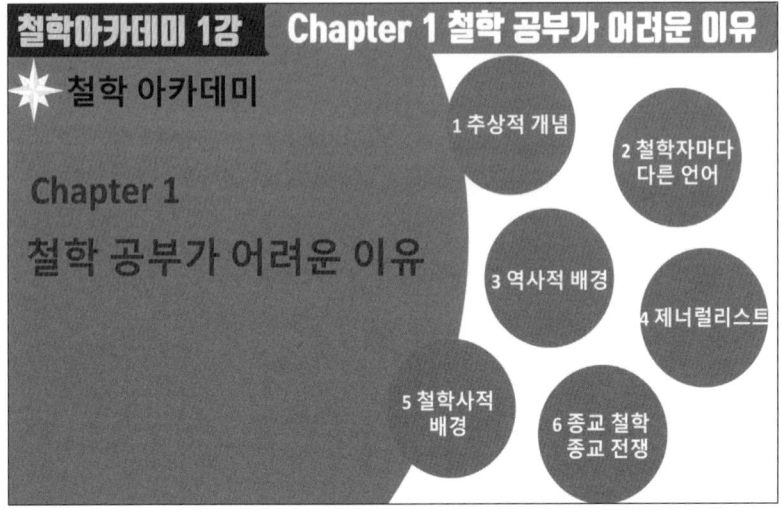

1. 추상적 개념을 다루기 때문에

2. 철학자마다 다른 언어를 사용했기 때문에

3. 역사적 배경을 알아야 하기 때문에

4. 제너럴리스트여야 하기 때문에

5. 철학사적 배경을 알아야 하기 때문에

6. 종교철학과 종교전쟁을 알아야 하기 때문에

그러면 지금부터 철학의 제일 큰 특징이자, 아주 중요한 특징 중 하나, **철학은 어려운 학문인 이유**를 살펴보겠습니다.

1. **추상적 개념을 다루기 때문**입니다.
   철학은 눈에 보이지 않는 것을 설명하기 때문에 어렵습니다.

2. **철학자마다 다른 언어를 사용하기 때문**입니다.
   철학 공부가 어려운 이유는 철학자마다 다른 언어를 사용하기 때문입니다. 어쩌면 이 사실이 철학을 가장 어렵게 하는 문제일 수도 있습니다.

3. **역사적 배경을 알아야 하기 때문**입니다.
   역사적 배경을 모른 채 어떤 한 철학자의 철학을 공부한 사람들을 지켜보니까, 그 철학에 대해 도그마에 빠지는 경향이 많더라고요.
   dogma: 독단적인 신념이나 학설

4. **제너럴리스트여야 하기 때문**입니다.
   모든 분야에 상당한 지식과 경험을 가진 사람 (generalist)
   박학다식한 제너럴리스트일수록 즉, 다양한 분야에 관한 지식이 많을수록 철학을 이해하기 쉽습니다. 철학은 학문을 뜻하는 말이었습니다. **철학한다=학문한다**. 철학은 학문과 동의어나 마찬가지였죠. 그래서 철학은 모든 것을 다루는 학문이 되었고, 그렇기 때문에 모든 학문과 연관되어 있습니다. 심지어는 수학, 과학까지 말입니다. 그래서 철학 공부를 제대로 하게 되면 굉장한 위력을 발휘할 수 있는 학문이에요.

   우리가 이 사실을 모르는 이유는 제너럴리스트적인 소양을 갖추지

> Chapter 1 철학 공부가 어려운 이유

못한 교수들이 철학을 가르쳤기 때문입니다. 선진국일수록 이런 현상이 적습니다. 이걸 어떻게 아냐고요? 번역된 책을 보면, 알 수 있습니다. 선진국에서 발간된 책들을 살펴보면 우리나라와는 달리 저자들이 정말 박학다식하거든요.

5. **철학사적 배경을 알고 있어야** 하기 때문입니다.

6. 서양, 특히 **유럽의 종교철학**과 2천년 동안 벌어졌던 **종교전쟁**에 대한 내용을 **알고 있어야** 합니다.

이렇게 여섯 가지의 이유 때문에 철학은 어려운 학문입니다.

〈철학 공부가 어려운 이유 여섯 가지〉에 대해 자세하게 살펴보는 건 5분 정도 쉬었다가 들어갈게요. 괜찮으시죠?

로즈 네.
정치이야기 넵 알겠습니다.
KV 네~^^
북극성 네~^^

(휴식)

자, 여러분, 제가 돌아왔습니다. 그럼 진도를 한번 나가 볼까요?

Chapter 1 철학 공부가 어려운 이유

철학 공부가 어려운 이유 1

1 | 추상적 개념을 다루기 때문에

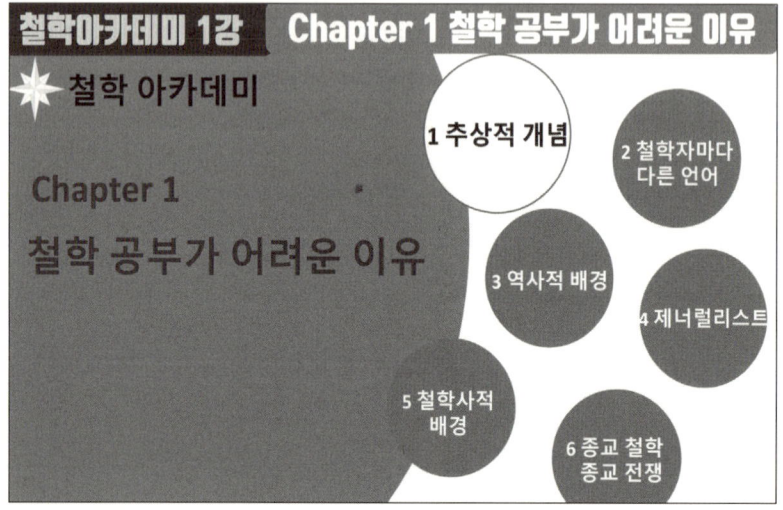

철학의 가장 큰 특징이 뭐라고요? 어렵다는 겁니다.

철학 공부를 하려고 책을 펴면 5분도 안 돼서 머리가 막 아파지는 걸 경험해 보신 적이 있으실 겁니다. 그건 여러분의 능력이 부족해서가 아닙니다. 여러분은 있는 그대로를, 그것도 아주 정확하게 느끼신 겁니다. 철학이 원래 머리를 아프게 하는 학문이거든요. 그러니 머리가 아픈 건 너무도 당연한 현상이었던 겁니다.

철학이 우리의 머리를 아프게 하는 이유는 뭘까요? 첫 번째는 철학은 오로지 '생각만으로 하는 학문'이기 때문입니다. 두 번째는 철학에서 다루는 내용이 모두 실체가 없는, 그리고 우리가 자주 생각해보지 않았던 '추상적 개념'에 관한 것이기 때문입니다.

철학이 머리 아픈 이유는?

요즘은 철학보다 과학을 더 높게 쳐주는 세상이니까, 과학적으로 다시 설명해 볼게요. 철학은 오로지 '뇌'만 사용하는 학문입니다. 눈에 보여지는 대상 하나 없이 온전히 뇌만 사용하니까 머리가 아프다고 느낄 수밖에 없는 겁니다.

게다가 '추상적인 개념', 예를 들어서 '존재' '인식' '논리' '이성' '관념' '옳음' '선[착함]' 등과 같은 실체가 없는 단어들을 이해하기 위해 뇌를 풀가동해야 합니다. 평상시 이런 철학적 단어를 이용한, 철학적 사고에 우리 뇌를 사용하지 않거든요. 오히려 머리가 안 아픈 게 이상한 거죠.

뇌가 체중의 2%밖에 안 되지만, 우리가 사용하는 에너지의 20%를 쓴다는 과학적 결과도 있잖아요. 그러니까 철학 공부에 뇌를 사용하려면 에너지도 더 쓰게 되겠죠? 그러니 힘든 게 당연한 겁니다.

제가 유럽 철학에 대한 공부를 시작했을 때부터 지금까지 철학에 대한 안내서가 없어서 10년 넘게 저 혼자 역사책이랑 별의별 서적들을 다 들여다보면서 고생했어요. 그래서 유럽 철학에 좀 더 쉽게 접근할 수 있도록 설명해주는 철학개론 서적이 있었으면 좋겠다고 생각했습니다. 아무리 찾아도 철학개론 책이 없어서 결국 제가 쓰기로 마음먹었다고 말씀드렸잖아요?

> **Chapter 1** 철학 공부가 어려운 이유

그런데 막상 유럽 철학 관련 개론서를 쓰려고 마음먹고 나니, **철학은 쉽게 설명하는 게 굉장히 어려운 학문**이라는 것을 점점 더 깨닫게 되더라고요. 그래서 '더 쉽게 설명할 수 있는 방법은 없을까?' 하는 생각에 미학책도 뒤지고, 예술철학책도 뒤지고, 역사철학, 과학철학, 법철학, 경제철학, 심리철학 등 '철학' 글자가 붙은 책을 다 뒤졌습니다. 직접적으로 철학에 관련되었을 것 같은 책도 눈에 띄는 대로 다 뒤져봤고요. '더 공부하고 철학개론서를 써야 하는 것은 아닐까?' 하는 생각이 들 때마다 좌절하기도 했지만, 다시 정신 차리고 정리하고 그랬습니다.

그런데 신기한 게요, 수도 없이 좌절하고 다시 시작하다 보니, 어느 정도 윤곽이 잡히기 시작하더라고요. 철학개론서 집필에 도움받았던 건, 어이없게도 '순수철학'이 아닌 '간학문 철학' 분야와 '예술사' 분야의 책들이었어요.

두 가지 학문이 합쳐진 분야, 그걸 <u>간학문</u>이라고 부릅니다. 안타깝
_{간학문(間學文): 양쪽 학문 분야를 연결하거나 아우르는 학문}
게도 우리나라에는 간학문을 하는 학자가 많지 않죠. 제가 정말로 필요로 했던 내용들이 '철학책'이 아닌 '간학문' 철학책에 있었기 때문입니다.

추상적 개념이란?

철학은 **추상적 개념을 다루는 학문**이기 때문에 어렵습니다. 물론 다른 학문에서도 추상적 개념을 다룹니다. 하지만 실체가 있는 대상을 다루죠. 그런데 철학은 실체가 없는 추상적 개념을 주로 다룹니다. 근대 이후 과학 문명이 철학을 깔보게 된 이유입니다. 철학은 이해하기가 어렵거든요.

예를 들어 '영혼' 얘기를 해볼까요? '영혼'을 뭐라고 설명하면 좋을까요? 어렵죠? 비슷한 예로 '정신'을 들어볼까요? '정신'이 무엇인지 설명하기 어렵죠. '존재' '근원' '이성' '관념' '법칙' '인과' 같은 단어들을 지금 바로 명쾌하게 설명할 수 있으세요? 아마 어려울 겁니다. 제가 방금 예로 들은 단어들은 실체가 없는 추상적 개념들을 가리키는 단어들이죠? 이 추상적 개념들을 주제 및 소재로 연구하는 학문이 철학입니다.

잠시 살펴봤듯이 철학에서 다루는 내용은 손으로 만지거나, 눈으로 볼 수 없는, 실체가 없는 '추상적 개념'들입니다. '관념'에 실체가 있나요? '법칙'이 손으로 만져지나요? '정신'을 눈으로 볼 수 있나요? 눈에 보이지 않는 것들에 대해 생각하는 학문이 철학입니다. 그래서 철학이 어려운 겁니다.

자, 철학이 어려운 첫 번째 이유가 뭐라고요? '눈으로 볼 수 없고' '실체가 없는' '추상적 개념'을 다루기 때문이다. 그래서 머리가 아픈 거다. 이해되셨나요?

Chapter 1 철학 공부가 어려운 이유

정치이야기 네~

여러분 〖철학아카데미〗 방송에서 제가 '이성'에 대해서도 이야기
유튜브 방송 【폴라스타 채널】의 코너로 '철학적 개념'을 생각하고 이야기하게 한 방송
하고, '시간'에 대해서도 이야기하고 그랬죠? 그 방송을 한 이유가 철학에서 사용하는 단어들에 대해 생각해보는 시간을 가져 보기 위해서였어요. 그래야 철학개론 강의가 좀 더 쉬워질 수 있으니까요.

제가 〖철학아카데미〗 코너에서 여러분께 질문을 던져서 생각해 보게 하고, 여러분들의 얘기를 충분히 듣고 얘기를 나눴던 일, 기억나시죠? 그렇게 해서 여러분께 "모든 인간은 철학자로 태어난다."는 걸 증명해 보이고 싶었던 겁니다. 더 나아가 '광범위한 의미로서의 철학'이 아닌, '학문으로서의 철학'에 발을 디딜 수 있도록 도와 드리려고 했던 거예요.

2020년 12월 20일 방송 〖철학아카데미〗 1강

2021년 1월 17일 방송 〖철학아카데미〗 4강

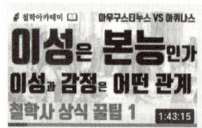 

2021년 1월 24일 방송 〖철학아카데미〗 5강

철학 공부가 어려운 이유 2

2 | 철학자마다 다른 언어를 사용했기 때문에

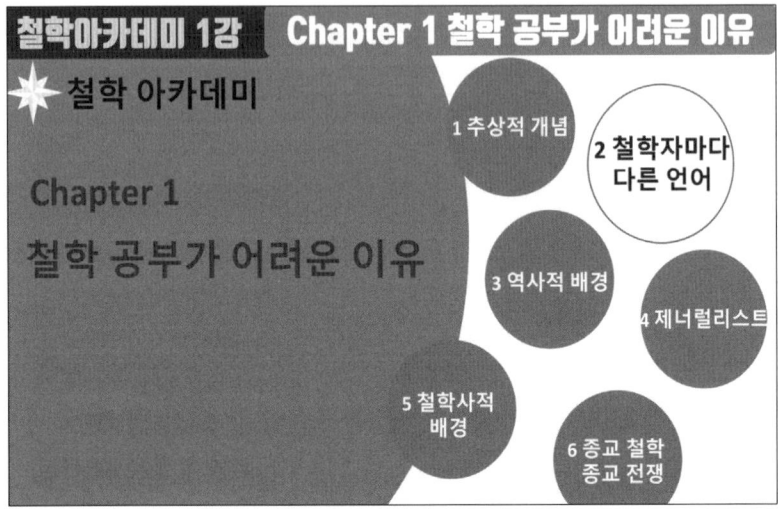

(1) 철학자마다 다른 언어 사용

(2) 시대마다 다른 언어 사용

(3) 문화마다 다른 언어 사용

그다음 철학 공부가 어려운 두 번째 이유는, **철학자마다 다른 언어를 사용**하기 때문입니다. 서두에서도 잠시 말씀드렸다시피, 철학자들은 자기만의 의미를 담아서 단어를 사용하는 경우가 많습니다. 우리가 일상적으로 사용하는 단어를 완전 다른 의미로 사용하거나, 약간 차이가 있는 의미로 사용했습니다. 그래서 철학이 어려워진 겁니다.

   하지만 이건 철학의 속성상 아주 당연한 거예요. 그러지 않는 게 이상한 거예요. 역사철학적 관점에서 살펴보면, 각 철학자가 살던 시대
_{저자가 살았던 시대적 배경과 저자 개인의 삶을 통해 저자가 저술한 글에서 역사적 맥락을 살피는 것}
가 달라요. 모든 철학자가 살았던 지역도 모두 다릅니다. 설사 같은 지역에서 살았다고 하더라도 가정환경이 다르기 때문에 다른 언어를 사용할 가능성이 생기고요. 시대 다르죠, 지역 다르죠, 가정환경까지 달라요. 그러니 같은 단어를 다르게 사용할 수밖에 없게 된 겁니다.

   각자 환경이 다르기 때문에 '인과'에 대한 생각도, '법칙'에 대한 생각도, '논리적인 것'에 대한 생각도 달라요. 각 철학자마다 모두 다 각자의 언어를 사용해서 설명하죠? 그뿐인가요? 각자가 살던 시대와 지역의 특성을 지닌 언어를 사용하고, 그 당시에 통용되던 논리로 글을 이어간 거죠. 철학은 어려울 수밖에 없는 학문입니다.

   철학자마다 각자의 언어를 사용한다? 아직 감이 잘 안 오시죠. 그럼 몇 가지 사례들을 들어서 어떻게 언어를 다르게 사용했는지 설명해 볼게요.

(1) 철학자마다 다른 언어 사용: '이성' '오성'

각각의 철학자마다 사용하는 '이성' '오성'은 같은 단어지만, 의미가 조금씩 다릅니다. 이 사실을 제대로 인지하지 못한 철학 교수가 철학을 가르치면 학생들이 '이성' '오성'에 대해 오해를 하게 되고, 더 나아가 '철학'에 대해서까지 오해를 하게 됩니다.

'이성'과 '오성'에 대해 철학자마다 어떤 의미로 썼는지 비교해서 보여드리겠습니다.

['이성'에 대한 철학자들의 견해]
- 플라톤(BC 427~BC 347): 가장 뛰어난 사고능력
- 데카르트(1596~1650): 진리를 발견해낼 수 있는 판단 능력
- 로크(1632~1704): 합리적인 추론 능력
- 흄(1711~1776): 정념의 노예로 신뢰할 수 없는 것
- 칸트(1724~1804): 사고의 통일을 만들어내는 최고의 능력
- 헤겔(1777~1831): 변증법적 사고를 이끌어 내는 능력

['오성'에 대한 철학자들의 견해]
- 플라톤(BC 427~BC 347): 개념을 부여하고 범주화하는 능력
- 데카르트(1596~1650): 관념을 지각하는 유한한 능력
- 로크(1632~1704): 사물을 보게 하고 시작하는 인식 능력
- 흄(1711~1776): 인식하고 추리하는 능력
- 칸트(1724~1804): 인식하고 분별하고 분석해 과학적으로 범주화하는 능력
- 헤겔(1777~1831): 다름을 구별해 추상적 개념을 부여하는 능력

'감각' '감성' '지각' 등과 구별되는 능력으로서 '이성' '오성'은 비슷한 점이 있기 때문에 이 둘을 구분한 것이라고 보면 됩니다. '오성'은 '지성' '지적능력' '이해력' '아는 것으로서의 지식'과 같은 단어라고 이해하시면 되고요.

정치이야기 어려워요.

'이성' '오성' 얘기가 나오니까 "와~ 이성은 뭐고, 오성은 또 뭐야?" 이런 생각이 들면서 막 힘들어지시죠? 이것부터 설명하고 들어가면 철학이 더 어려워지니까, 이번 철학개론 강의 시간에는 그냥 '아 저런 게 있구나' 하고 넘어가는 걸로 하겠습니다.

철학자들이 말한 '이성' '오성' 같은 단어는 한번에 이해되지 않습니다. 그러니 이번에는 그냥 '이성' '오성'이라는 게 철학용어로구나, 저렇게 구별해서 썼구나, 하시면 돼요.

다까라 네~

Chapter 1 철학 공부가 어려운 이유

(2) 시대마다 다른 언어 사용: '덕'

이번에는 '덕'이라는 단어에 대해서 생각해 볼까요? '덕'이라는 단어를 보면, 여러분은 어떤 생각이 드세요? 아마 많은 분들이 '덕'을 '너그럽고 배려심 깊다'라는 뜻으로 사용하실 텐데요. 정치이야기님은 '덕'하면 어떤 게 생각나나요?

정치이야기 자비롭고 남을 배려하는 것 등이 생각납니다.

자비롭고 남을 배려하는 것! 그쵸, 요즘은 덕을 그런 의미로 많이 사용하죠.

다까라 미덕
KV 베풂

미덕, 베풂. 맞습니다. 덕을 그런 의미로도 사용해요. 또 다른 분들은요?

북극성 푸근함, 여유, 인자함

푸근함, 여유, 인자함. 맞습니다. 그런 의미로도 씁니다.

KV 아량

아량! 맞습니다. 또 다른 분은요?

새라 많이 수용하는 것요.

아~ 많이 수용하는 것. 맞습니다. 그런 의미로도 많이 사용하죠.

의견 주셔서 감사합니다.

그런데 이 '덕'이라는 단어가 고대 그리스 아테네에서는 조금 다르게 사용되었습니다. 플라톤, 아리스토텔레스, 소피스트 철학자들은 우리가 모두 요즘 사용하는 것과 다른 의미로 '덕'이라는 단어를 사용했어요.

이것에 대해 설명하지 않은 사람은 철학 교수 자격이 없는 사람입니다. 우리나라에서 자칭 철학자라고 나선 진중권, 강신주, 도올, 최진석 같은 빨갱이 부류들은 그동안 왜 이런 걸 설명하지 않았던 걸까요? 아니, 안 한 게 아니라, 못하는 거겠죠? 모르니까. 사람은 알면 떠들게 되어 있거든요.

아무 설명도 없이 그냥 '덕'이라고 하면, 현재 우리가 사용하는 의미로 말한 게 되죠. 제가 "망문생의(望文生義)"라는 말을 많이 씁니다. 어떤 글귀를 보고 제멋대로 해석해 버리는 것, 그것이 망문생의입니다. 제멋대로 해석해도 괜찮은 게 있는가 하면, 제멋대로 해석해선 절대 안 되는 것들이 있어요. 이런 것도 모르면서 철학자라고 나대면 됩니까, 안 됩니까?

이들뿐만 아니라 현재 우리나라 대학교수들도 굉장히 많은 오류들

Chapter 1 철학 공부가 어려운 이유

을 저지르고 있어요. 전 세계 학계 자체가 가벼워진 이유기도 하죠. 미시화·파편화·분절화된 지식만 공교육에서 주입식 암기 방식을 강요하니 정말 문제입니다. 그것도 잘못 번역된 책이나 복붙 짜깁기한 책으로 말입니다.

다행히도 이제는 제대로 된 번역서가 나오기 시작했습니다. 외국에서 공부하고 들어온 진짜 실력 있는 유학생들이 번역 일을 하는 경우가 많아졌거든요.

그런데 말입니다, 실력을 쌓고 돌아온 유학생 출신들이 우리나라 대학에서 시간 강사 자리도 못 얻는다고 합니다. 그래서 택시기사 한다는 소리도 들었고, 중고딩 과외 학원강사를 하면서 생계 유지를 한다는 소리까지 들었어요. 그런 얘기를 들으면 정말이지 분노가 치밉니다. 왜 이런 일이 생기는지 아십니까? 대학교수 자리를 대부분 유시민, 진중권, 도올 부류 같은 가짜, 쓰레기들이 차지하고 앉아 있기 때문이죠.

이런 지경이라 대학생들이 학문을 제대로 배울 수 있는 경우가 별로 없습니다. 거기다, 한 학기 등록금은 500만원이 넘죠? 500만원이 넘는 돈을 내고도 제대로 못 배우고 있는 거예요. 그래서 제가 "대학 보내지 마세요" 하는 겁니다.

썩어빠진 대학은 무너져야 합니다. 그래야 새로운 게 제대로 세워질 수 있죠. 21세기에 19세기에 만들어진 구닥다리, 그것도 군데군데 잘려진 짜깁기 지식 쪼가리를 외우고 있어야 하다니요? 그 비싼 돈을 주고 말입니다.

자, 그러면 각설하고, 아테네 시대에 사용하던 '덕'이라는 단어에는 지금과 달리 어떤 의미가 있었을까요? '사람을 죽이는' 의미가 있었어요. 놀라셨죠? 우리는 지금 베풂, 사랑, 자비, 너그러움, 남을 포용하는 것을 '덕'이라고 생각해요. 근데 고대 그리스 아테네에서는 '덕'에 '용기'라는 덕목도 포함되어 있었어요. 전쟁시에 시민으로서 의무를 다하는 '용기'라는 의미로 말입니다. 전쟁이 일어나면 적을 죽여야 하고, 나 또한 적에게 죽을 수 있잖아요. 누군가를 죽여야 하고, 또 나도 죽을 수 있다고 생각하면 두렵죠. 그 두려움을 극복해 내는 용기가 '덕'이었던 겁니다. 전쟁시에 적군을 잘 무찌르고 죽이고, 나도 죽을 각오를 하는 것. 그게 그들이 사용하던 '용기'의 의미였던 겁니다. 그래서 체력 단련 학교를 국가에서 운영했던 거죠. 적군을 잘 무찌르고 죽이기 위해서 평상시에 늘 체력을 단련하는 것. 그게 뭐겠어요. 전쟁 연습이죠. '전쟁시에 죽을 수 있다는 두려움을 극복하고, 적을 죽이고 반드시 이겨야 한다는 단단한 마음가짐'이 '용기'에 담긴 의미였고, 이게 바로 '덕'의 덕목이었단 얘깁니다.

고대 그리스 아테네 시절에 사용하던 '덕'의 의미를 대입하면, 태권도인들을 포함한 수많은 무술인들은 덕망이 높은 사람들이 됩니다. 고대 그리스 시대는 전쟁시 적군을 죽이는 것, 국가보호, 시민보호의 의무를 잘 수행하는 것이 곧 '덕'이었으니까요.

그런데 요즘에는 그렇게 생각하지 않죠? 시대마다 단어의 의미를 다르게 사용한다. 이 점 이해되셨죠?

Chapter 1 철학 공부가 어려운 이유

KV 지.덕.체!

예, KV님! 우리 옛날에 지덕체 많이 얘기했었죠.

북극성 오호~ 용기도? 덕

그렇습니다. 북극성님. '덕목'이라는 말 들어보셨죠? 덕의 목록입니다. 그 '덕목' 안에 전쟁에 참여해 적을 죽이고 장렬하게 전사할 수 있는 '용기'가 포함되어 있었던 겁니다. 기꺼이 전쟁에 나서서 국가와 시민을 지키는 '용기' 그게 '덕목'이었으니까요.

다까라 지 덕 체-화랑.

'화랑' 맞아요! 잘 연결시키시네요. 평상시에 체력을 단련하고 무술을 수련해서 우리가 사는 나라와 국민을 지키는 것. 그게 덕목, 즉 '덕'의 조건이었습니다. 화랑의 예를 봐도 '덕'이 현재 우리가 사용하는 '덕'과 옛날에 사용하는 '덕'이 달랐다는 사실을 더 잘 알 수 있죠?

예전에는 이런 걸 설명하는 책이 없었어요. 그런데, 이젠 조금씩 생기기 시작했어요. 정말 감사한 일이죠. 앞에서도 말씀드렸지만, 유학생 출신들 중에 실력을 갖춰 오신 분들이 교수직을 얻지 못하니까 번역 활동이라도 하기로 한 겁니다. 그것도 굉장히 의미가 깊은 작업이니까, 본인들도 행복해하고 그러더라고요.

여기서 잠깐 '번역' 얘기를 해볼게요. '번역'은, 엄청난 노가다예요. 이런 말씀을 드리면 사람들이 웃더라구요? "그게 무슨 노가다냐?" 이러면서 말입니다. 그런데 생각해 보세요. 예를 들어서 300페이지가 되는 책을, 요즘에는 얼마나 여유를 주는지 모르겠는데, 옛날에는 한 3~6개월 동안 300페이지를 번역해야 했어요. 밥 먹고 잠자는 시간 빼고 하루 종일 책상에 앉아서 번역에만 매달려 있어야 돼요. 꼼짝도 안 한 채 번역 작업만 해야 합니다. 결코 쉽지 않은 일이죠? 외국에서 공부하고 온 사람들이, 교수 자격이 충분한 사람들이 그 어렵고 힘든 일을 하고 있는 거예요. 근데 본인들은 또 그걸 좋아하고 자랑스럽고 보람된 일로 여깁니다. "이거라도 하는 게 어디냐" 하면서요. 그래서 좋은 번역서들이 나오기 시작하고 있는 겁니다. 정말 다행스러운 일 아닌가요?

다까라 2박3일 통역하는뎅 입도 아프고 머리도 아파요…ㅠㅠ

아, 다까라님 그러셨군요. 통역하시는 분들 얘기를 들어보면 정말 힘든 일이더군요.

제대로 번역된 책들이 서점에 가득하게 되면, 현재 대학에서 자리만 차지하고 월급만 받아먹고 있는 어용 교수들은 다시 처음부터 공부하거나 아님 그만둬야 할 겁니다. 진짜가 나타나서 가짜들을 몰아내는 일. 역사에서는 비일비재하죠? 우리나라에서도 그런 일이 곧 벌어지게 될 겁니다.

Chapter 1 철학 공부가 어려운 이유

(3) 문화마다 다른 언어 사용: '신'

이번에는 '신'이라는 단어를 한번 살펴볼게요. 우리가 사용하고 있는 '신'에 대한 개념을 한번 살펴볼까요? 우리는 지금 '신'을 어떤 뜻으로 사용하죠?

정치이야기 신=창조주나 인간을 뛰어넘은 전지전능한 힘을 지닌 존재.

전지전능한 힘을 지닌 존재, 창조주. 좋습니다.

북극성 신? 창조주, 만능자.

아, 창조주, 만능자. 그런 의미로 사용하는 사람들도 많죠.

우리는 지금 '신'을 '창조주' 내지는 '만물을 창조한 어떤 존재', 그리고 '뭔가 전지전능한 힘을 지닌 존재' 이렇게 생각하는 경향이 있죠. 신에 대한 이런 개념은 기독교, 유대교, 이슬람교에서 가르치고 있는 '유일신'에 대한 개념입니다.

이와 달리 '신'을 '보이지 않게 작용하는 힘', 혹은 '우주를 지배하는 법칙'이라고 보는 분들도 있고요.

고대에 사용된 '신' 개념은 어땠을까요? 각 지역마다 '신'이 다 달랐습니다. 그리스 신화 아시죠? 거기에 얼마나 많은 '신'이 나오는지 알고 계시죠? 제일 중요한 '12신'부터 시작해서 엄청나게 많죠. 로마는
제우스.헤라.포세이돈.아테나.아폴론.헤르메스.아레스.헤파이스토스.아르테미스.아프로디테.데메테르.디오니소스

나중에 그리스 신화에 이름만 바꿔서 대부분 그대로 베꼈고요. 그래서 '그리스·로마신화'라고 부르는 거고요.

인도 힌두교의 경우 '신'들은 또 얼마나 많습니까? 모두 각각의 역할을 가진 '신'들이고요. 불교도 인도 힌두교의 영향을 받아서, '신'이 많죠.

다까라 신의 존재는 인간 통제를 위한 것이라 저는 생각해요^^

다까라님처럼 '신의 존재는 인간 통제를 위해 만들어 낸 개념이다'라고 생각하시는 분도 있죠.

지금까지 살펴봤듯이, '신'에 대한 개념이 각각 다른데, 똑같이 '신'이라는 같은 단어를 쓰니까, 같은 의미로 사용할 거라고 생각하게 된 겁니다. 다른 의미인데 같은 단어 사용. 그게 혼동의 원인이고, 철학 공부가 어려운 이유입니다.

다까라 형이상학 단어만으로도 머리가 빙글빙글

형이상학이라는 단어만 들어도 어지럽죠? 그 이유를 강의해 드리고 있는 거예요. 형이상학은 특히 더 어렵습니다. 추상적인 단어 중에서도 가장 난이도가 높은 단어를 사용하는 학문이기 때문에 그렇습니다.

전 지금도 중요한 부분은 계속해서 몇 번, 어떨 때는 수십 번까지 읽어요. 아리스토텔레스의 『형이상학』은 지금 서너 페이지 밖에 진도

> Chapter 1 철학 공부가 어려운 이유

를 나가지 못했어요. 그 서너 페이지를 읽고 읽고 또 읽으면서 그 내용을 깊이 생각하면서 읽기 때문입니다. 그렇게 해서 한 지금 몇 번째 읽었는지 모르겠네요. 열 번은 넘었을 것 같아요. 지금도 계속 반복해서 읽고 있어요.

저는 외우는 것을 잘 못하기 때문에, 반복해서 여러 번 읽으면서 이해하려고 노력해요. 이해하면 저절로 기억에 남게 되니까 말입니다. 시험 성적을 올리기 위해 단순하게 외운 건 대부분 기억에서 사라집니다. 왜 그런지 아십니까? 맥락을 이해하지 못해서입니다. 그래서 저는 오래 기억하기 위해 이해가 안 되는 부분에서 멈추고, 왜 그런지 생각해보고, 그것에 대한 관련 자료를 찾아보기도 합니다. 그런 다음에 다시 읽고 생각하고요. 그것을 계속 반복합니다. 지겹지 않냐고 묻는 분들도 계시는데, 저는 그게 재미있습니다. 재미있으니까 하는 거죠.

Chapter 1 | 철학 공부가 어려운 이유

철학 공부가 어려운 이유 3

3 | 역사적 배경을 알아야 하기 때문에

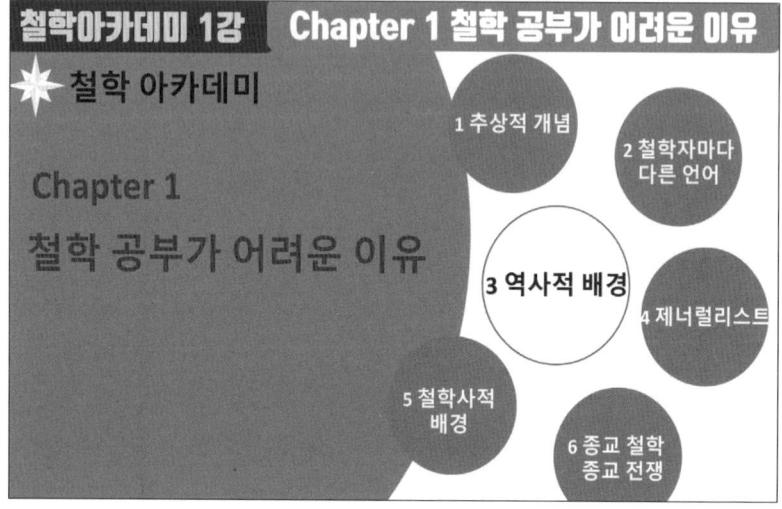

역사철학적 관점 견지의 중요성

역사적 배경을 살펴보는 것이 중요한 이유

    (1) 플라톤

    (2) 아리스토텔레스

    (3) 토마스 아퀴나스

    (4) 애덤 스미스

    (5) 칸트

역사적 배경을 알아야 하는 이유

저는 운 좋게도 유럽 철학 공부를 본격적으로 시작하기 전에 동양 철학을 공부했고요. 그다음 <u>역사철학</u>을 공부했어요. 역사철학에 관련책
<small>역사의 성과와 발전을 어떻게 인식하고 서술할 것인지를 연구하는 철학</small>
이 많지는 않지만, 현재 시중에 나와 있는 책은 다 읽었습니다. 덕분에 역사책을 볼 때만이 아니라 사회학 심리학 과학 등 다른 분야의 책을 볼 때도 항상 역사철학적 관점을 <u>견지</u>하게 됐죠. 그러니 철학책
<small>어떤 견해나 입장 따위를 굳게 지지함</small>
도 당연히 역사철학적 관점을 유지하면서 읽게 된 겁니다.

역사철학적 관점 견지의 중요성

제가 공부할 때 적용하는 '역사철학적 관점'을 간략하게 설명하면 이렇습니다.

> 누구든 객관적 관점을 유지하며 글을 쓰려 노력해도, 결국 자신의 주관이 들어갈 수밖에 없다. 그러므로 어떤 책을 읽기 전에 저자의 개인적인 성장 배경과 시대적·역사적 환경을 살펴봐야 한다. 그래야 '사실'과 '사실에 대한 작가의 해석'을 좀 더 객관적으로 구분해서 바라볼 수 있기 때문이다.

역사철학적 관점. 이게 제가 철학책을 읽기 전에 철학자의 개인사와 철학자가 살았던 시대적·지역적 배경을 먼저 살펴보게 된 이유입니다. 예를 들면 플라톤 책을 공부하기 전에 플라톤이 살았던 시대와 지역에 대한 배경과 플라톤의 개인사를 공부하는 거죠. 그다음 플라

Chapter 1 철학 공부가 어려운 이유

톤이 쓴 책을 『에우티프론』 『소크라테스의 변론』 『크리톤』 『파이돈』 순서로 읽었습니다. 그래서 그 책들을 읽고 이해하는 데 2년 넘게 걸렸지만, 내용을 이해하고 기억하는 데 굉장히 많은 도움이 됐습니다. 그렇게 공부한 내용을 정리해서 책으로 썼고요. 아직 출간되지는 않았지만, 제가 샘플로 만든 책을 보여 드린 적도 있잖아요?

제가 여러분께 늘 역사철학을 먼저 공부한 다음 다른 학문을 시작하기를 강추하는 이유입니다!

제가 역사철학적 관점을 견지하면서 읽은 책들 중 또 다른 예는 『종의 기원』입니다. 『종의 기원』을 읽기 전에 다윈 개인의 성장 배경과 다윈이 살았던 시대적 배경을 공부한 거죠. 다윈이 '왜 「진화론」을 연구하게 됐지?'를 먼저 알아보기 위해서였어요.

다윈은 생물학자 집안에서 태어났어요. 다윈의 할아버지도 아빠도 모두 생물학자였으니까요. 할아버지가 「진화론」을 연구했고요, 부자인 다윈의 삼촌이 다윈이 「진화론」을 연구할 수 있도록 돈을 대준 거예요. 그렇게 해서 다윈이 『종의 기원』을 완성할 수 있었던 겁니다. 그러니까 어느 날 <u>갑툭튀</u> 하늘에서 툭 떨어지듯 진화론이 완성된 게 아
<small>'갑자기 툭 튀어나오다'를 줄여 이르는 말</small>
니라는 얘깁니다.

모든 지식에는 축적된 과정들이 있었습니다. 이런 사실을 공교육에서는 가르치지 않아요. 왜 그럴까요? 몰라서 그런 거라고 봅니다. 사람은 알면 떠들게 되어 있거든요. 뭐든 아는 척 나서는 거 좋아하는 <u>관종</u>들이 많은데 왜 얘기하지 않는 걸까요? 어쩌면 가장 중요한 것일
<small>'관심 종자'를 줄여 이르는 말</small>

수도 있는데 말입니다. 모르기 때문이죠. 아무것도 모르니까 아무 말도 안 나오는 거죠.

이런 걸 발견할 때마다 정말 속상합니다. 가짜들이 진짜 행세하면서 사람들을 속이는 사기질을 미디어 매체가 앞장서서 하죠. 순진한 사람들은 그들의 사기질에 속을 수밖에 없죠. 진짜 속상합니다. 그래서 "내가 먼저 앞장서서 이런 사기질을 바로잡아 보자." 결심하게 된 거고요.

제가 이렇게 '철학 강의'를 여러분께 할 수 있게 되기까지 짧게는 10년이지만, 길게 보면 40년 넘게 걸린 셈입니다. 그래서 제가 서두에서 여러분께 "자책하지 마시라"고 말씀드렸던 겁니다. 여러분이 철학을 잘 이해할 수 없었던 건, 철학이 어렵게만 느껴졌던 건, 여러분 능력이나 지력의 문제가 아닌 것이기 때문입니다. 그러니 자책은 금물! 아셨죠?

다까라 넹^^

역사철학적 관점을 견지하는 것에 대한 중요성에 대해서 설명드렸으니, 이번에는 역사적 배경을 살펴보는 게 왜 중요한지 살펴볼게요.

Chapter 1 철학 공부가 어려운 이유

역사적 배경을 살펴보는 것이 중요한 이유

여러분이 철학을 어렵게 여기게 된 또 다른 이유는 지금까지 철학 교수들이 한 철학자의 철학이 지니고 있는 역사적 배경을 모른 채 철학을 가르쳐 왔기 때문입니다. 무슨 얘긴지 살펴볼게요.

역사적 맥락을 모르면 철학에 대해 제대로 이해할 수 없습니다. 역사를 모르면 과거를 기억하지 못하는 치매환자와 다를 바 없기 때문입니다. 치매환자인 상태로 무얼 할 수 있습니까? 역사 공부가 중요한 이유입니다. 그래서 제가 계속해서 "역사 공부는 필수다."라고 강력하게 주장하고 있는 겁니다.

제가 예전부터 트위터나 페북에 이런 글을 써왔어요.

" 역사를 얘기하지 않는 철학자

역사를 얘기하지 않는 수학자

역사를 얘기하지 않는 과학자들은 가짜다 "

 **동방명주東方明柱◀▶불법부정선...** · 2020년 9월 24일
역사를 말하지 않는 철학자, 철학과 교수는 #모두_가짜'다! 같은 논리로 역사를 말하지 않는 수학자, 과학자, 인문학자 미학자 모두 가짜다! 그러므로 진중권도 가짜, 유시민도 가짜, 도올도 가짜, 강신주도 가짜일 뿐.
#가짜가_판치는_세상이니 좌빨 종북이들이 극성인 것..

역사적 배경을 모르면 아무것도 모르는 겁니다. 제가 이렇게 단언하는 이유를 유명한 철학자들을 예로 들어 설명드리겠습니다.

(1) 플라톤

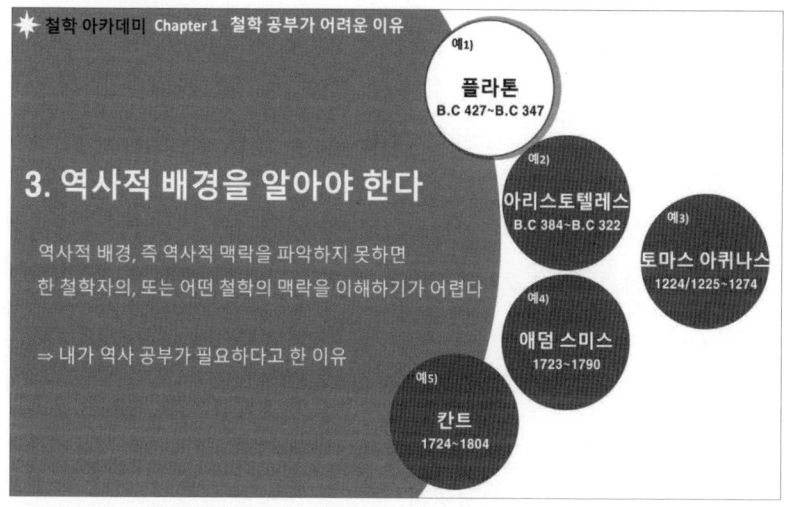

여러분, 플라톤 아시죠? 최소한 이름은 들어보셨잖아요. 그럼 첫 번째 플라톤이라는 철학자를 예로 들어서 **역사적 배경**을 알아야 하는 이유를 설명해 드릴게요.

일단 먼저 말씀드릴 것은 플라톤 철학에 대해서 제대로 설명하는 사람들이 거의 없다는 사실입니다. 유튜브 상에서 플라톤에 대해 떠드는 사람이 몇 명 있던데요, 그렇게 설명하면 안 돼요. 큰일납니다.

제가 유럽 철학을 공부해야겠다고 마음먹고 맨 처음 읽은 책은 플라톤의 책이었습니다. 플라톤이 철학사에서 최초로 등장하는 사람이니까요. 그래서 플라톤이 쓴 최초의 책인 『에우티프론』『소크라테스의 변론』『크리톤』『파이돈』을 연달아 읽었죠. 그 책들을 읽고 나니까 '플라톤은 왜 이런 얘기를 하게 됐을까?' 하는 생각이 들더군요. 역사적 배경 없이 탄생하는 건 아무것도 없으니까요.

> Chapter 1   철학 공부가 어려운 이유

플라톤의 개인사

이제부터는 여러분이 처음 듣는 단어들이 제법 나올 거예요. 우리나라 말이 아닌 데다가 기본으로 네 글자 이상이라, 낯설고 그래서 어렵게 느껴질 거예요. 하지만 한 번 듣고 두 번 듣고 세 번 정도 들으면, '아! 들어본 거 같애' 이렇게 될 때가 옵니다. 그러니까 이번에는 '아, 그런가 보구나' 생각하면서, 그냥 편안한 마음으로 보시면 좋을 것 같습니다.

플라톤의 철학을 이해하기 위해서는 먼저 플라톤의 개인사를 알아야 합니다. 개인사 속에는 당연히 시대적 배경도 포함됩니다. 시대와 사회, 지역을 떠난 개인은 없기 때문입니다.

플라톤은 왕족입니다. 왕족! 삼촌들도 당연히 왕족이고요. 이 삼촌들이 정권을 잡기 위해서 스파르타를 아테네로 끌어들여서 직접 민주주의자들과 전쟁을 벌여요. 그게 <u>펠로폰네소스 전쟁</u>이에요.
<small>BC 431~BC 404년 아테네와 스파르타 양측 동맹이 싸운 전쟁으로 스파르타가 승리함</small>

플라톤은 고대 그리스 아테네 사람이었습니다. 직접민주주의가 확대되던 시기에 살았고요, 삼촌들이 직접 권력투쟁에 개입했고, 그로 인해 죽었습니다. 상당히 정치적인 가정환경에서 자란 거죠? 그래서 『<u>국가론</u>』이라고 하는 책이 나올 수 있었던 겁니다.
<small>플라톤의 작품으로 40~60세 사이에 쓰여짐. 전체 10권으로 구성</small>

플라톤이 살던 시기의 아테네는 전쟁의 연속이었습니다.

(1) 페르시아 전쟁
　　그리스연맹체와 페르시아와의 전쟁(BC492~BC479)
(2) 펠로폰네소스 전쟁
(3) 귀족정 vs. 민주정으로 갈라져서 벌어진 내부 권력 투쟁

이 세 종류의 전쟁 속에서 플라톤이 살았던 거죠.

플라톤의 삼촌들이 펠로폰네소스 전쟁 당시 아테네에 스파르타 군대를 끌어들여서 권력을 잡은 적이 있어요. 이걸 두고 역사서에서는 '30인 참주정'이라 합니다. 이때 정권을 잡은 플라톤의 삼촌들이 민주
고대 아테네에서 비합법적으로 독재권을 확립한 지배자(참주僭主: 분수에 넘치게 스스로 왕이라 이르는 사람)
주의자들을 죽입니다. 몽둥이를 든 패거리들과 스파르타 군인들이 길에서 직접민주주의를 지지하는 사람들을 때려 죽이는 일도 비일비재했고요. 그로 인해 페르시아로 정치적 망명을 떠난 민주정 인사들이 많았습니다. 그들을 지지하는 시민들도 굉장히 많았고요.

플라톤이 보기에, 자기 삼촌들이 민주정 인사들과 그들을 지지하는 시민들을 죽이기까지 하면서 정권을 잡았는데, 의외로 정치를 못한 거예요. 그래서 좋은 정치체제에 대한 고민에 빠지게 된 겁니다. 그래서 『국가론』이라고 하는 책이 탄생하게 된 거고요. 정확하게 표현하면, 『정치체제』 혹은 『정치』라고 해야 하지만, 요즘 사용하는 '국가'의 의미와 크게 다르지 않기 때문에, 이 제목에 대한 비판은 별로 안 하는 편입니다.

Chapter 1 | 철학 공부가 어려운 이유

소크라테스는 소크라테스가 아니다

여러분 중에 소크라테스 모르는 분 없죠? 고등학교 윤리 시간에 세계 4대 성인이라고 배우기도 하잖아요. 그런데요, 우리가 알고 있는 소크라테스는 실세 그 시대를 살았던 실존 인물인 소크라테스가 아닙니다. 우리는 실존했던 소크라테스가 어떤 사람인지 모릅니다. 소크라테스가 남긴 작품이 하나도 없기 때문입니다.

그런데 우리는 왜 소크라테스가 대단한 성인 혹은 철학자라고 얘기할까요. 궁금하시죠? 플라톤이 쓴 책의 주인공에 언제나 소크라테스가 등장하기 때문입니다. 소크라테스는 '가장 지혜로운 자'라는 뜻입니다. 그래서 플라톤이 '가장 지혜로운 자'를 자기 책의 주인공으로 등장시킨 겁니다.

우리가 알고 있는 '소크라테스'가 실존 인물이 아니라 플라톤 책의 주인공이라니? '가장 지혜로운 자'라고 하는 상징적인 인물이라니? 놀라셨죠?

정치이야기 네~ 처음 듣는 얘기예요.

소피스트는 어떤 존재?

여러분 '소피스트'라는 단어도 들어보셨죠? 유시민도 티비 방송
　　　　기원전 5~4세기까지 그리스를 중심으로 활동했던 철학사상가이자 교사들
에 출연해서 소피스트에 대해서 빈정거렸잖아요.

그럼 이번에는 잠시 소피스트에 대해 짚고 넘어가 볼까요? 플라톤 책을 읽기 위해서는 소피스트의 존재에 대해서 반드시 알고 있어야 하거든요. 유시민이 방송에서 아는 척 떠들어 대며 빈정거렸던 소피스트와 제가 설명하는 소피스트에 어떤 차이점이 있는지 비교하면서 들어보면 재미있을 겁니다.

소피스트는 '상대주의'라는 공통점이 있어요. '상대주의' 이 단어는 뒤에 '〈챕터 4〉 철학 용어' 편에서 더 자세히 설명해 드릴 거니까, 지금은 간단하게만 짚고 넘어갈게요. 플라톤의 철학을 알기 위해서는 반드시 이 '소피스트'에 대해서 알고 있어야 합니다. 소피스트의 주장을 비판하면서 플라톤의 철학이 완성된 것이기 때문입니다. 그러니까 소피스트에 대해 정확하게 알지 못하면 플라톤도 모르는 거 맞죠?

플라톤이 살던 시대는 '소피스트'가 맹활약하던 시기였습니다. 이들 대부분은 상대주의적인 관점, '객관적인 진리, 보편적인 진리, 절대적인 진리가 없다, 그러므로 절대적 윤리, 절대적 도덕 법칙은 없다'는 관점으로 세상을 설명했습니다. 플라톤은 소피스트들의 이런 상대주의적 관점이 굉장히 잘못된 거라고 봤어요.

그리고 소피스트는 대부분 자연철학자들이었어요. 그러니까 인간의

Chapter 1 철학 공부가 어려운 이유

삶이 아닌 자연에 대한 얘기를 주로 했죠. 플라톤이 그걸 지켜보다가 이건 안 되겠다, 내가 정리를 해야 되겠다, 생각하게 된 겁니다. 그래서 〈아카데미아〉라는 학교도 설립한 거죠. 이렇게 해서 만들어진 책들이 바로 현재 남아 있는 플라톤의 작품들이고요. 그래서 소피스트와 달리 플라톤은 절대주의적, 객관주의적 관점을 견지하는 윤리적 관점을 제시한 책들과 정치철학 관련 작품들을 쓰게 된 겁니다. 그렇게 해서
<small>인간의 사회와 정치영역에 대하여 연구하는 철학의 한 분야</small>
지금까지 우리가 플라톤이라는 위대한 철학자와 소크라테스라는 이름을 기억하게 된 겁니다.

플라톤이 이렇게 많은 책들을 낼 수 있었던 개인적 이유는 왕족 출신이기 때문입니다. 왕족 출신, 그러니까 엄청난 부자였다는 얘기입니다. 플라톤이 많이 배우고 공부할 수 있는 물질적, 시간적 환경을 갖추고 있었다는 의미죠. 일례로 플라톤은 피타고라스 학파에 들어가려고 했지만, 피타고라스 학파는 입학할 수 있는 기준이 엄했고, 결국 플라톤은 못 들어갔어요. 그래서 암시장에 가끔 나오는 피타고라스 학파의 책들을 사 볼 수밖에 없었습니다. 암시장에 나온 책이 굉장히 비쌌을 것 아닙니까? 플라톤은 왕족이라 돈이 있었고, 그래서 그 비싼 책들을 사서 공부할 수 있었던 겁니다.

일단 철학을 제대로 익히기 위해서는 많은 것들을 알고 있어야 합니다. (방송하는 뒷배경 책장을 가리키며) 일단 제 뒤에 있는 이 책들 좀 보세요. 우리 집에는 방, 거실, 복도에 이런 책장이 열 개 넘게 있어요. 철학을 공부해 보니까 수많은 지식이 머릿속에 들어 있어야, 철학책에 나오는 내용을 제대로 이해할 수 있더라고요. 아직 책 한 권밖에 쓰지 못한 제가 이런데, 책을 수십 권 쓴 플라톤은 당연히 저보다 훨

씬 더 많은 지식과 책을 지니고 있지 않았을까요?

옛날 왕족 얘기가 나왔으니, 이건 꼭 짚고 넘어가야겠습니다. 지금 우리나라에 빨갱이 작가들이 많아서 왕과 왕족이 뭔가 놀고먹는 존재, 뭔가 포악하고 무식한 존재로 만들고 있죠? 그런데 말입니다, 실제로는 세상 그 어느 나라 왕들도 절대 편하게 제멋대로 살지 못했어요. 만약 그렇게 살았다면, 그 왕은 죽임을 당하거나 쿠데타로 권력을 빼앗기거나 외침에 의해 나라를 빼앗겼습니다.

정신 나간 작가들이 계속해서 우리 역사와 우리 왕들의 나쁜 부분만 보여줘서 우리가 그렇게 인식하게 된 거예요. 드라마나 영화 속에 나오는 왕들의 패악질과 독선적인 행위 같은 거 있죠? 그랬다면 우리나라는 벌써 몇백 년 전에 사라지고 없었을 겁니다. 대부분은 거짓입니다. 왕과 왕족들이 공부하고 노력하니까 나라가 발전했죠. 한글 창제도 세종대왕이 한 거잖아요. 자꾸 세종이 안 했다고, 집현전 학자들을 시켜서 했다고 우기는데, 그걸 지휘한 사람이 세종이잖아요. 그러니 '세종이 한글을 만든 게 아니다'고 얘기하면 의도적으로 세종이라는 왕을 폄훼하려는 거라고 볼 수밖에 없죠.

플라톤의 개인사와 플라톤이 살던 고대 아테네 역사와 시대적 상황을 대충이라도 살펴보니까, '플라톤이 이런 일들을 겪었기 때문에 이런 책이 나올 수밖에 없었구나' 하는 생각이 드시나요?

정치이야기   네~ ^^

> Chapter 1 철학 공부가 어려운 이유

저는 이렇게 얘기합니다. '철학자는 그 시대를 고민하는 사람, 그 시대의 문제가 무엇인가를 굉장히 깊이 들어가서 탐구한 사람'이라고요. 그럼 제가 늘 해 왔던 이 말이 맞나 틀리나, 계속 살펴볼까요?

다까라 네~

(2) 아리스토텔레스

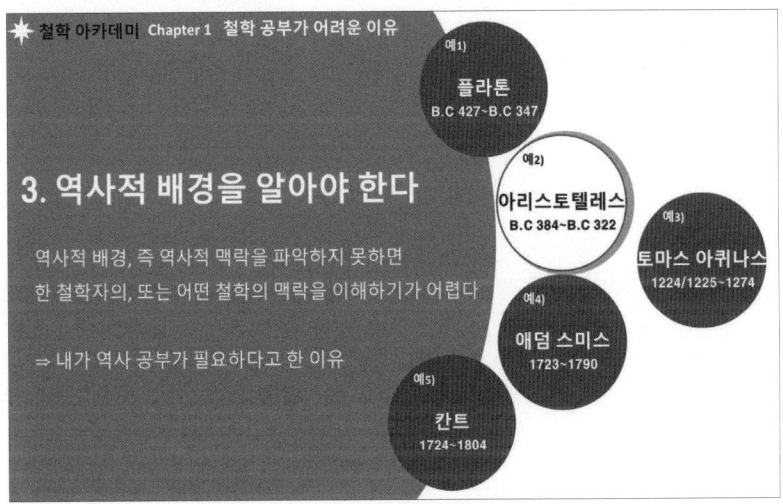

이번에는 아리스토텔레스를 살펴보겠습니다. 아리스토텔레스는 어떻게 해서 위대한 철학자가 됐을까요?

아리스토텔레스의 개인사를 먼저 살펴볼게요. 아리스토텔레스의 아빠는 마케도니아 왕의 주치의였습니다. 아리스토텔레스가 자연학에 관
그리스의 고대 왕국. 아테네 위쪽에 위치.
심이 많았던 이유입니다. 소피스트가 다루었던 자연철학 분야에 관심
자연 현상의 원리를 연구하며, 자연 과학의 인식의 기초와 그 근본을 밝히려는 철학
이 많았던 이유이고요. 실제로 아리스토텔레스가 아니었으면 현재의 자연철학이 없었다고 볼 수 있을 정도로, 굉장히 많은 부분을 정리했어요. 아리스토텔레스가 현재 우리가 '경험주의'라고 부르는 철학사조의 시조라고 여기는 사람들이 있게 된 배경이기도 합니다.

플라톤에 비해 자연학에 더 관심이 많았고, 경험의 중요성을 강조했기 때문에 플라톤의 이성 중심 형이상학에 대해 비판적인 입장이

> Chapter 1 철학 공부가 어려운 이유

된 겁니다. 그래서 아리스토텔레스가 플라톤이 운영하던 아카데미아를 물려받지 못하게 된 거고요. 플라톤 입장에서 보면 자신과 다른 입장을 가진 아리스토텔레스를 경계할 수밖에 없는 거죠.

그러면 아리스토텔레스는 무엇을 주장하려고 했던 걸까요? 플라톤이 틀렸다? 아닙니다. 플라톤의 철학에 경험주의, 자연철학적인 측면을 더 추가하려고 했던 겁니다. 아리스토텔레스는 개인사적 배경으로 인한 입장 차이를 가질 수밖에 없었으니까요.

자, 여기서 한번 되짚어 볼까요? 플라톤이 하려던 것은 뭐라고요? 소피스트가 맹활약하던 시대, 소피스트의 상대주의적 관점을 바로잡기 위해 절대적 존재, 객관적 존재, 보편적 존재에 대해 탐구하기 시작한 겁니다. 그래서 절대적 존재, 객관적 존재, 보편적 존재가 있다는 플라톤의 철학이 완성된 거죠.

플라톤학파가 소피스트를 비판하고 몰아냈듯이 아리스토텔레스도 플라톤 학파의 부족한 점을 비판하고 더 나은 방향으로 만들려고 했던 겁니다. 세월이 흐르면 모든 흐름도 바뀝니다. 그러니, 이런 현상은 피할 수 없는 거죠. 당연한 일입니다.

아리스토텔레스가 태어난 곳은 마케도니아예요. 마케도니아는 그리스였습니다. 이걸 모르고 알렉산더 얘기를 하는 사람들이 많던데, 마케도니아는 제우스를 믿고 그리스 신화를 공유하는 그리스 연맹체인 도시국가입니다. 그러니까 마케도니아 입장에서는 마케도니아가 그리스 도시국가 연맹체를 통일한거죠.

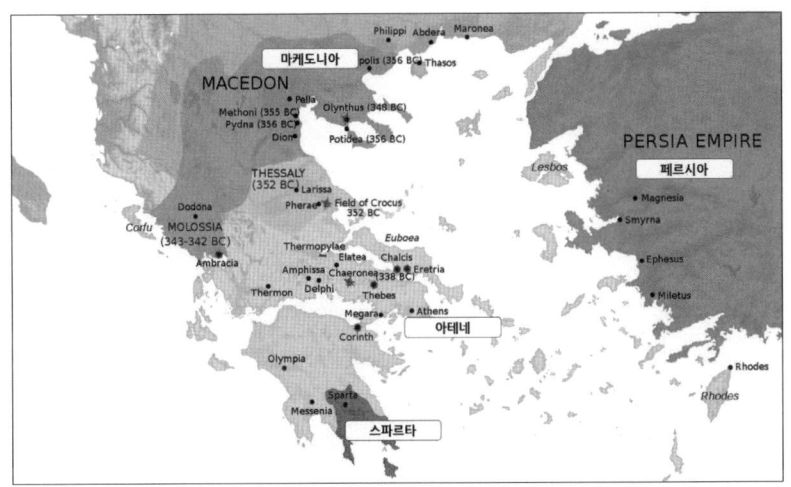

BC 4세기경 마케도니아 위치 - 출처 : mapsof.net

반면, 고대 그리스와 지중해의 맹주였던 아테네 입장에서는 마케도니아가 아테네를 침략해서 지배한 거라고 볼 수밖에 없죠. 그러니 아테네에서는 마케도니아를 당연히 나쁘게 생각할 수밖에 없으니 마케도니아인에 대한 대접이 나빠지게 됩니다. 그래서 마케도니아 출신인 아리스토텔레스는 결국 아테네를 떠납니다.

그리고 알렉산더가 그리스를 완전히 지배하게 됐을 때, 다시 아테
마케도니아의 왕(BC 356~BC 323). 그리스, 페르시아, 인도에 이르는 대제국을 건설
네로 돌아옵니다. 그리고 플라톤이 세운 〈아카데미아〉와 같은 종류의 학교인 〈리케이온〉을 설립해요. 이 리케이온 출신들을 **소요학파**라고
逍(노닐소)遙(거닐요) : 슬슬 거닐어 돌아다님
부르기도 해요. '소요학파'는 회랑을 거닐면서 철학에 대한 얘기를 나
사원이나 궁전 건축에서 지붕이 있는 긴 복도
누었기 때문에 붙여진 이름이에요. 그리고 이들을 **페리파토스 학파**라고 부르기도 합니다. '페리파토스'는 '회랑'이란 뜻인데요, 이 회랑을 산책하면서 공부를 했다고 해서 '페리파토스 학파'라고 부르는 겁니

111

Chapter 1 철학 공부가 어려운 이유

다. 이 '페리파토스 학파'를 가리키는 이름이 **페리파테인**입니다.

　아리스토텔레스 학파의 또 다른 이름들인 **소요학파**, **페리파토스 학파**, **페리파테인**은 중요한 학파 이름이기 때문에 철학사에서 계속해서 나옵니다. '신플라톤주의'처럼요.
_{플라톤 철학의 계승과 부활을 내세운 3~6세기 로마제국에서 성행했던 철학사상}

(3) 토마스 아퀴나스

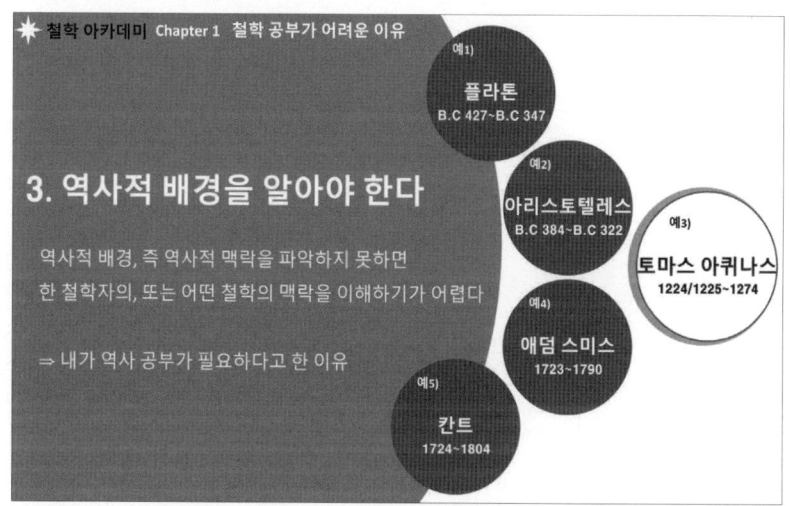

이번에는 토마스 아퀴나스를 간단하게만 살펴볼 겁니다. 학교에서
_{중세 유럽의 스콜라 철학을 대표하는 이탈리아의 신학자(1224년~1274년)}
우리는 토마스 아퀴나스가 아리스토텔레스 철학을 가톨릭 교회에 접목시킨 사람으로 배우죠?

재밌는 얘기를 하나 해 드릴게요. 그리스를 점령한 로마 제국의 강요로 그리스에서는 철학이 금지됩니다. 그 당시 〈학문=철학〉이었는데도 로마 제국은 철학, 즉 학문을 금지시키고 가톨릭 외에는 아무것도 인정하지 않은 겁니다. 신학 외에는 아무것도 인정하지 않으니까, 그리스 철학자들은 중요한 책들을 모두 싸들고 현재 이슬람 세계인 페르
_{이슬람 신앙을 실천하는 무슬림 사회, 이슬람권, 회교권이라고 부름}
시아로 피신합니다. 덕분에 페르시아, 이슬람 세계에서 철학이 꽃피게 됩니다. 박해를 피해 현재 이슬람권으로 피신한 학자들이 아리스토텔레스 학파뿐만 아니라 다른 철학 학파 사람들까지 있었으니까요. 역사의 아이러니죠.

Chapter 1 철학 공부가 어려운 이유

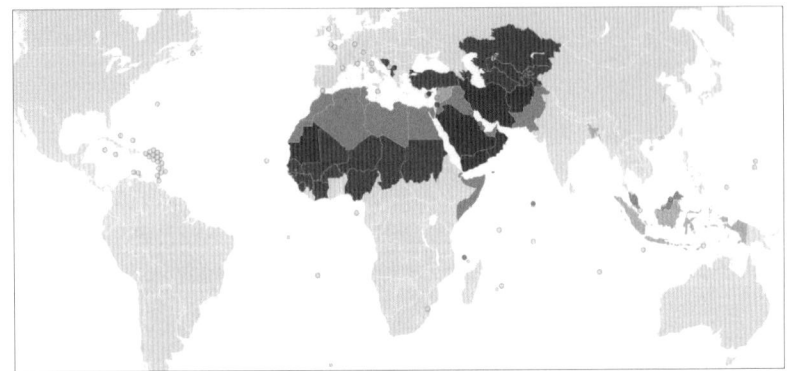

이슬람권 국가들 - 출처 : 위키백과

이슬람 세계에서 꽃피운 철학이 <u>십자군 전쟁</u> 시기에 거꾸로 이슬
　　　　　　　　　　　　　　　　가톨릭교가 일으킨 예루살렘 성지 탈환 전쟁 1095~1291년
람 세계에서 유럽으로 발전한 철학들이 들어온 거예요. 그러니까 십
자군 전쟁이 없었다면 토마스 아퀴나스도 없었을 수 있었다는 얘기입
니다.

(4) 애덤 스미스

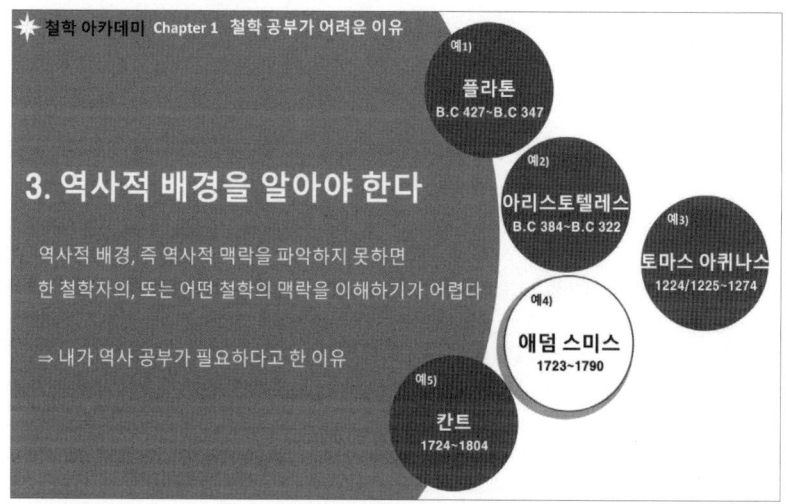

애덤 스미스는 『도덕감정론』에서 '인간의 이기심'에 대해서 얘기한
_{스코틀랜드 출신의 '도덕감정론'을 쓴 학자(1723~1790년)}
도덕철학자[윤리학자]입니다. 철학사에 반드시 기록되어야 할 중요한 도덕철학자인 겁니다. 경제학자일 뿐만 아니라, 철학자예요. 도덕철학 혹은 윤리학에서 애덤 스미스를 빼면 안 되는데, 철학자 명단에서 빠져 있어요. 그러면서 사회학자 혹은 정치경제학자인 마르크스는 철학사 책에 꼭 집어 넣고 말입니다. 이거 완전 잘못된 겁니다.

『국부론』을 경제학 관련 서적으로 분류하면서 애덤 스미스를 철학자가 아닌 경제학자로만 취급하려는 경향이 강한데, 애덤 스미스가 살던 시대에 경제학이라는 학문 분야는 없었어요. 경제학은 최근에 와서야 만들어진 학문이죠. 그런데 애덤 스미스를 "경제학의 시조"라고만 내세우면서, 도덕철학자임을 뺀 채 경제학자로만 여기게 만들다니요? 이거 대체 누구의 농간입니까? 정말 속상한 일입니다.

115

| Chapter 1 | 철학 공부가 어려운 이유

『도덕감정론』과 『국부론』 두 권의 책을 쓴 애덤 스미스는 영국 스코틀랜드 출신이죠. 이 부분이 굉장히 중요한데요, 왜 중요하냐면 흄하고 절친이었거든요.

영국의 경험론 철학자(1711~1776년). 로크의 영향을 받음

철학은 이렇게 서로 연결되고 얽혀있기 때문에, 철학의 전체 모습을 파악하는 게 굉장히 어렵습니다. 그래서 제가 지금 이렇게 유럽 철학 개론 강의를 통해서 철학의 전체 모습을 여러분께 조금이라도 보여드리기 위해 노력하는 거고요. 하루아침에 전체를 다 파악하기는 어렵지만, 제 강의가 끝나면 철학이라고 하는 가장 어려운 학문의 윤곽은 이해할 수 있게 되실 겁니다.

자, 다시 애덤 스미스가 태어난 스코틀랜드로 돌아가 보겠습니다. 스코틀랜드는 철학사에서 굉장히 중요한 곳이에요. '스코틀랜드에서 영국 계몽주의가 처음 시작됐다'고 해도 과언이 아니거든요. 흄도 스코틀랜드 사람입니다. 학교에서는 영국 사람이라고 가르치죠. 아닙니다. 스코틀랜드 출신이에요.

1707년에 잉글랜드에 복속된 스코틀랜드는 잉글랜드와 종교도 다릅니다. 지금도 스코틀랜드는 잉글랜드에 종속된 주가 아니라, 영연방을 구성하는 국가죠. 축구팀도 각각 출전하잖아요. 그러니까 애덤 스미스가 살아서 활동하던 그 시대에는 스코틀랜드와 잉글랜드가 더욱 더 뚜렷하게 구분되었겠죠.

애덤 스미스는 글래스고 대학을 마치고 옥스퍼드 대학으로 유학을 가요. 그런데 거기에서 너무너무 실망하게 됩니다. 옥스퍼드 교수들이

너무 폐쇄적이고 편협한 거예요. 실력도 형편없고요. 여러분! 이 얘기 어디서 많이 들어본 말 같지 않아요? "교수들 실력이 너무 형편없다" 저도 자주 얘기하는 거고, 요새는 학생들까지 이런 얘기를 하죠?

그 와중에 결정적인 사건이 생깁니다. 옥스퍼드 대학에서 흄의 『인성론』을 금지 서적 목록에 포함시켜 버린 거예요. 문제는 앞에서도 말씀드렸듯이 흄과 애덤 스미스가 완전 친한 사이였다는 겁니다. 그 사건에 대해 애덤 스미스는 옥스퍼드 대학을 신랄하게 비판하고 스코틀랜드로 돌아갑니다. 그리고 작정하고 에든버러에서 공개 강연회를 엽니다. 이 공개강연을 바탕으로 해서 만들어진 책이 바로 『도덕감정론』이라는 책입니다.

그리고 애덤 스미스의 『국부론』을 이해하려면 당시 영국의 제국주의 정책을 알아야 돼요. 이게 굉장히 중요한 건데요. 애덤 스미스가 영국의 제국주의 팽창기 시대에 살았기 때문입니다. 그 당시에는 중상주의를 가장 중요하게 여기던 시대였고요. 이 얘기까지 하면 너무 길어지니까 생략하고 칸트로 넘어갈게요.

(5) 칸트

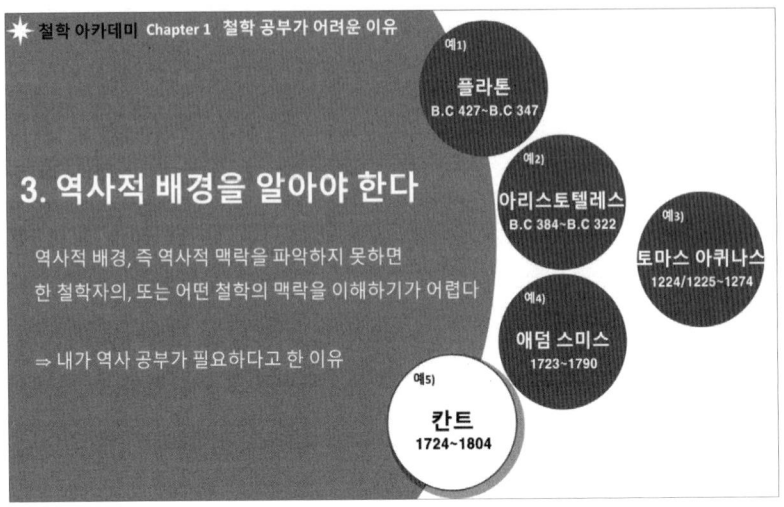

칸트 차례인데요, 이번 유럽 철학 개론 강의 시간에는 간단하게만 짚고 넘어가겠습니다.

우리나라는 칸트 철학이 대세입니다. 그 이유는 의외로 간단합니다. 칸트가 독일 태생이죠? 일본은 독일하고 친했죠? 그러니까 일본에서는 독일 철학자 칸트를 받아들이기가 쉬웠던 거죠. 일본이 칸트를 중요하게 여기니까, 일제 지배를 받았던 우리나라도 칸트 철학이 대세가 된 겁니다.

칸트가 살았던 쾨니히스베르크라는 도시는 학문의 자유가 보장된 곳이었어요. 그래서 칸트가 도시 밖으로 나가지 않아도 여러 학문을 두루두루 충분히 공부할 수 있었던 겁니다. '학문의 자유'가 중요한 이유입니다.

역사적 배경을 알아야 하는 이유

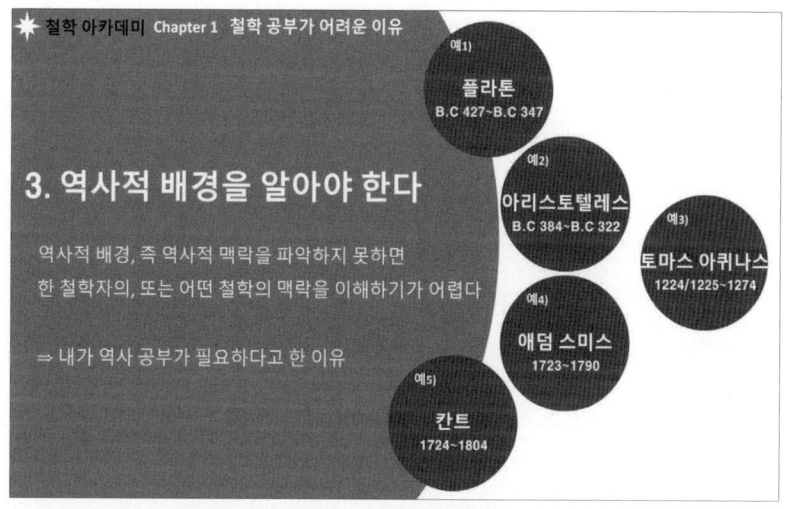

여러분은 지금까지 기원전 400년대부터 1800년대까지 시기별로 중요한 철학자인 플라톤, 아리스토텔레스, 토마스 아퀴나스, 애덤 스미스, 칸트가 살던 시대의 얘기를 들으셨어요. 그것도 아주 대충, 그리고 극히 일부분만 말입니다.

한 철학자의 철학을 제대로 알기 위해서는 그 철학자의 개인사와 그 철학자가 살았던 시대의 역사적 배경을 알아야 한다. 우리가 철학을 어렵게 여기는 이유는 철학자의 개인사적인 배경과 역사적 배경을 모르는 사람들이 철학을 가르쳐왔기 때문이다. 이런 사실을 알려 드리기 위해 맛보기식으로만 보여드린 건데요, 설명을 듣고 난 소감 좀 얘기해 보실래요?

정치이야기 공부할 게 거의 무한대라는 느낌이에요.

Chapter 1 　철학 공부가 어려운 이유

아, 정치이야기님, 공부할 게 무한대 같아 보이죠? 맞습니다. 죽을 때까지 해도 다 못 하는 게 공부입니다. 해도 해도 부족하다고 느껴지는 게 공부고요. 공부는 끝이 없습니다. 그게 공부의 본질입니다.

제가 책을 그렇게 열심히 읽었는데, 교보문고나 도서관에 가서 보면 제가 안 읽은 책이 대부분입니다. 그리고 거기 있는 책조차도 인류 전체가 만든 책에 비하면 손톱만큼밖에 안 되고요. 그 중 제가 읽은 책은 아주 작은 점 하나 찍을 정도밖에 안 되는 수준이죠. 그래서 서점이나 도서관에 가면 저절로 경건한 마음이 듭니다. 아직도 부족하구나. 아직 더 열심히 해야겠구나. 그런 생각이 들고요.

그리고 책을 볼 때는 언제나 감사한 마음으로 책을 펼칩니다. 저자가 평생 고생하면서 연구한 결과물을 책으로 만들어 준 덕분에, 그 저자의 경험과 지식을 제가 손쉽게 얻어갈 수 있으니까요.

KV 　익숙한 듯하지만 친숙하지는 않은 듯~

그러셨군요. 괜찮습니다.

김정수 　대충의 흐름이 잡힙니다.

대충 흐름이 잡히셨다니, 좋습니다.

제가 간단하게나마 각 철학자들이 살았던 시대의 역사적 배경을 살짝 보여드린 이유는, 역사적 배경을 알아야 한 철학자의 '철학적 고뇌의 핵심'을 좀 더 잘 이해할 수 있기 때문입니다.

다까라 흥미진진한데용.

그러셨군요. 다행입니다. 앞에서도 강조했듯이, 역사적 맥락에서 접근해야 그 철학자와 그의 생각을 더 잘 알 수 있게 됩니다.

엄밀하게 보면, 우리가 한 철학자의 개인사와 역사적 시대 배경을 알아냈다고 해도 그의 철학적 고뇌를 온전히 이해하기는 어렵다고 봐야 합니다. 우리가 그 철학자와 같은 지역, 같은 가정, 같은 시대에 살지 않았기 때문이죠.

북극성 네~ 그렇군요.
엘라이온 성경 공부할 때도 역사적 배경 알고 나면 훨씬 이해가 빨라요.
새라 생각과 관념이 파도 치는 느낌입니다.

아, 생각과 관념이 파도치는 느낌. 좋습니다. 내 머릿속에서 어떤 생각들이 떠오르고 마음이 일렁이는 느낌이 들었다면 이번 유럽 철학 개론 강의는 성공한 겁니다.

박라니 역사적 배경을 들으니 이해에 도움이 되네요.

아, 그래요? 다행입니다.

엘라이온 배경 설명해 주시니 좋습니다!!

Chapter 1 철학 공부가 어려운 이유

　공부를 할 때는, 특히 어떤 한 분야에 대한 공부를 시작할 때는 반드시 전체적인 맥락을 잡은 다음에 세부 항목으로 들어가야 합니다.

　전체적인 맥락도 잡지 못한 상태에서 곧장 세부 항목으로 들어가서 공부를 하게 되면, 시쳇말로 또! 라! 이! 됩니다. 백 가지, 천 가지 중에서 겨우 한 가지만 알게 된 건데, 그 한 가지 아는 것을 마치 전부를 아는 양 착각하게 되기 때문입니다. 좀 배웠다고, 학벌이 높다고 교만하게 행동하는 사람들이 왕왕 있는데요, 바로 이 이유 때문입니다. 우리나라에 그런 이들이 학계 출판계 정치계에 너무 많아서 정말 걱정입니다.

철학 공부가 어려운 이유 4

4 | 제너럴리스트여야 하기 때문에

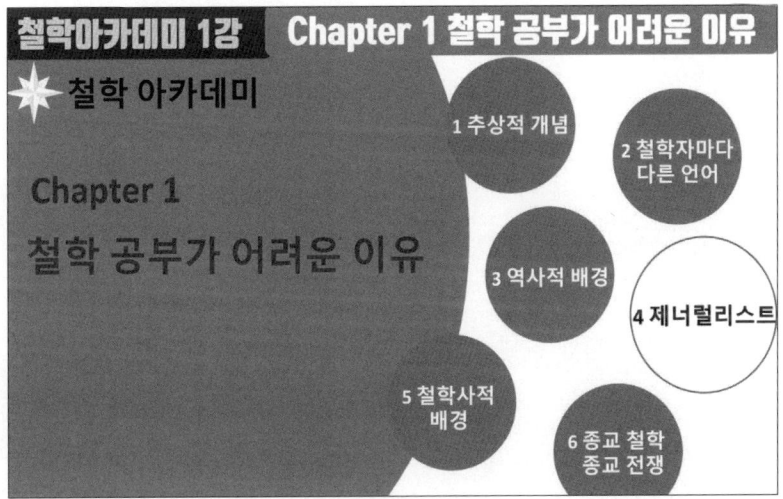

철학 공부가 어려운 이유, 네 번째 얘기를 할 차례죠?

철학 공부가 어려울 수밖에 없는 이유는 제너럴리스트여야 하기 때문입니다. 철학을 알기 위해서는 철학자에 관련된 역사적 배경도 알아야 되지만, 경제 예술 문학 등에 대해서도 다양한 지식이 있어야 합니다. 즉, 제너럴리스트적인 소양이 부족하면 철학을 공부하기 어렵다는 얘깁니다.

현대 교육은 잘못된 부분이 많아요. 어려서부터 전체를 보는 눈을 가지게 하기 위한 제너럴리스트적인 교양 교육이 선행되어야 하는데,

> Chapter 1   철학 공부가 어려운 이유

교양 교육은커녕 세분화된 교육만 하고 있어요. 공교육에서 가르치는 지식 자체가 엄청나게 파편화 분절화 되어있는 상태인 거죠.

박사 학위를 땄습니다. 박사 논문 주제와 관련된 백 가지 넘는 내용들을 모른 채 박사 논문 주제에 관련된 것 하나민 안나면 이게 아는 건가요, 모르는 건가요?

이게 악순환이 계속되고 있는 이유입니다. 논문 주제와 관련된 백 가지 넘는 내용을 모른 채, 자기가 쓴 논문 분야 하나만 아는 석박사가 전체를 안다고 착각하고 아이들을 가르치면 안 되죠? 하나밖에 모르면서 자신이 뭐가 대단한 걸 안다고 착각한 채 애들을 윽박지르며 질문도 못 하게 하는 것, 정말 큰일 아닙니까? 이 악순환을 얼른 끝내야 우리나라가 제대로 된 나라가 되는데 말입니다.

한동안, 한 십 년 전인가, 이십 년 전인가? 통섭이니 통합이니 떠들며 출판계와 언론방송계, 그리고 정치권에서 야단법석을 피운 적이 있었는데, 혹시 기억나세요? 그 여파로 안철수는 아직까지 서울대 융합과학기술대학원장을 역임했다고 자랑질을 하고 다니잖아요.

그런데 말입니다, 안철수 같은 이공계 쪽 사람이라면 최소한 역사 경제 예술 문학 등 다른 분야들을 알고 난 다음 통섭이니 통합이니 떠들어야 하는 거 아닌가요? 다른 분야도 모르고, 자기 전공 분야조차도 제대로 모르면서 어떻게 통섭 통합 융합을 떠들어 댑니까? 안철수가 역사 경제 예술 문학 얘기하는 거 들어본 적 있으세요?

심지어 과학 수학 얘기는요? 아! 수학 얘기한 적은 있구나. 예능 프로그램에 출연해서 1차방정식 푸는 방법 알려준 적 있었죠? (웃음) 그런데 안철수는 거기 출연해서 우리가 1차방정식을 왜 배우는지에 대해서는 아예 얘기도 못 하고, 겨우 문제 푸는 법 하나 알려주면서 잘난 척까지 하더군요? 자기 머리 좋다고 하면서 말입니다. 머리 좋은 게 부모님 덕이지 자기 덕인가요? 정말 웃겼습니다. 그래서 피식 웃어줬죠. 저 정도 수준이 국민과 국가를 이끌겠다고 정치판에 나섰구나 싶은 생각이 들어서요. 정말 우습고, 딱한 일입니다.

우리나라의 가장 큰 문제는 이런 어중이떠중이들이 학계 교육계 정치계에 너무 많다는 겁니다. 그런데 말입니다, 학계 교육계 출판계 언론방송계, 그리고 정치계에서만큼은 절대로 어중이떠중이들이 발붙이고 있으면 안 돼요. 그 분야는 국가를 이끌고 국민을 선도하는 분야이기 때문입니다. 그래서 선진국일수록 학계 출판계가 엄밀합니다. 우리나라에서는 학위 증명서만 가지고도 잘난 척할 수 있고, 서류를 위조해서 대학도 갈 수 있고, 심지어 대학교수도 할 수 있죠. 하지만 선진국에서는 학위 증명서 가지고는 학계에 발을 들여놓지도 못 합니다. 왜냐고요? 구술시험이라는 게 있잖아요. 알면 얘기할 수 있어야 하는 거죠. 종이 위에 적힌 걸로 평가하지 않는다는 얘기죠.

선진국일수록 학계 출판계 정치계 언론방송계에서는 엄청나게 날이 선 비판들을 합니다. 그래서 결국 감정이 상해서 서로 다시 안 보는 일도 비일비재했죠. 강력하고 엄밀한 비판이 학문을 발전시켰고, 그렇게 해서 지식이 발전했기 때문에 선진국이 된 겁니다.

Chapter 1 철학 공부가 어려운 이유

　제너릴리스트적인 소양이 필요한 이유를 사례를 들어 살펴볼까요? 제가 앞에서 잠시 애덤 스미스의 『도덕감정론』과 『국부론』을 이해하기 위해서는 '중상주의' '중농주의' 같은 경제학 관련 개념을 알고 있어야 한다고 했었죠? 여기서 최소한의 지식은 〈'중상주의'는 상업과 무역을 통한 금은보화 축적을 중시하는 것, 그리고 '중농주의'는 상업이나 무역보다는 농업을 중시하는 것〉입니다.

　하지만 애덤 스미스를 가르치는 사람은 최소한의 지식이 아닌, 〈경제학 개념 + 역사 지식〉을 제대로 알고 있어야 합니다. 그런 사람이 애덤 스미스와 경제학, 철학을 가르쳐야 한다는 얘깁니다. 그런데 우리나라에는 이런 지식을 가지고 있는 사람이 있다, 없다? 애석하게도 없습니다.

　없다는 걸 어떻게 확신하냐고요? 책이 없잖아요? 우리나라 경제학 교수들 가운데 경제사 관련 책을 낸 사람이 몇 명이나 되나요? 다른 책을 복붙 짜깁기한 책들 말고, 진짜 자기가 쓴 책 말입니다. 없죠? 이렇게 문제가 심각합니다. 제일 심각한 건 안철수처럼 무식하기 짝이 없는 사람들이 나서서 '통합'을 떠들어 대는 거예요. 안철수가 의학 말고 다른 어떤 학문을 안다고, 그리고 과학 공학 인문학의 무엇을 안다고 통섭을 떠들죠? 안철수는 학력을 속였다가 얼마 전에 아무도 모르게 슬쩍 고쳤죠? 지금 정치판에 나선 인간들 수준이 겨우 그 정도인 겁니다.

　이제 잘났다고 나선 사람들의 학력 대비 지식 수준, 그리고 지적 수준을 의심해야 하는 시점이 왔습니다.

제대로 된 진짜 학자가 없는 이유

제가 제일 안타깝고 속상한 건 우리나라에 제대로 된 진짜 학자가 별로 없다는 사실이었습니다. 그래서 '정말 학자가 있는데, 언론 방송을 거대 <u>글로벌금산자본가</u>들이 쥐락펴락하니까 진짜 학자들을 감추고
_{다국적 금융 및 산업 자본가}
어용학자들만 내세우는 게 아닐까?' 이런 생각도 했었어요. 거대 글로벌금산자본가들이 자기들의 나쁜 의도를 숨기기 위해 가짜들만 내세우는 게 아닐까? 그렇게 해서 자신들에게 불리한 발언을 할 가능성이 높은 진짜 학자를 죽이려는 게 아닐까?

그도 아니라면, 진짜 학자가 있는데, 현재 언론방송계 학계 출판계에 나선 이들이 전부 가짜라서, 진짜를 무시하는 건 아닐까? 이런 생각도 했고요. 진짜가 나타나면 가짜는 바보가 되잖아요. 가짜는 진짜 때문에 바보가 될 수 없을 것 아닙니까. 밥벌이에도 지장 있고, 또 대부분의 인간은 무시당하는 게 굶는 것보다 더 힘든 거니까요.

그런데 거대 언론 방송사는 그렇다고 쳐요. 지금은 유튜브 세상이잖아요. 그런데도 유튜브에서 아직까지 철학을 주제로 제대로 강의하는 사람이 없습니다. 철학을 주제로 강의하는 사람들은 몇 있어요. 그런데 다들 어디에 있는 얘기들을 자기 것처럼 떠들거나 진중권 같은 사기꾼 부류들을 흉내 내는 수준들이죠. 그래서 되게 서글퍼요.

Chapter 1 철학 공부가 어려운 이유

철학 공부가 어려운 이유 5

5 | 철학사적 배경을 알아야 하기 때문에

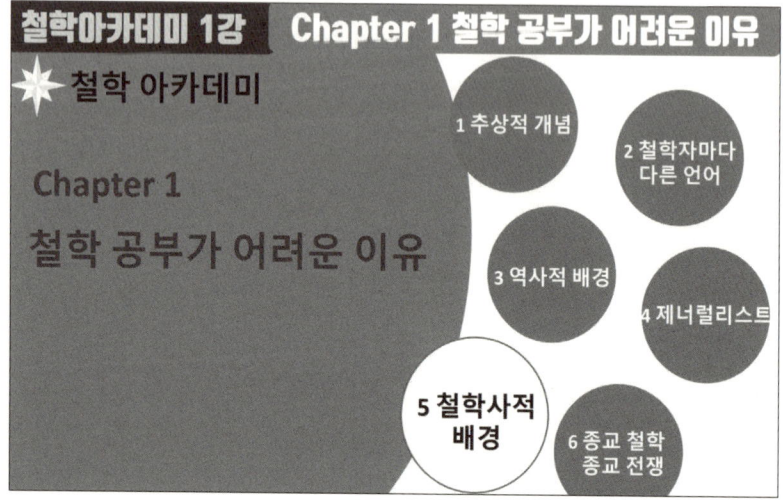

그다음 철학 공부가 어려운 다섯 번째, **철학사적 배경을 알아야 하기 때문**이라는 점을 살펴볼게요.

플라톤의 철학을 알기 위해선 먼저 그리스 신화를 알고 있어야 합니다. 그리고 탈레스를 비롯한 그리스 아테네의 소피스트들이 어떤 얘기를 했는지를 알아야 합니다. 플라톤 책들은 대부분 『고르기아스』 『프로타고라스』 등 사람 이름이 책 제목이거든요. 내용은 책 제목에 있는 이름을 가진 소피스트들과 소크라테스가 대화한 내용들이고요. 그러니까 그리스 신화, 탈레스, 엘레아 학파, 밀레토스 학파 등의 주장들을 알고 있어야 한다는 얘기가 됩니다.

아리스토텔레스 얘기를 해볼까요? 제가 지금 아리스토텔레스를 공부하고 있잖습니까? 아리스토텔레스 책을 읽다 보면 플라톤 책에 나오는 글을 인용해서 얘기를 이어나가요. 그럼 저는 다시 『메논』이니 『고르기아스』니 『프로타고라스』니 하는 책을 꺼내서 읽습니다. 전부 다 기억하지는 못하니까요. 그렇게 해서 맥락을 이해하고 넘어갑니다.

그러니까 아리스토텔레스 공부를 제대로 하려면 플라톤을 읽어야 하는 거죠? 그리고 또 플라톤을 이해하려면 그리스 신화부터 플라톤 이전의 철학적 조류를 이해해야 하는 거고요?

정치이야기 그러네요~

그다음 칸트를 볼까요? 우리나라 사람들 중에 칸트를 안다는 사람들이 정말 많던데 말이죠. 칸트를 알려면 흄, 데카르트 같은 철학자들은 기본으로 알아야 돼요. 거기서부터 칸트 철학이 시작되니까요. 그러려면 로크도 알아야 합니다. 흄의 철학이 로크의 철학을 기반으로 해서 나왔거든요.

그다음, 헤겔 얘기를 해볼게요. 언젠가 서울대 출신 82학번 중에 헤겔을 안다고 자신하던 사람을 만난 적이 있었어요. 제가 반가운 마음에 그 사람에게 "피히테와 셸링의 영향을 받았다고 하던데 그게 어떤 거였는지 좀 알려주실래요?" 물어봤습니다. 그런데 그 사람은 "아, 그거?" 이러더니 화장실을 갔다오겠다고 일어나서 나가는 겁니다. 모르는 거죠?

Chapter 1 철학 공부가 어려운 이유

저는 철학사에서 중요한 철학자들의 개인사를 공부했어요. 그리고 철학사도 공부했고요. 제가 지금 '공부했다'라고 했잖아요. 저는 책 한 번 읽고 그 책을 공부했다고 하지 않습니다. 한 번 읽었다고 하죠. 최소 세 번 읽고 메모까지 한 상태, 그래서 맥락을 이해하고 있는 상태, 그걸 공부했다고 말합니다.

헤겔을 알려면, 먼저 칸트를 알아야 됩니다. 왜냐하면 헤겔은 칸트를 비판하면서 철학을 시작했거든요. 그리고 피히테와 셸링하고 엄청 절친 관계였기 때문에 피히테와 셸링의 영향을 아주 많이 받았습니다. 그들과 작업도 같이 했고요. 그러니까 헤겔을 알려면, 최소한 칸트를 알아야 되고, 피히테와 셸링을 알아야 한다는 겁니다.

그런데 아까 제가 칸트를 알려면 뭘 알아야 된다고 했죠? 최소한 흄, 데카르트, 로크를 알아야 된다고 했죠? 철학사의 맥락을 모르는 이들이 지금 철학을 안다고 나대는 걸 보면, 정말 착잡하기 짝이 없
_{갈피를 잡을 수 없이 뒤섞여 어수선함}
습니다.

그런데 헤겔을 안다는 사람이 피히테 셸링도 모르는데, 헤겔을 잘 안다고요? 사실 저는 헤겔 책 읽는 게 너무 어려웠어요. 그래서 번역이 잘못된 건지, 헤겔의 주장이 문제가 있는 건지, 헤겔의 문장에 문제가 있는 건지, 뭐가 뭔지 모르겠어서 헤겔 공부를 할 수가 없었죠.

그 헤겔 안다고 큰소리치던 서울대 출신의 그 남자가 제 질문을 받고 갑자기 화장실 간다고 일어나서 나가니까 주변에 있던 사람들도 같이 담배 피우러 간다고 나가더라고요. 그래서 저 혼자 덩그러니 앉

아 있었죠, 뭐. 그리고는 다들 돌아와서 노래방 가자고… (웃음) 저는 안 갔습니다. 그게 뭡니까. 차라리 안다고 자랑을 하지 말든가. 암튼 그랬습니다. 철학사의 맥락을 모르면 철학은 더 어려울 수밖에 없습니다.

철학 공부가 어려운 이유 6

6 | 종교철학과 종교전쟁을 알아야 하기 때문에

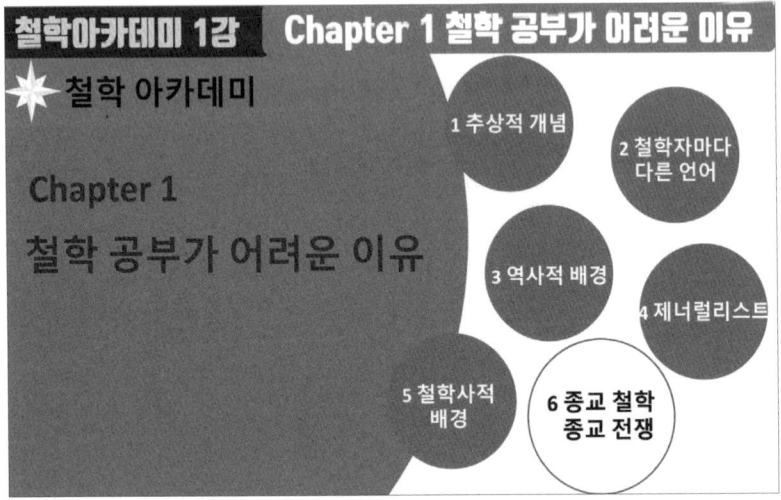

마지막 여섯 번째, 철학 공부가 어려운 이유, 종교철학과 종교전쟁을 알아야 철학을 이해할 수 있다. 이 부분을 살펴보겠습니다. 사실 종교철학과 종교전쟁에 대한 지식은 유럽 철학공부에서 필수 항목입니다. 이 얘기하지 않는 사람은 가짜입니다.

제가 앞부분에서 예를 든 막스 베버 책 있잖아요. 그 책 정말 번역 잘 돼 있어요. 그분 얘기가, 『프로테스탄트 윤리와 자본주의 정신』을 번역하다 보니까 자기가 기독교를 모르고 있다는 사실을 새삼 깨닫게 됐답니다. 그래서 종교 공부를 다시 했다고 합니다. 그게 서문에 나와 있어요, 그분도 알게 된 거죠. 유럽의 학문과 유럽의 역사를 공부하려면 유럽의 종교, 즉 기독교를 모르면 안 된다는 것을요.

로마시대부터 유럽 역사는 종교전쟁 속에 있었다고 해도 과언이 아니에요. 루터하고 칼뱅이 나왔을 때 전면전으로 확대된 것뿐이지, 그전에도 다른 주장을 하는 교파끼리 엄청나게 싸우고 서로 숙청하고 그랬어요. 로만 가톨릭과 개신교가 지금도 눈에 보이지 않게 엄청나게 싸우고 있잖아요.

그럼 〈철학 공부가 어려운 이유〉 여섯 가지를 다시 한번 정리해 볼게요.

1 | 추상적 개념을 다루기 때문에
2 | 철학자마다 다른 언어를 사용했기 때문에
3 | 역사적 배경을 알아야 하기 때문에
4 | 제너럴리스트여야 하기 때문에
5 | 철학사적 배경을 알아야 하기 때문에
6 | 종교철학과 종교전쟁을 알아야 하기 때문에

KV 역시 어렵네요.

예, 어려우시죠. 그런데 어렵기만 한가요, 아니면 전체 맥락이 잡히는 상태인가요?

> Chapter 1 철학 공부가 어려운 이유

박라니 전체적인 맥락은 잡혀요.

좋습니다. 전체적인 맥락만 잡으시면 됩니다. 철학교수는 철학의 전체 맥락을 얘기하지 않고 철학 설명을 할 수도 없고, 바로 철학 설명으로 들어가서도 안 됩니다.

다까라 철학을 몰랐구나~ 강의는 한번도 들은 적 없어서…
알 듯 말 듯~~

아 다까라님. 여러분이 철학을 모르는 건 당연한 거죠. 철학을 제대로 접할 기회가 전혀 없었으니까요. 철학이 뭐다, 철학 공부는 어떻게 해야 한다, 이런 걸 알려주는 사람이 지금까지 단 한 명도 없었잖아요. 자기들이 아는 지식 쪼가리를 줄줄줄 떠들어대기만 했죠.

다까라 그런데 흥미진진해요. 잼나요~
박라니 이름만 들었던 철학자 이름이 갑자기 가까워진 느낌입니다.

네 다까라님, 박라니님 좋습니다.

KV 세계사도 같이 알아야 할 거 같네요

예 맞습니다. KV님. 세계사도 같이 알아야 됩니다. 제가 한 오늘 이 강의, 유럽 철학 개론을 듣고 나서, 여러분이 갑자기 "영국사가 궁금해졌어! 영국사를 공부해야지!" 이런 생각이 든다면, 엄청난 소득입니다. 철학과 달리 역사는 소설에서 사용하는 쉬운 언어로 구성돼 있습니다. 그래서 철학 공부 이전에 역사 공부를 먼저 추천합니다.

자 또 다른 분은 어떤가요?

다까라 세계사 애들 만화 사봐야겠어요.

어? 만화 안 돼요. 잘못된 만화들이 많아서~! 아, 일본은 아닐까요? 다까라님이 일본 계시니까, 잘 아시겠네요. 일본은 어떤가요?

엘라이온 흥미진진 잼나요~ 명주선생님【폴라스타 채널】에서 〖철학 아카데미〗방송을 좀 들어놓아서 더 잼나요~~

아, 엘라이온님, 다행입니다. 〖철학 아카데미〗를 들으셨던 분들은 "아 그래서 방송에서 저 얘길 했구나"라는 걸 이제 아셨을 겁니다.

철학이라는 학문 자체가 원래 어려운 거라 어떻게 시작하고, 어디부터 접근해야 좀 더 쉽게 접근할 수 있을지 굉장히 오랫동안 고민했어요. '어떻게 해야 좀 더 이해하기 쉽게 철학이라는 최상의 학문을 쉽고 재미있게 전달할 수 있을까?' 그 고민에 대한 결론이 '철학개론 서적이 필요하다'였습니다. 그다음 '그런 철학개론서는 어떻게 구성해야 사람들이 철학에 더 쉽게 접근할 수 있을 것인가?' 고민했습니다. 아마 4~5년 이상 된 거 같아요.

김정수 뿌듯합니다.

> Chapter 1 철학 공부가 어려운 이유

아, 김정수님, 뿌듯하세요? 다행입니다.

새라 시대와 여러 세상을 여행하는 느낌입니다.

아, 새라님. 그러셨군요. 다행입니다.

박라니 역사도 많이 알아야 이해에 도움이 될 거 같네요.

아 박라니님. 예. 철학을 공부하다 역사쪽으로 가도 좋고요. 역사를 공부하다가 철학쪽으로 가도 좋습니다. 서로 연결되어 있기 때문이죠. "이게 궁금해졌어." 이런 생각이 들어서 바로 서점으로 달려가시면, 제 유럽 철학 개론 강의는 성공한 겁니다. 그때는 가장 읽기 쉬운 책을 고르시면 됩니다. 어린이용, 청소년용 책도 괜찮습니다.

다까라 교육만화용! 애기가 초등 4학년이거든요.

초등 4학년이에요? 일본이니까 한번 믿어 보겠습니다. 일본은 학문이 발달한 나라니까요. 제가 일본 가자마자 제일 처음 간 곳이 도쿄역 바로 근처에 야에스 북센터였어요. 거기 경제학 코너에 경제학 관련
_{8층 건물 전체가 서점으로 약 130만권을 구비한 도쿄역 근처에 소재한 대형 서점}
서적이 엄청 많은 거 보고 깜놀했어요. 우리나라는 일본에 비하면 너무 허접해서리… 정말 슬픈 일이죠.

로즈 어렵습니다.

로즈님이 어렵다는 생각이 든 건, 철학이 원래 어려운 거라서 그

생각이 드는 겁니다. 그래서 제가 그 어려움을 조금이라도 덜어볼까 싶은 생각에 유럽 철학 개론 강의를 시작한 거고요.

다까라 도서관 가서 빌려야겠어용 당장 내일.

네, 도서관 가서 빌려보는 것도 좋습니다.

박라니 동방명주 쌤 존경스럽습니다^^

아 박라니님. 고맙습니다. 여러분은 동방명주가 진짜 철학을 제대로 공부했구나. **대한민국 최초 여성철학자, 대한민국 최초 메타철학자**라고 얘기하는 게 그냥 하는 얘기가 아니라 진짜였다는 거, 이제 좀 눈치 채셨죠?

정치이야기 네~

북극성 뭔가 통합 강의 듣는 것 같아요 👍👏👏👏

통합 강의 듣는 것 같으세요? 다행입니다. 사실 옛날 옛적에는요, 학교에서 통합적인 강의를 했습니다. 그렇게 공부하는 게 옳은 방법이니까요. 근데 요즘 대학은 지나치게 세분화되어서, 아는 게 아닌 상태, 즉 모르는 상태인 거죠. 큰일입니다.

다음 〈챕터 2〉로 넘어가기 전에 잠시 쉬겠습니다. 제가 〈챕터 1 철학공부가 어려운 이유〉를 간단하게 설명하는데도 한 시간 조금 넘게 걸렸네요.

Chapter 1 철학 공부가 어려운 이유

여러분, 〈챕터 1〉 듣고 나니 제가 왜 '메타철학자' 타이틀을 걸었는지, 언론 방송사에서 잘난 척 떠들어대는 진중권 도올 강신주 최진석 같은 빨갱이 놈들을 왜 비웃었는지, 이제 좀 아실 거 같으시죠?

정치이야기 네~
다까라 제가 인제 눈을 뜨네요.

자 그러면, 10분 쉬었다가. 철학 용어 간단하게 설명해 드리고, 그 다음 철학사 전체 맥락을 보여드리도록 하겠습니다.

(쉬는 시간 10분)

Chapter 2

철학을 공부하는 방법 네 가지

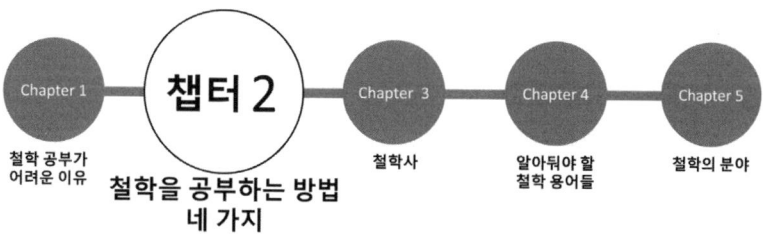

1 | 철학사 위주로 공부하기

2 | 주제·분야별로 공부하기

3 | 철학자 위주로 공부하기

4 | 동방명주가 제안하는 방법으로 공부하기

Chapter 2 철학을 공부하는 방법 네 가지

저한테 철학을 어떻게 공부하는 게 좋은가 묻는 분들이 많아요. 그래서 이번 시간에는 철학을 공부하는 방법 세 가지를 먼저 간단하게 설명하고 마지막 네 번째 방법을 소개하겠습니다.

도서관이든 서점이든 철학 분야에 있는 책들을 살펴보면, 보통 세 분류로 나눠져 있어요.

1. 철학사 코너, 2. 인식론 논리학 등등 주제·분야 위주 코너, 3. 칸트, 아리스토텔레스, 플라톤이 쓴 책 등 철학자들이 쓴 책,

이렇게 분류되어 있어요. 그러니까 결국 철학 공부도 세 가지 방식으로밖에 할 수 없다고 봐야죠.

1 | 철학사 위주로 공부하기

2 | 주제·분야별로 공부하기

3 | 철학자 위주로 공부하기

1 | 철학사 위주로 공부하기

저는 세 가지 방법 중 철학사 위주로 공부하는 것을 많이 권하는 편입니다. 하지만 실제 공부를 시작해보면 철학사 공부도 만만치 않습니다. 철학에 대한 개념을 잡을 수 있는 것도 아니고요.

철학사 위주로 공부하는 게 가장 쉬운 접근법이긴 한데, 이게 결코 간단치가 않아요. 일본어로 "간단데와 아리마셍"이죠. 저얼~대로 간단하지 않더라고요. 제가 철학사로 철학 공부를 시작했다가 정말 죽는 줄 알았습니다. 그래도 이 방법이 제일 쉬운 거예요. (웃음)

철학사를 공부하는 방법도 두 가지가 있습니다. 버트런트 러셀의 『서양철학사』 같은 책, 아니면 역사 순서대로 쭉 나열된 백과사전식으로 된 책으로 공부하는 거죠.

〈철학사 책의 종류〉
(1) 시대별로 구분해 저자가 중요하다고 생각되는 관점에서 철학자 순으로 설명한 책
(2) 연표 방식으로 철학자를 나열해서 철학자의 핵심 주장을 간략하게 설명한 책

근데 이게 문제가 뭐냐 하면요, 저자마다 관점이 다르고, 중요하다고 생각하는 지점도 다르다는 겁니다. 그렇기 때문에 철학사에서 빠져 있는 사람도 있습니다. 예를 들면 도덕철학자 애덤 스미스는 빠져

Chapter 2 | 철학을 공부하는 방법 네 가지

있고, 철학자가 아닌 칼 마르크스 같은 사람이 들어가 있는 경우죠. 또 어떤 책에는 홉스가 있지만, 다른 어떤 책에는 없어요.

저는 그런 걸 발견할 때마다, '뭐지? 어떤 기준으로 책을 쓴 걸까?'라는 생각이 들더라고요. 제가 공부를 더 하고 나니까, 철학 공부 초창기에 읽었던 철학사 책이 철학사 공부가 제대로 안 되어있는 사람이 철학사 책을 쓴 거였더라고요. 수박 겉핥기식 짜깁기 책이었던 거죠. 그런데 이런 책이 의외로 많습니다.

제가 철학사를 공부한 방법이 철학 공부 방법에 도움이 되는 사례가 될지도 모르니 알려 드릴게요. 저는 먼저 철학사 책을 한국인 저자가 아닌, 번역본으로 된 책을 눈에 띄는 대로 다 샀어요. 그다음 그 책들을 전부 펼쳐놓고 **같은 시기 철학사와 같은 철학자 부분을 펼쳐놓고 여러 권을 비교해 가면서 읽었어요.**

철학은 천천히 차근차근 스텝 바이 스텝으로, 하나하나 쌓아가면서 공부하는 게 지름길입니다. 그 방법 외에는 다른 방도가 없어요. 한 번에 다 알려고 조바심내는 건, 그래서 속독으로 휙휙 읽는 건 안 하는 게 좋습니다.

2 | 주제·분야별로 공부하기

두 번째 방법은 주제 분야별로 공부하는 법이 있습니다. 이 얘기는 마지막 챕터를 마쳐야 이해가 더 쉬울 것 같으니 여기서는 간단하게 주제·분야별 이름만 살펴보고 넘어갈게요. 왜냐하면 철학을 구분하는 방법에 대해 설명하면, 너무 어려워져서 머리가 아프게 되고, 그래서 철학에서 도망쳐 버리게 될 수도 있거든요.

분류도 철학교수마다 조금씩 차이가 있습니다. 그래서 가장 많이 사용하는 분류 세 가지만 알려드리는 걸로 하고 넘어가겠습니다.

〈주제·분야별 철학책 분류〉
(1) 논리학, 존재론, 인식론, 가치론
(2) 학문론, 가치론, 현실론
(3) 형이상학, 윤리학, 미학, 정치철학

이렇게 분류합니다. 이 세 가지와 다르게 구분한다고 해도 결국 이 범주에서 그닥 크게 벗어나지 않습니다.

이 부분은 〈챕터 5〉 강의 중 인식론에 대한 인도철학의 분파 부분을 살펴보는 게 도움이 될 것입니다. 듣고 나면 좀 더 이해가 쉬워지지 않을까 싶습니다.

3 | 철학자 위주로 공부하기

그다음 철학자 위주는 말씀 안 드려도 아시겠죠? 칸트를 공부하고 싶다면 칸트가 쓴 책을 읽고, 플라톤을 공부하고 싶으면 플라톤이 쓴 책을 읽고, 아리스토텔레스를 공부하고 싶으면 아리스토텔레스가 쓴 책을 읽는 겁니다.

본격적으로 철학 공부를 시작할 마음을 먹었다면, **플라톤의 책**부터 읽는 게 제일 좋습니다. 먼저 『에우티프론』을 보시고, 그다음 『소크라테스 변론』 『크리톤』 『파이돈』 순서대로 읽으세요. 그다음 플라톤이 쓴 다른 책들을 읽는 게 좋습니다.

『에우티프론』 → 『소크라테스 변론』 → 『크리톤』 → 『파이돈』

이 네 작품은 연결된 작품이에요. 소크라테스가 재판정에 가서 재판을 받고 사약을 받아 죽어가는 장면까지 하나로 이어지는 스토리라인이거든요. 이렇게 읽어야 플라톤이 쓴 책들의 주인공이 왜 소크라테스인가를 알 수 있습니다.

아리스토텔레스, 데카르트, 칸트, 헤겔 중 아무 철학자의 책을 선택해서 읽기 시작한다고 해도 플라톤을 읽지 않으면 아마 이해하기가 많이 어려울 겁니다. 저는 서양철학사는 플라톤과 아리스토텔레스의 각주에 불과하다고 봅니다. 유럽 철학은 결국 플라톤과 아리스토텔레스로부터 이어져 귀결되거든요. 그러니까 플라톤 모르고 아리스토텔레스, 칸트, 헤겔 떠들면 안 된다는 얘기입니다.

4 | 동방명주가 제안하는 방법으로 공부하기

마지막으로 네 번째, 동방명주가 제안하는 방법을 소개하겠습니다.

- (1) 동방명주가 쓴 철학개론 강의 책을 읽고 메모한다.

- (2) 〈철학아카데미〉 방송을 듣고 메모하면서 익힌다.

- (3) 플라톤이 쓴 책부터 순서대로 읽으면서 동방명주에게 질문을 남긴다.
  > 『에우티프론』 → 『소크라테스 변론』 → 『크리톤』 → 『파이돈』 순으로 읽었다면, 그다음은 『프로타고라스』를 추천합니다.

- (4) 그 질문에 대해 동방명주가 설명하는 방송을 듣고 메모하고, 질문 나는 점이 있으면 또 질문을 남긴다.

이렇게 하시면 됩니다. 아셨죠?

다까라 네~

> **Chapter 2** 철학을 공부하는 방법 네 가지

〈동방명주가 제안하는 철학 공부 방법 네 가지〉

> 1 | 철학사 위주로 공부하기
>
> 2 | 주제·분야별로 공부하기
>
> 3 | 철학자 위주로 공부하기
>
> 4 | 동방명주가 제안하는 방법으로 공부하기

그럼 다음 장에서는 철학을 공부하는 방법 중 하나인 철학사를 살펴보는 시간을 가질게요. 전체 그림만 살펴볼 겁니다. 유럽 철학 개론에서 가장 중요한 목표는 철학에 대한 전체적인 그림 혹은 개념을 잡는 것이기 때문입니다.

그럼 5분 쉬고 다시 뵙겠습니다..

(쉬는 시간 5분)

Chapter 3

철학사

유럽 철학사의 큰 흐름 보기

1 | 고대 철학
  고대 철학의 네 분류

2 | 중세 철학
  중세 철학의 네 분류

3 | 근대 철학
  (1) 이성중심주의 철학
  (2) 경험절대주의 철학
  (3) 칸트철학
  (4) 헤겔철학

강의 중간 후기

Chapter 3 철학사

유럽 철학사의 큰 흐름 보기

자! 그러면 유럽 철학사의 큰 흐름, 전체 그림부터 살펴볼게요.

유럽 철학사는 크게 세 시기로 나눌 수 있습니다.

고대 철학, 중세 철학, 근대 철학

다시요! 철학사는 크게 어떻게 나뉜다고요?

　(1) 고대 철학
　(2) 중세 철학
　(3) 근대 철학

이 세 시기는 한 시기마다 크게 네 개의 시기로 나눌 수 있습니다. 자, 그럼 각 시기별로 어떻게 나뉘는지 살펴볼까요?

1 | 고대 철학

철학사의 큰 흐름을 봤으니, 이번에는 조금 더 세부적으로 들어가 볼까요? 고대 철학은 크게 네 개의 시기로 분류될 수 있습니다. 고대 철학은 몇 개의 시기로 분류된다고요?

정치이야기 네 개요!

맞습니다. 크게 네 개로 분류됩니다.

> 〈고대 철학의 네 분류〉
> (1) 자연철학
> (2) 소피스트 철학
> (3) 고대 그리스 아테네 철학
> (4) 헬레니즘·로마제국시대 철학

이렇게 네 개의 시기로 고대 철학을 나눌 수 있어요.

다른 저자들은 소피스트와 아테네를 '그리스 철학'으로 한꺼번에 묶어서 〈자연철학 / 고대 그리스 철학 / 헬레니즘·로마제국시대 철학〉 이렇게 셋으로 분류하기도 합니다. 근데 저는 이 둘, 소피스트 철학과 아테네 철학을 구분해서 가르칩니다. 이 둘의 내용이 아주 많이 다르기 때문입니다. 이건 저만의 분류 방식인 셈이죠.

2 | 중세 철학

그다음 중세 철학을 살펴볼까요? 일반적으로 중세 철학은 〈아우구스티누스 철학, 아퀴나스 철학〉 이렇게 두 개의 시기로 나누지만, 저는 여기에 두 가지를 더 첨가해 네 개로 분류합니다

〈중세 철학의 네 분류〉
(1) 교부철학
(2) 아우구스티누스 철학
(3) 스콜라 철학
(4) 토마스 아퀴나스 철학

여기 보면 (강의 화면에서 '중세 철학' 클릭하면서) 중세 철학 칸이 많이 비어 있죠? 제가 설명할 게 별로 없어서 그래요. 중세 철학 책 좀 보여드릴게요. (중세 철학사 두 권을 보여주며) 이거 보이세요? 이 두께요. (책이 엄청 두꺼움) 이 책의 두께가 의미하는 것은 우리가 흔히 생각하는 것과 달리, 중세시대에 철학자도 많았다는 것, 내용도 심오하다는 것을 의미합니다.

중세 철학을 살펴보면, 전부 신과 예수에 대한 논쟁들이에요. 삼위일체 논쟁, 예수의 인성 신성 논쟁. 저는 철학자이기 때문에 제가 논하기 어려운 신에 관련된 부분은 대부분 패스하고 넘어가는 편입니다. 신에 대한 얘기보다 인간의 생각에 대한 중요한 얘기가 더 많기 때문입니다. 중세 철학을 패스하는 이유입니다.

3 | 근대 철학

근대 철학도 크게 네 가지로 분류할 수 있습니다.

> **〈근대 철학의 네 분류〉**
> **(1) 이성중심주의 철학**
> **(2) 경험절대주의 철학**
> **(3) 칸트철학**
> **(4) 헤겔철학**

제가 근대 철학을 이렇게 네 가지로 분류하면, "어? 근대 철학은 '합리주의' '경험주의' 두 가지 밖에 없지 않나요?"라고 질문을 하는 사람들이 있더군요. 그런데 아닙니다. 그렇게 생각하면 큰일납니다.

제가 '어설피 알고 오는 사람 가르치는 게 더 힘들다.'고 얘기하는 이유가 이런 겁니다. 차라리 아무것도 모른 채 저한테 배우면, 제가 "다른 데서는 이렇게 가르치지만 그건 잘못된 구분이고, 이러이러한 이유로 이렇게 구분하는 게 맞다."고 하면서, 여러 사례를 들어 설명해주면 그걸 자연스럽게 받아들이거든요.

그런데 어설피 아는 사람은 머릿속에서 충돌이 일어납니다. 자기가 아는 것이 참이라고 여기고 있으니, 제가 설명해주는 사실을 받아들이기 힘든 거죠.

근대 철학을 단순하게 '합리주의'와 '경험주의' 두 가지로만 설명하면 칸트철학과 헤겔철학이 곤란한 상황에 빠지게 됩니다. '합리주의' '경험주의'라는 이름도 잘못 붙여진 거고요.

보통 '합리주의'는 '대륙철학'이라고 부릅니다. 왜 대륙철학이라고 부르냐 하면, '경험주의' 철학이 지배하는 영국 철학과 구분하려고 하는 겁니다. 영국은 섬이잖아요. 그리고 유럽은 대륙이고요. 그래서 '합리주의'를 '대륙철학'이라고도 부르는 거죠.

(1) 이성중심주의 철학

우리가 사용하고 있는, 너무도 익숙해져 버린 이 '합리주의' 혹은 '이성주의'라는 단어 있죠? 이게 사실은 잘못된 단어입니다. 제가 철학을 공부하다 보니까 '한자를 잘 모르는 사람이 만들었나?' 아니면, '이 단어나 내용에 대해 파악을 잘 못해서 만들었나?'라는 생각이 들더군요.

철학은 최대한 정확하고 명확한 표현을 써야 하니, '합리주의'가 아니고, **이성중심주의**라고 불러야 옳습니다. 이게 왜 그러냐면 감각적 인식이나 경험의 중요성은 인지하지만 이성의 역할이 더 중요하다고 여기기 때문입니다. 〈챕터 4〉에서 다시 자세하게 설명할 거니까, 여기서는 이 정도만 언급하고 넘어갈게요.

합리주의, 정확하게는 **이성중심주의 철학자**로는 데카르트, 스피노자, 라이프니츠 등이 있어요. '합리주의' 그러니까 **이성중심주의** 철학자가 더 있지만, 이번 강의에서는 생략합니다. 이 책에서 말하고자 하는 핵심이 아니라서요.

(2) 경험절대주의 철학

조금 전에 제가 '합리주의' 혹은 '이성주의'라는 명칭이 잘못됐다고 한 것처럼, '경험주의' 이 명칭도 잘못된 겁니다.

합리주의, 이성주의는 이성을 굉장히 중요하게 여깁니다. 이와 달리 '경험주의'에서는 '선험적인 이성'이 없다고 봅니다. '선험' 얘기는 〈챕터 4〉에서 더 얘기를 나눠 볼 거니까, 거기에서 더 자세하게 살펴보기로 할게요.

경험주의는 '경험 없이는 아무것도 알 수 없다'고 여깁니다. '이성'이든 '관념'이든 경험 없이는 절대 생겨날 수 없다고 보는 거죠. '모든 인식은 경험에 근거한다. 이성은 경험 없이 있을 수 없다'고 보는 게 경험주의입니다. 그래서 그냥 '경험주의'가 아닌 **경험절대주의**라고 불러야 정확하고 올바른 표현이 되는 겁니다.

경험주의, 정확하게는 **경험절대주의 철학자**로 베이컨, 로크, 흄 등이 있습니다.

여기서 정리 들어갑니다~

'합리주의'는 뭐라구요? 이성을 중시하는 철학. 이성을 중심에 놓고 생각하는 철학. 그래서 **이성중심주의** 철학.

그다음 '경험주의'는 뭐라구요? 경험 없이는 아무것도 없다! 이성도 경험에 속한다. 그래서 **경험절대주의** 철학.

철학자, 그리고 철학교수 중에 제가 구분한 것처럼 이렇게 정확하게 사용하는 사람이 없는 관계로, 제가 다시 한번 메모장에 적어서 보여드리겠습니다.

(메모장 창을 열고 적는다)

합리주의[이성주의] ➜ **이성중심주의**

경험주의 ➜ **경험절대주의**

자, 아시겠죠?

(3) 칸트철학

그다음 칸트철학으로 넘어가 볼게요. 우리나라도 일본도 독일도 칸트주의자들이 많습니다. 유럽 철학 개론 강의니까 칸트도 간단하게만 설명하고 넘어갈게요.

칸트가 하려고 했던 건, **이성중심주의**[합리주의]와 **경험절대주의**[경험주의]를 합치려는 시도를 했던 사람이라고 볼 수 있어요.

칸트는 **이성중심주의**와 **경험절대주의**에 대해, "둘 다 맞지만, 둘 다 틀렸어!"라고 얘기한 철학자입니다.

```
           〈칸트의 시도〉
      이성중심주의  +  경험절대주의
        [합리주의]        [경험주의]
```

이 정도 개념만 잡고 넘어갈게요.

(4) 헤겔철학

자, 그럼 마지막, 헤겔철학을 설명할 차례군요.

'헤겔'하면, '정반합 변증법'이 곧바로 튀어나오죠? 학교에서 그렇게 배웠기 때문입니다. 여기서 '정반합'이라고 번역한 단어가 상당히 잘못된 건데요, 〈正-反-合〉이 아니고 〈定-反-合〉이 맞습니다. 아니
　　　　　　　　　正바를정 反되돌릴반 合합할합　　定정할정
면 〈주제-반주제-제3주제〉가 맞습니다. 헤겔 철학이 어떤 것인지 살짝만 짚고 넘어갈게요.

칸트가 **경험절대주의**와 **이성중심주의**를 합치려고 시도했죠? 그걸 보고 헤겔은 반기를 듭니다. "그게 아니다! **이성중심주의**[합리주의]가 옳다."고 하면서요. '절대 정신' '절대 이성'을 내세우면서 말입니다.

헤겔을 알기 위해서는 먼저 피히테와 셸링을 알아야 합니다. 그리고 칸트를 알아야 하고 스피노자를 알아야 합니다. 왜냐고요? 피히테가 칸트주의자였고, 셸링은 스피노자에 천착해 칸트를 비판한 철학자
　　　　　　　　　　　　　　학문을 깊이 연구함(穿뚫을천 鑿뚫을착: 구멍을 뚫음)
였거든요. 그리고 또 횔덜린도 알아야 합니다. 헤겔과 가장 오래도록
　　　　　　독일의 시인(1770~1843) 신학교 시절 헤겔, 셸링과 절친
우정을 쌓은 사람이거든요.

자, 근대 철학이 몇 가지라고요? 네 가지.

〈근대 철학의 종류〉

(1) **이성중심주의** 철학

(2) **경험절대주의** 철학

(3) 칸트철학

(4) 헤겔철학

이 네 가지가 '근대 철학'의 종류입니다.

강의 중간 후기

지금까지 〈철학을 공부하는 방법〉과 〈철학사〉의 큰 흐름을 살펴봤습니다. 철학은 복잡하고 어려운 학문입니다. 그래서 '단순하고 쉬운 접근법'이 필요합니다. 중요 개념을 잡는 강의를 들어보니, 어떠세요?

다까라 큰 흐름 뭉치가 보여요.

아, 다행입니다. 다른 분은 어떠세요?

김정수 큰 흐름을 알 수 있어서 개념 정리가 되었습니다.

아, 김정수님, 다행이네요. 큰 흐름을 아는 게 제일 중요합니다. 지금 여러분은 2500년 역사, 정확히 말하면 약 2700년 동안 벌어진 철학의 역사 전체를 훑어보신 겁니다.

엘라이온 흩어져 있던 것들이 좌~악 정리되는 느낌입니다~~

엘라이온님, 정말 다행입니다. 좋습니다. 또요?
현대 문명세계 시스템을 설계한 최상위 계층이 인류의 유산인 지식을 일부러 분절화, 파편화시킨 겁니다. 인류가 멍청할수록 통제하기가 좋으니까요. 우리는 이런 계략에 절대 넘어가면 안 돼요. 이들은 진중권, 도올, 강신주, 최진석 그리고 법륜 같은 가짜 놈들, 꼭두각시들을 앞세워서 우리 머릿속을 혼란스럽게 만들었습니다.

> Chapter 3 철학사

동방명주 같은 사람이 혼자 공부해서 갑툭튀 그들이 잘못한 일을 지적할 줄은 꿈에도 몰랐겠죠? (웃음) KV님은 어떠셨어요? 철학을 공부하는 방법과 철학사의 큰 흐름, 아웃라인만 말씀드렸는데요.

KV 넵! 쌤이 시키는대로 플라톤부터 읽어야 할 듯요.

맥락이 잡히는 느낌만 나면 됩니다. 한 번 들어서 다 알 수는 없으니까요.

공부하다 막히시면 저한테 톡이나 댓글을 주세요. 그러면 그걸 한꺼번에 모아서 이렇게 또 한 번 방송을 해보죠, 뭐. 사실은 제가 강독 강의법을 좋아해요. 같이 책 읽고, 책 내용에 대해 같이 얘기하고.

제자들하고도 가끔 강독 수업을 하는데 제자들이 깜짝깜짝 놀라곤

> 강독(講讀): 글을 읽고 그 뜻을 밝힘

합니다. "읽은 게 읽은 게 아니야" 이러면서요.

다까라 느낌 옵니다.

아, 느낌 와요. 좋습니다. 또 다른 분들은 어떠셨어요?

박라니 머리 용량이 딸려요.

아, 박라니님. 그렇게 느끼는 건 단순히 느낌에 불과합니다. 왜냐하면 여러분 능력이 부족한 게 아니고 학교에서 이런 걸 정확하게 가르쳐주지 않았기 때문에 그렇게 느끼는 것뿐입니다. 아셨죠? 그러니까

그냥. '와~ 철학, 철학사, 정말 방대하구나! 지금까지 철학 안다고 떠들었던 놈들이 가짜였구나' 정도만 알게 되셔도 상당한 수확입니다. 그 사실만 알아도 가짜들에게 현혹당하지 않으니까요. 아셨죠? 그냥 귀팅 눈팅만 하면서 따라와 보세요.

자, 그러면 다음 챕터, 철학을 공부할 때 **알아둬야 할 철학 용어들**을 살펴보러 갈까요?

다까라 네.

우리가 알아둬야 할 철학용어가 굉장히 많지만, 오늘은 가장 중요한 몇 가지 철학용어만 얘기하고 넘어갈게요. 이 부분을 모르면 중요한 것을 놓치는 겁니다. 그러니 이 부분만큼은 꼭 익히시길 바랍니다.

KV 네.

그럼 **철학용어**를 알아보러 가 볼까요?

Chapter 4

알아둬야 할 철학 용어들

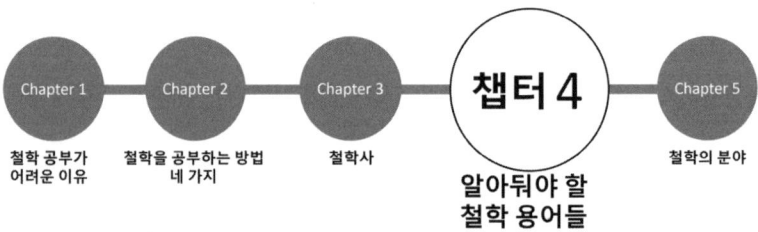

1 | 꼭 알아둬야 하는 철학 용어들

    (1) 관념론 vs. 실재론

    (2) 유심론 vs. 유물론

    (3) 본유관념 vs. 외래관념 vs. 인위관념

    (4) 존재

    (5) 인식

    (6) 인식의 원리, 존재의 원리

    (7) 상대주의 vs. 절대주의

    (8) 사변

2 | 꼭 알아둬야 하는 철학 용어들의 관계

3 | 철학 용어 '선험'에 대해 생각해 보기

    부채 사례로 본 '선험'

    '선험'은 이성중심주의에서만 인정

    동방명주의 선험 예시: 아이들의 끝없는 질문 "왜?"

4 | 본유관념[생득관념] vs. 외래관념 vs. 인위관념

5 | 존재, 인식

6 | 사변

    발전적인 철학용어 개념에 대한 논쟁

7 | 상대주의, 절대주의

    빨갱이들의 혼란 침투법

    객관주의는 객관적 진리, 보편적 원리가 있다

    유시민의 거짓말

    허용된 거짓말과 객관주의

Chapter 4 알아둬야 할 철학 용어들

1 | 꼭 알아둬야 하는 철학 용어들

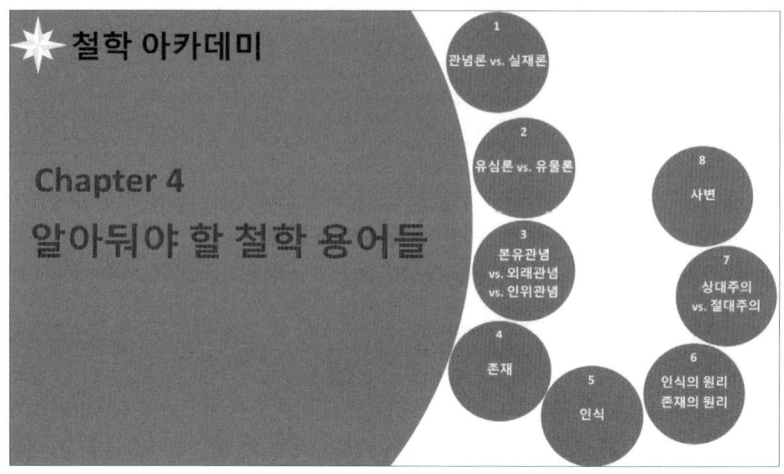

일단 제일 먼저, 반드시 알고 넘어가야 하는 철학용어들을 먼저 보여드릴게요. 지금부터 제가 얘기하는 단어들은 처음 듣는 단어라 어렵게 느껴질 수 있습니다. 그러니 그냥 듣기만 하시면 돼요. 흘려듣듯이 말입니다. 이런 단어들에 익숙해지는 게 더 중요하거든요.

아셨죠?

맨 처음 매운맛에 접하지 않은 사람들이 매운 음식을 먹으면, 난리가 나죠? 근데 계속 먹다보면 괜찮아지고, 나중에는 매운맛을 찾아서 먹게 되죠. 철학 공부도 그것과 같습니다. 그러니까 오늘은 철학용어에 익숙해지시는 것에 초점을 맞추고 가보실까요?

(1) 관념론 vs. 실재론

첫 번째 **관념론, 실재론**입니다. 관념론 실재론 "아 그런게 있네!" 하시면 됩니다. 아셨죠?

(2) 유심론 vs. 유물론

그다음, **유심론, 유물론**입니다. 이거 제가 방송에서 얘기해드린 적 있죠? 유심론, 유물론. 여기서도 "아 유심론 유물론 저런 게 철학용어구나"하고 넘어가시면 됩니다.

(3) 본유관념 vs. 외래관념 vs. 인위관념

본유관념, 외래관념, 인위관념이라는 용어가 있습니다. 여기서도 "아~ 본유관념, 외래관념, 인위관념이라는 게 있구나~"하고 넘어가세요.

(4) 존재

"아~ **존재**라는 말이 철학용어였구나!" 하시면 됩니다.

(5) 인식

자, 이번에는 **인식** 입니다.

철학은 추상적인 것에 대해 추상적인 단어들을 이용해서 계속 설명하기 때문에 어렵다고 말씀드렸죠? 이렇게 추상적인 단어들이 계속 나옵니다. 그러니 이번에도 그냥 듣기만 하시면 돼요.

(6) 인식의 원리, 존재의 원리

아까~ '존재' '인식'이라는 단어 기억나시죠? 그럼 그다음에는 **인식의 원리**, **존재의 원리** 이런 것들을 알아야 합니다.

(7) 상대주의 vs. 절대주의

그다음 **상대주의**, **절대주의** 이게 어떤 것인지 알아야 하고요.

(8) 사변

그다음, **사변** 이라는 단어도 알아야 합니다.

2 | 꼭 알아둬야 하는 철학 용어들의 관계

자~ 다시 설명해 볼게요. 이 부분만 기본적으로 익히면 나머지는 조금 쉬워집니다. 그러니 힘내세요~

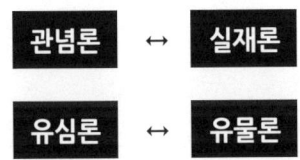

이 '↔' 화살표는 반대개념이라 사용한 겁니다.

이번 철학개론 강의에서는 먼저 이 철학용어들을 익히는 것에 중점을 둘 거예요.

Chapter 4 | 알아둬야 할 철학 용어들

여기서 잠시 30초 쉴게요. 30초 쉬는 이유가 처음 듣는 단어가 많으면 머리가 아프거든요. 그래서 30초 쉬겠습니다.

여러분이 30초 쉬는 동안 저는 잠시 제가 준비한 화면을 흐르듯이 보여드릴게요. (슬라이드를 천천히 옮기며 그동안 공부한 내용들을 보여준다)

박라니 메모만 열심히 하고 있어요.

오, 박라니님. 메모! 좋습니다. 여러분도 연필로 메모해 보세요. 직접 써서 익힌 것들이 어느 날 막 튀어나옵니다. 메모의 힘을 믿으세요. 메모하는 거 정말 완전히 좋은 습관입니다.

30초 쉬었지만, 아무래도 힘들 테니 우리, 조금 더 쉬어 볼까요?

(3분 휴식)

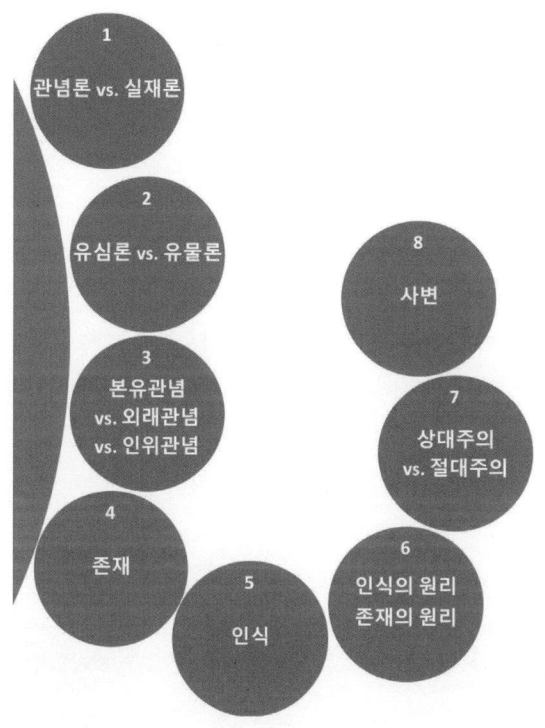

관념론의 반대는 **실재론**
유심론의 반대는 **유물론**

관념에는 **본유관념**이라는 게 있고, **외래관념, 인위관념**이라는 게 있습니다.

존재, 인식이 철학에서 사용하는 용어들이고요. 그렇기 때문에 **인식의 원리, 존재의 원리**가 나오는 겁니다.

그다음 **상대주의**와는 상반된 **절대주의**라는 게 있고요.

마지막으로 과학이나 실용주의에서 철학을 무시하는 근거인 **사변**

이 있습니다.

자, 다시요. 여덟 가지의 철학용어들을 다시 한번 더 천천히 살펴볼까요? (한 번 더 슬라이드를 천천히 보여준다)

30초 지났는데요, 30초 더 보여드릴게요. 여러분도 한 번 더 30초 동안 천천히 편안하게 이 철학용어를 다시 들여다보세요~

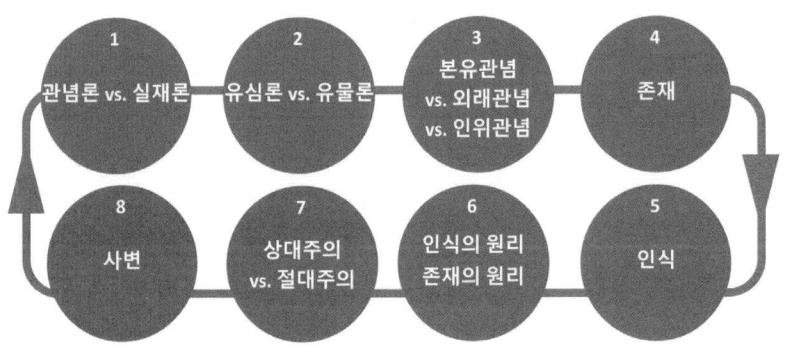

(머리 휴식 시간)

자, 그러면, 이번에도 또 간단하게 살펴볼 거예요.

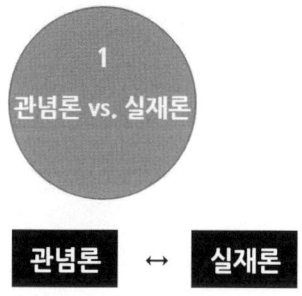

'관념론'의 반대말은 '실재론'입니다. 그런데 우리는 '관념론'의 반대말을 '유물론'으로 알고 있습니다. 마르크스 때문에 그렇게 된 겁니다. 마르크스가 '관념론'의 반대말로 '유물론'을 썼거든요. 이건 우리나라에 마르크스주의자들이 엄청 많다는 반증이기도 합니다. 마르크스주의자들의 논리적 근거인 '유물론'. 이 '유물론'의 반대말은 정확하게 말하면 '유심론'입니다.

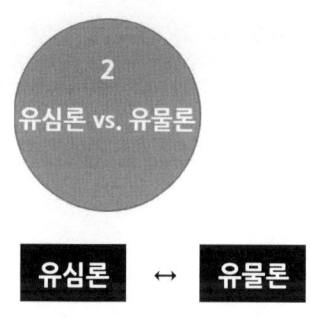

이번 철학개론에서는 '아~ 이런 단어가 있고, 이 단어의 반대말은 이거구나' 정도만 익히고 넘어가는 걸로 할게요. 무엇이든 한 번에 전부 익힐 수는 없는 법이니까, 우선 철학용어에 익숙해지는 것에 중점을 두겠습니다.

Chapter 4 알아둬야 할 철학 용어들

**3
본유관념
vs. 외래관념
vs. 인위관념**

본유관념

이 단어는 제가 조금 짚고 넘어가겠습니다. **선험**의 **반대말**은 **경험**입니다. 자, 다시요. 그냥 듣기만 하세요. 선험의 반대말은 뭐라고요?
경험에 앞서 선천적으로 소유한 인식 능력
경험!

선험 ↔ **경험**

어떤 단어의 개념이 명확하게 잡히지 않을 때, 손쉽게 개념을 잡을 수 있는 방법을 두 가지 알려 드릴게요.

하나는 우리가 **그 단어를 어떤 경우에 사용하는가 살펴보는 것**입니다. 또 다른 하나는 **그 단어와 비슷한 말과 반대말을 살펴보는 것**입니다.

〈단어의 개념을 잡는데 도움이 되는 방법〉

① 그 단어를 어떤 경우에 사용하는지 살펴본다
② 그 단어와 비슷한 말과 반대말을 살펴본다

이 '선험'과 관련된 말이 '본유관념'과 '생득관념'입니다. 예를 들면, 여기 나온 단어 '선험'의 뜻을 잘 모르겠잖아요? 그럼 반대말인 '경험'의 뜻을 살펴보면 됩니다.

본유(本有)관념은 감각을 통하지 않고 원래부터 가지고 있는 관념을 말합니다.

생득(生得)관념은 생(生), 태어나면서부터 얻은(득,得) 관념, 즉 경험 이전에 이미 알고 있는 관념이라는 얘기입니다. 플라톤이 주장한 '이데아'가 '생득관념'의 대표적인 예입니다.

Chapter 4 알아둬야 할 철학 용어들

3 | 철학 용어 '선험'에 대해 생각해 보기

여기서 제가 잠시 창을 닫고요. (보여주던 슬라이드 창을 닫는다) '선험'은 철학에서 굉장히 중요한 얘기 중 하나이기 때문에 반드시 짚고 넘어가야 합니다. 오늘 다른 것은 익히지 않으셔도 되는데, 지금부터 제가 말씀드리는 것만큼은 꼭 익히셔서 오늘부터 고민에 빠져보시길 바랍니다. 그게 '철학적 고민' '철학하기'이거든요.

제가 '철학적 고민' 혹은 '철학하기'가 어떤 건지 『철학아카데미』 코너에서도 자주 보여드렸었죠. 오늘은 그때보다 조금 더 깊이 들어가서 '철학적 고민' '철학하기'에 빠지도록 할 겁니다.

'철학적 고민' '철학하기'를 제대로 하잖아요? 그러면 어느 날 굉장히 머리가 명석해진 것 같은 느낌이 들게 됩니다. 그 느낌이 사실이고요. 그래서 오늘은 그걸 해 볼까 합니다.

강의한지 세 시간이 넘었지만, 조금 더 가 볼게요. 괜찮으시죠?

정치이야기 네~
다까라 좋아요~

우리 【폴라스타 채널】 애청자분들은 수업을 조금 더 해주는 걸 좋아하시더라구요.

아주 좋습니다. 자, 그럼 본격적으로 '철학적 고민' '철학하기'로 들어가 볼까요?

선험! 이건 뭐냐? 제가 조금 전에 말씀드렸죠? **경험하지 않고도 미리 아는 것.**

자, 여러분은 '선험'이 가능한 영역인 것 같으세요? 그러니까 '경험 없이 무언가를 인식하는 게 가능한 거다'라고 보세요?

부채 사례로 본 '선험'

예를 들어서 여기 이렇게 부채가 있잖아요? (일월오봉도가 그려진 접이식 부채를 들어서 보여준다) 우리는 부채라는 것을 본 적이 없어요. 그러니까 사용방법도 모릅니다. 그런데 '부채'가 바람을 일으키는 도구라는 사실을 보자마자 알 수 있을까요?

누가 '부채'라고 말했을 때, 이렇게 펼치고 접는 이런 부채를 본 적이 없어요. (이번에는 평평한 부채를 들어서 보여준다) 이런 평평한 부채만 부채라고 알고 있었던 사람들은 이 접이식 부채를 보자마자 그것이 부채임을 상상할 수 있을까요?

'선험' 그러니까 '경험 전'이 있으면, '경험 후'인 '후험'이 있겠죠? 이 '후험'이 '경험'입니다. 그래서 '선험'의 반대말이 '경험'인 겁니다.

자, 다시요. 첫째, '부채'를 아예 모르는 사람이 '부채'라는 단어를 들으면 설명하지 않아도 '부채'를 바로 알 수 있을까요?

둘째, 접이식 부채를 몰라요. 평평한 부채만 알아요. 그런 사람이 한 번도 본 적이 없는 접이식 부채를 상상할 수 있을까요?

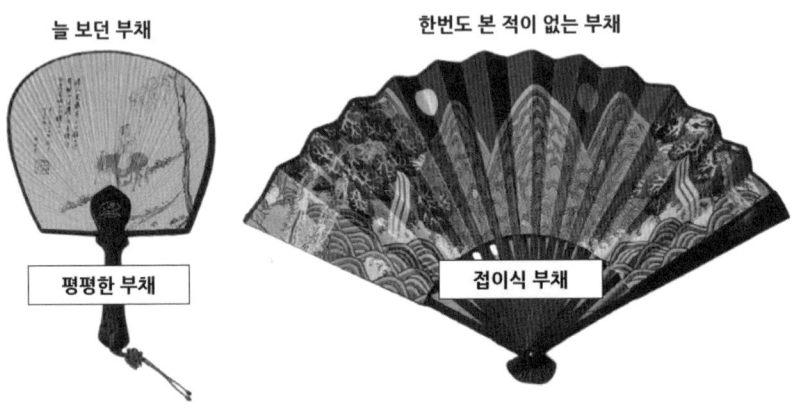

※ 일월오봉도: 조선시대 궁궐의 어좌(왕의 자리) 뒷편에 놓여진 그림으로 5개의 산봉우리(5봉)와 해(日), 달(月), 소나무 등을 소재로 그린 병풍.

다까라 저는 선험이 안 될 것 같은데용 ㅋㅋㅋ

다까라님은 '선험' 안 될 것 같다고 생각하시네요. 경험하지 않고는 알 수 있는 것들이 없다. 즉 반드시 경험해야만 알 수 있다. 이게 우리가 학교에서 '경험주의'라고 배운 거예요. 그래서 제가 **경험절대주의**라고 불러야 한다는 겁니다. '경험 없이는 알 수 있는 게 없다'는 입장이니까요.

반면, '아니다. 경험 없이도 알 수 있는 것들이 있다.'라고 생각한다면, '합리주의[이성주의]', 정확하게는 **이성중심주의**입니다.

북극성 선 지식이 있어야 가능하지 않을까요? => 선험

자, 보세요! 북극성님은 벌써 '선험'이 있다고 보시네요. 그게 '합리주의[이성주의]', **이성중심주의** 입장인 겁니다. 또, 다른 분들은 어떻게 생각하세요?

KV 선험은 본능에 가까운 건가요?

그렇게 볼 수 있죠. 인간은 그 무언가에 대한 관념을 갖고 태어난다는 얘기니까요.

KV 잠재의식

'경험하지 않은 잠재의식'이라고 볼 수 있죠.

'선험'은 이성중심주의에서만 인정

선험이 있다고 보는 게 '합리주의[이성주의]', **이성중심주의**입니다. 북극성님이 "선지식이 있어야 가능하지 않을까요?" 하셨잖아요? 북극성님처럼 선지식을 중요시하면 '합리주의[이성주의]' 즉 이성중심주의가 되는 겁니다.

Chapter 4 알아둬야 할 철학 용어들

근데 아까 다까라님 같은 경우는 "선험 안 될 것 같다. 나는 경험 해야지만 알 수 있다." 이러면, 선험을 부정하는 거잖아요. 그럼 '경험 주의' **경험절대주의** 입장이 되는 겁니다.

김정수 경험이 없어도 가능한 것이 있다고 생각합니다.

아, 그럼 김정수님은 **이성중심주의** 입장인 겁니다.

어떠세요, 여러분! 이렇게 서로 의견을 얘기해 보니까 재미있으시죠?

다까라 완죤 잼나요

재미있어서 다행입니다. 철학은 어렵지만, 알고 나면 예상과 달리 행복해져요. 아리스토텔레스가 말한 것처럼 '앎의 기쁨'을 누릴 수 있기 때문입니다. 지구상에서 오로지 인간만이 누릴 수 있는 최상의 기쁨인 '앎의 기쁨' 말입니다.

다까라 선지식도 경험이지 않을까요?

아 다까라님. 그렇게 생각하신다면, 확실하게 **경험절대주의** 입장이신 거네요.

'선험'도 실제로는 경험이지 않나? 실제 '경험주의' 대 '이성주의' 논쟁, 정확히 표현하면 **경험절대주의** 대 **이성중심주의** 논쟁에서 **경험**

절대주의자들 쪽에서 그런 주장이 나오기도 했었습니다.

정치이야기 선험은 어렵다고 생각합니다.

그럼 정치이야기님은 **경험절대주의** 입장인 겁니다. "어떻게 선험이 있을 수 있어! 경험해야지 뭘 알지." 그거는 경험절대주의입니다. 아셨죠?

경험절대주의는 경험하지 않고서는 아는 것이 있을 수 없다고 얘기하는 거죠. 그래서 그냥 '경험주의'라고 부르기보다는 경험절대주의라고 부르는 게 옳다는 얘기입니다.

경험에 의한 인식을 인정하지만 이성 없이는 불완전하다. 뿐만 아니라 선험적인 어떤 지식을 갖지 않은 경험은 불완전한 것이다. 이게 '이성주의' '합리주의'의 입장입니다. 이런 이유로 제가 '이성주의' '합리주의'는 **이성중심주의**라고 불러야 옳다고 주장하는 거고요.

또 다른 분은요?

엘라이온 선험 가능한 것도 있고 경험해야 아는 것도 있고요~~

엘라이온님의 의견은 칸트주의자의 입장입니다. 자 여러분! 이제 이해되셨나요? 재밌죠?

Chapter 4 알아둬야 할 철학 용어들

북극성 ㅋㅋㅋ 재미나요~

북극성님 재미나요? 좋습니다.

박라니 창의력 같은 게 선험이 되지 않을까요.

박라니님의 입장은 '합리주의[이성주의]', **이성중심주의자**의 입장이시네요. 아주 잘 하셨어요!

자, 이렇게 직접 철학적 논의에 참여해서 '이게 왜 이것일까' 생각해 보는 것, 지금 우리가 얘기를 나눠본 것이 '철학적 고민' '철학하기'입니다. 그것이 우리가 '철학'을 배우는 목적 중 하나이고요.

'경험 없이는 선험이 있을 수 없다'는 분들이 계셨죠? 그러면 경험절대주의 입장입니다. 이 경험절대주의 입장이 틀렸다는 것을 논증하기 위해 이성중심주의의 입장에 있는 사람들이 '신' 개념을 들고 나왔습니다.

우리도 한번 생각해 볼까요?

우리는 '신'이라는 존재를 어떻게 알게 되었을까요? **이성중심주의자**들은 '신'을 '선험적 관념'이라고 얘기합니다. 누가 가르쳐 주지 않았는데도 인류는 '신'을 알게 되었다는 겁니다. '신'을 만들었든 발견했든 간에 말입니다.

박라니 공감이라는 감정이 있으니 선험도 가능할 거 같은데요.

공감이라는 감정이 있으니까 선험도 가능할 것 같다! 박라니님은 **이성중심주의자** 입장이시네요.

다까라 창의력도 기본 지식이 있어야 되지 않을까요?

아, 창의력도 기본 지식이 있어야 된다! 다까라님은 확실하게 **경험절대주의자** 입장에 서 계시네요.

자, 이제 **경험절대주의**와 **이성중심주의**의 차이점에 대해 확실하게 이해가 되셨나요?

다까라 네.

'선험' '경험'이라는 개념은 철학에서 굉장히 중요한 문제라는 것을 아시겠죠?

정치이야기 네~

그래서 제가 '선험'만큼은 꼭 짚고 넘어가자고 한 겁니다.

Chapter 4 알아둬야 할 철학 용어들

동방명주의 선험 예시: 아이들의 끝없는 질문 "왜?"

이제 제 생각을 말씀드려 볼게요. 저는 '이성'이나 '선험'을 무시하는 입장은 좀 위험하다고 생각합니다. 아이를 키워보신 분들은 잘 아시겠지만, 아이들은 호기심이 엄청나게 많죠? 누가 그렇게 하라고 한 적이 없는데 계속 "왜?"를 말합니다. 정말 끊임없이 "왜?" 그러죠? 그리고 영리한 아이일수록 "왜?" 소리를 많이 합니다. 아무도 아이들에게 앎의 기쁨을 누리라고 가르쳐 주지 않았잖아요. 그런데도 아이들은 뭔가를 알려고 계속 질문합니다.

여기서 아동교육 관련 팁을 하나 드릴게요. 아이가 어른에게 알고 싶어서 질문하는 경우, 아이한테 쓸데없는 질문을 한다고 야단치면 아이가 원래부터 지니고 태어난 영재성 천재성을 억누르고 없애버리는 거예요. 결국 어떻게 되냐 하면, 성격이 삐뚤어지거나 굉장히 우울하고 자신감 없는 삶을 보내게 됩니다. 그런 경우를 정말 많이 봤습니다.

각설하고, 이렇게 배우지 않아도 질문하는 것, 끊임없이 알려고 하는 것, 이건 분명히 선험이라고 볼 수 있지 않을까요? 우리 인류는 배우지 않아도 호기심을 가져요. 호기심을 가지라고 가르쳐주지 않았는데도, 대부분의 아이들이 "왜?" 물어보고, 자신이 '알고 싶어 하는 것'에 대해 끊임없이 질문하면서 '배움을 추구'하죠. 그렇다면 '선험'이 있네요? 그렇죠?

북극성   넹~ 인정합니다.

자, 오늘 강의 마치면 이 선험에 대해 충분히 고민해 보시기 바랍니다. 어른이 되어서도 우리는 "왜?"라는 질문을 통해 '인과' 혹은 '원리'나 '법칙'을 찾으려고 합니다. 그렇게 하라고 아무도 가르쳐주지 않았는데 저절로 그렇게 하고 있는 겁니다. 이러한 '지적 탐구욕'이 인류가 번성한 원인이기도 하고요.

자, 그럼, 메모창을 닫고, 다시 가보겠습니다.

(설명을 하면서 메모장에 타이핑하며 보여줌)

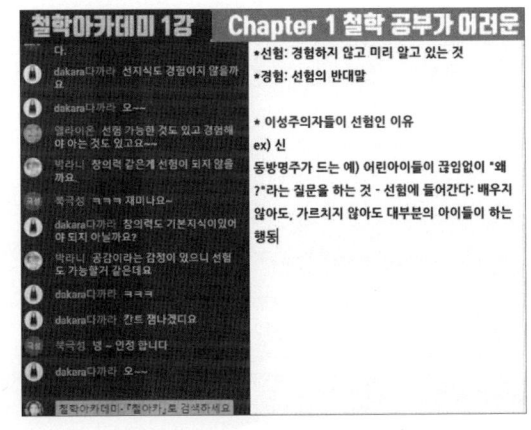

정리해 볼게요. 지금까지 '선험' 얘기를 나눴습니다. 이 '선험'을 '본유관념'이라고 하는 겁니다. 태어날 때부터 가지고 있었던 것, 그래서 '생득관념'이라고도 부르고요.

이렇게 '선험'과 '경험'에 대해서 충분히 살펴보고 나니까 이 '본유관념' '생득관념' 개념을 받아들이는 게 굉장히 쉬워지죠?

북극성 네~

Chapter 4 알아둬야 할 철학 용어들

좋습니다. **경험절대주의**와 **이성중심주의** 차이점도 좀 더 명확해지셨죠?

KV 네~

자, 그럼 이제 '본유관념'을 살펴봤으니, '외래관념' '인위관념'에 대해 살펴보러 가볼까요?

4 | 본유관념[생득관념] vs. 외래관념 vs. 인위관념

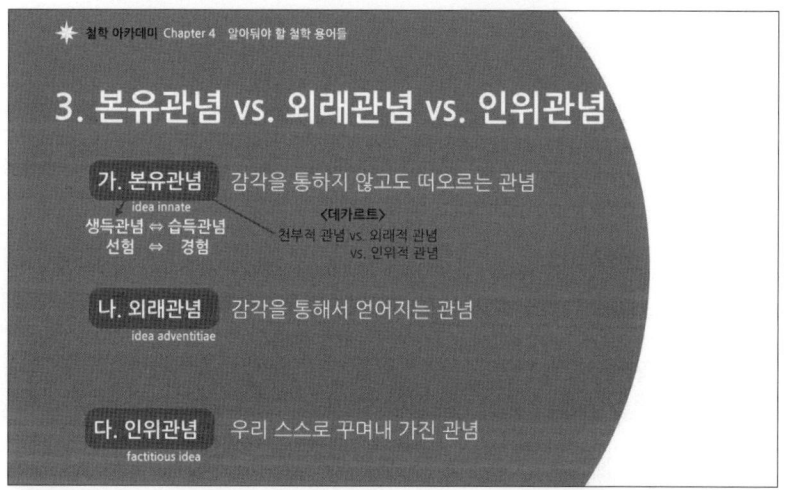

본유관념 = 생득관념 = 선험적 관념

'본유관념'이 뭐였죠? 선험적으로 알고 있는 관념. 태어나면서부터 가지고 있는 관념. 그래서 '생득관념'과 같은 말이다.

선험적으로 알고 있는 관념, 선험적 관념, '본유관념'은 '생득관념'.

생득관념 ⇔ 습득관념

'습득관념'은 경험을 통해 알게 된 관념, 즉 경험에서 습득한 관념을 가리키는 말입니다. '생득관념'의 반대말은 '습득관념'이 되는 겁니다. 반대말을 살펴보니까 '생득관념' 이해가 쉽죠? 제가 앞에서(※참고: 180페이지 〈단어의 개념을 잡는데 도움이 되는 방법〉 하단 표) 단어의 개념을 정확하게 알기 위한 방법을 알려드렸었죠? 여기에서 ②번에 해당하는

Chapter 4 알아둬야 할 철학 용어들

방법을 사용한 겁니다.

'생득관념'의 반대말은 '습득관념'.

'습득관념'은 경험을 통해서 습득한 관념.

이해되셨죠?

인위관념

다음 '인위관념'을 알아볼까요? 우리 스스로 꾸며내서 가지게 된 관념이 있습니다. 여러분 용이라는 게 있나요? '용' '봉황' 이런 동물이 실제로 존재하나요?

KV 모두 상상의 동물

그렇죠. KV님. 모두 상상의 동물이죠. 이 동물들은 우리가 만들어 낸 관념입니다. 이런 걸 '인위관념'이라고 하는 겁니다. 이해되시죠? 여기에서 또 우리는 '인위관념'을 '생득관념'이라고 봐야 하는지, 아니면 '습득관념'이라고 봐야 하는지 논쟁할 수 있겠죠?

이렇게 우리의 관념, 우리 머릿속의 생각을 하나하나 다 분석해 보는 학문이 '철학'인 겁니다.

자, 오늘은 여기까지만 할게요. 철학개론에서는 이런저런 관념들이 있다, '철학'에서는 '관념'도 이렇게 세분해서 보는구나, 이 정도만 알고 넘어가셔도 충분하거든요.

5 | 존재, 인식

'존재' '인식'이라는 철학용어가 있습니다. 이건 좀 어려울 수도 있으니까, 이번 시간에는 이런 철학용어가 있구나 정도로만 인식하고 다음 내용 〈사변〉으로 넘어갈게요.

다까라 오메 선험 때문에 잠 안 올 듯 해용…

다까라님, '선험' 때문에 잠이 안 올 것 같아요? 그러면 제 강의는 성공한 겁니다. 철학개론 강의의 목적이 그거니까요.

Chapter 4 알아둬야 할 철학 용어들

6 | 사변

이번에는 '사변'에 대해서 살펴볼게요. '사변'이 뭔지 인터넷 창을 열어서 검색해보도록 하겠습니다.

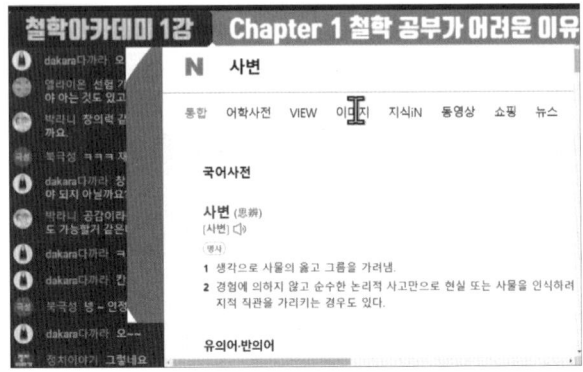

1. 생각으로 사물의 옳고 그름을 가려냄.

2. 경험에 의하지 않고 순수한 논리적 사고만으로 현실 또는 사물을 인식하려는 일. 직관적 인식이나 지적 직관을 가리키는 경우도 있다.

이건 국어사전에 나와있는 설명이죠. 밑에는 좀 더 복잡하게 나와 있지만 더 볼 것 없으니, 그냥 넘어갈게요. 자, '사변' 한문을 볼까요? '생각 사 思'에 '분별할 변 辯'이죠. 생각해서 분별하는 것. 그러니까 생각해서 분별하는 걸 말하는 겁니다.

자, 그럼 '사변'을 '생각만으로 옳고 그름을 분별해서 어떤 결론을 내는 것'이라고 할 수 있죠? '사변'이 가진 이 의미는 우리가 앞에서 배운 단어들, **선험 경험 이성중심주의 경험절대주의** 중에 어떤 것과 같은가요?

정치이야기 이성중심주의요.

맞습니다. '선험'에 가깝고, **이성중심주의**에 가깝죠. 그래서 '사변'의 반대말은 '실험' '실증'입니다. 인터넷에서 국어사전을 살펴보면, '사변'의 반대말이 '경험' '실증'이라고 나오죠? 그리고 비슷한 말은 '생각'이고요. 사회학을 창시한 콩트가 '사변'을 배격했죠. '사변' 없이
_{프랑스의 철학자(1798-1857). 실증주의의 시조}
뭘 할 수 있을까요?

발전적인 철학용어 개념에 대한 논쟁

오늘 여러분은 **선험, 본유관념, 생득관념** 그리고 **습득관념, 외래관념, 인위관념** 등 철학용어에 대한 개념을 익히셨어요. 이 단어들은 철학에서 굉장히 중요한 관념입니다. 이것 때문에 근대철학 200년 넘는 시간 동안 철학자들이 논쟁을 벌였어요. 이런 논쟁을 쓸데없는 논쟁이라고 여기시면 안 됩니다. 오히려 굉장히 발전적인 논쟁이라고 보셔야 합니다. 학문에서 엄밀함과 치밀함은 굉장히 중요한, 반드시 가져야 할 태도이기 때문입니다. '아' 다르고 '어' 다른 걸 구분해야죠. 그리고 우리는 이런 발전적인 논쟁을 하기 위해 실력을 키워야 하고요.

7 | 상대주의, 절대주의

강의한 지 3시간 14분이 지났네요. 이 부분은 아주 중요한 거라 꼭 짚고 넘어가야 할 것 같은데, 강의를 더 해도 괜찮으신가요?

정치이야기 네~

좋습니다. 그럼 가볼게요. '상대주의'는 '보편적 원리 혹은 절대적 진리가 없다'고 보는 입장입니다. 그니까 "너도 옳고, 나도 옳다"라는 입장인 거죠. 일면 맞는 말 같죠? 이 말이 맞다면 분명 둘 다에게 옳은 것이 있다는 얘기가 되죠?

'상대주의' 입장과는 정반대로 '절대적인 원칙과 절대적 진리가 있다'고 보는 게 '절대주의'입니다.

"절대적 진리가 어디 있니? 모두가 다 옳지!" 하는 게 '상대주의'입니다. 그래서 '상대주의'는 반드시 '주관주의'로 빠집니다. 그러다가 결국 "공통된 도덕적 원리는 없는 거야!"라고 주장하게 돼요. 그래서 결국 '허무주의'로 갑니다.

상대주의 → 주관주의 → 허무주의

공동으로 추구해야 하는 것, 공통적으로 적용되는 것이 없다고 보는 게 '상대주의'. 이해되셨죠?

정치이야기 네~

사회공산주의자들, 즉 빨갱이들이 요즘 이 '상대주의'를 들고 나와서 우리 머릿속을 혼란스럽게 만들고 있죠. 제가 철학개론서를 쓰려는 이유에 바로 이 빨갱이들이 들고나온 '상대주의'의 잘못을 정리하려는 의도도 있습니다.

지금 현재 벌어지는 이 상황은 너무나 재미있는 점이 있는데요, 그게 뭐냐하면, 고대 그리스 아테네 시절을 보는 것 같아서입니다. 그 시대를 풍미했던 소피스트들의 입장은 '상대주의'이거든요? 이 소피스트들이 "절대적인 진리도 없고 보편적인 원리도 없어!"라고 주장한 거예요. 근데 플라톤이 딱 나타나서 소크라테스를 앞세워 "웃기지 마! '보편적 원리' '절대적 진리'는 분명하게 존재해!"라고 얘기한 거거든요. 지금 전 세계적으로 소피스트의 '상대주의'가 득세하고 이기고 있잖아요. 그런데 저, 동방명주가 딱 나타나서 "너희들이 주장하는 '상대주의' '주관주의'는 틀렸어!"라고 하죠? 고대 그리스 아테네 상황과 유사하죠?

정치이야기 네.

다시 한 번 더 설명할게요.

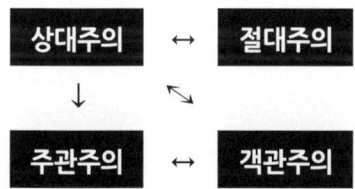

이 넷의 관계는 이렇습니다.

Chapter 4   알아둬야 할 철학 용어들

'상대주의'의 반대는 '절대주의' '객관주의'입니다. '상대주의'는 반드시 '주관주의'로 간다. 아시겠죠?

빨갱이들의 혼란 침투법

이거 하나만 짚고 넘어갈게요. 사회공산주의자들, 즉 빨갱이들이 그리고 신자유주의자들이 '다양화' '다원화'를 내세우고 다녔잖아요. 그게 '상대주의'입니다. 빨갱이 얘네들이 왜 그랬는지 아세요? 우리한테 '절대적 진리' '보편적 원리' 같은 것이 없다고 세뇌시키려고 끊임없이 '다양화' '다원화' 단어들을 노출시키는 작업을 한 겁니다.

그런데 여러분, 정말로 절대적 진리가 없을까요? 아뇨! 그렇지 않습니다. 지금부터 제가 '절대적 진리'도 있고, '객관적 진리'도 있다는 걸 증명해 보여드리겠습니다.

여러분, '상대주의'의 반대말은 뭐라고 했었죠?

'절대주의', 그리고 '객관주의'.

상대주의는 각자가 옳다.
절대주의는 절대적으로 옳은 것이 있다.

이 개념 먼저 익혀두시고요. '상대주의'는 반드시 '주관주의'로 흐른다. 그다음 '절대주의'는 뭐 하고 상통한다구요? '객관주의'.

객관주의는 객관적 진리, 보편적 원리가 있다

'객관주의'는 '보편적 원리, 객관적 진리가 있다'고 봅니다. '인류 누구에게나 통용되는 객관적인 진리, 보편타당한 원리가 있다'는 입장이죠. 그러니까 '객관주의'는 절대주의적 입장이지만, 예외적인 '상대주의'를 인정하는 겁니다.

프로타고라스가 '상대주의'의 꽃을 피웠죠. 프로타고라스의 '인간은 만물의 척도다'라는 말은 곧 '상대주의' 입장인 거예요.

근데 이렇게 개개인 모두 각자가 다 옳다고 하면, 어떤 일이 생기죠? 지금처럼 난장판이 되는 거죠.

객관주의는 '절대주의를 인정하지만, 예외적인 경우에 한해서 상대주의적인 입장도 인정'하는 것. 하지만 아무렇게나 인정하는 게 아니고, '반드시 상황과 그 맥락 속에서 이해해야 한다'는 입장이 객관주의인 겁니다.

엘라이온 빨갱이들이 상대주의를 이용해 사람들을 혼란하게 만들고 결국 분열하고 싸우게 만드는 건가요?

맞습니다. <u>법륜이 그 짓거리</u>를 하고 있죠. 종교인이 어디서 그런 소
_{살인집단 북한을 옹호, 빨갱이 논리 대변, 북한식 통일 주장}
리를 해요? 종교는 절대주의예요. 종교인이 절대주의를 포기하면 모든 게 무너집니다. 학자가 교수가 선생님이 원칙을 포기하면 모든 것이

> Chapter 4 알아둬야 할 철학 용어들

엉망이 되는 거고요. 빨갱이 놈들이 종교의 옷을 입고, 신도들 사이에 파고 들어가서 빨갱이 본색을 숨긴 채 그런 짓을 하는 거예요. <u>전교조가 선생의 옷을 입고 빨갱이 본색을 숨긴 채 학생들의 머릿속을 빨갛게 물들이는 것처럼 말입니다.</u>

※ 전교조: 초중고 전국 교직원 노동조합. 북한 간첩에게 장악되어 있음.
　　북한 김일성의 주체사상 교육, 어린 학생들에게 동성애 권장 등 사회에 해로운 교육을 함.

플라톤도 이런 말도 안 되는 소피스트들의 상대적 주관적 궤변론 때문에 많이, 아주 많이 고민했어요. 그 결과 소피스트의 '상대주의' '주관주의'를 깨기 위해서 책을 쓰고 아카데미를 만들어서 후학을 양성하기 시작한 겁니다. 그래서 제가 역사적 시대적 배경도 모른 채 함부로 철학 아는 척 떠들면 큰일난다고 늘 얘기해왔던 겁니다.

유시민의 거짓말

<u>여러분,</u> 【폴라스타 채널】의 〈유시민을 더 잘 알릴레오〉 방송 기억하시죠? 그때 제가 보여드린 영상 기억나세요? 거기에서 유시민이랑 다른 빨갱이들이 소피스트에 대해서 욕하고 흥을 보고 빈정거렸잖아요. 제가 그거 보면서, "어이구야, 저 멍청한 놈! 더럽게 아는 척 떠드는데, 그 말들이 전부 자기 얼굴에 침 뱉는 얘기인데 그것도 모르고 좋다고 낄낄거려요." 했잖아요. 지금 빨갱이들이 하는 짓이 소피스트가 했던 짓이거든요. 그리고 자기들은 남 가르칠 때 돈 안 받고

<small>김제동은 대전 대덕구청 90분 강연서 1,550만원 지급받기로 했었다 "김제동 고액강연비 사건"</small>

<u>가르쳤나요</u>? 그리고, 유시민은 돈 안 받고 방송 출연하나요? 그러면

서 소피스트가 돈 받는다고 비웃어요? 이 정도면, 정신병자죠.

이번에는 사례를 들어서 정말 '상대주의'가 옳고, '주관주의'가 옳은 건지, 한번 살펴보도록 하겠습니다. 제가 『철학아카데미』 코너에서 '진리'에 대하여 세 차례나 방송했죠.

2021년 3월 14일 방송

2021년 3월 21일 방송

2021년 4월 1일 방송

이 방송에서 '진리라는 것이 변하는 것일까요, 아니면 변하지 않는 것일까요' 살펴봤잖아요. 이 방송을 한 이유가 바로 '상대주의' '절대주의' 얘기를 했던 겁니다. 그렇게 말하면 어렵게 느껴질 수 있기 때문에 '진리'에 대해 생각해 보는 시간을 가져봤던 거고요.

Chapter 4 알아둬야 할 철학 용어들

허용된 거짓말과 객관주의

"거짓말은 하면 안 된다"와 "살인은 안 된다" 이 두 가지 사례를 가지고 '절대주의' '상대주의' '객관주의'의 차이점을 비교해볼게요.

'거짓말은 절대로 안 돼.' 하는 게 '절대주의' 입장입니다. 여기서 '객관주의'는 "거짓말을 할 수도 있다. 단 정당한 이유, 합당한 이유가 있어야 한다."는 조건이 붙습니다. 만약 "거짓말을 하든 말든, 내 맘이지. 니들이 왠 상관이야."라고 한다면 '상대주의' '주관주의' 입장인 거죠.

객관주의자들은 '거짓말은 하면 안 된다'는 원칙주의 입장이지만, 특수한 경우에는 거짓말을 할 수 있다고 봅니다. 예를 들어서 협박범에게 전화가 와서 우리 집 현관문 비번을 말하라고 합니다. 그런데 비번 얘기해주면 안 되죠? 그럴 때 거짓말을 하는 경우를 예외로 인정하는 겁니다.

반면, 이 경우에도 "거짓말하면 안 되니까 정직하게 현관문 비번을 얘기해줘야 한다."면, 이 경우에도 '절대주의' 입장인 겁니다.

"맥락 속에서 인정할 수 있는 예외가 있다." 이게 '객관주의'. "어떤 경우라도 원칙을 지켜야 한다." 이게 '절대주의'. 이해 좀 되셨어요?

'절대주의' '객관주의'와는 정반대로 '상대주의' '주관주의'는 "거짓말을 하든 말든 내 마음이지!"하는 입장입니다. 어떠세요? '상대주의'

'주관주의'는 굉장히 위험한 거죠? '상대주의' '주관주의'는 모두가 거짓말을 해도 된다는 얘기가 되는 거잖아요. 이래서 '상대주의' '주관주의'는 잘못된 논리인 겁니다.

다른 예를 들어볼게요. 어떤 어린애가 죽을병에 걸렸어요. 그 아이한테 "너 6개월 뒤에 죽어." 이렇게 얘기할 수 없고, "열심히 운동하고 밥 잘 먹으면 건강하게 잘 살 수 있어." 이렇게 거짓말할 수밖에 없잖아요. 이런 경우를 예외로 인정하는 것이 '객관주의'입니다.

정치이야기 선의의 거짓말 같은 거요~
북극성 선의 거짓말! 헐 ㅠㅠ

다음은 '살인'을 예로 들어 살펴볼게요.

'절대주의'에서는 '어떤 경우에도 살인은 안 된다'이겠죠? 그런데 이런 경우는 어떤가요? 북한이 우리나라 남한을 쳐들어 왔습니다. 절대로 사람을 죽이면 안 되는 게 '절대주의'의 원칙이니까, 절대주의자들은 북한군에게 그냥 죽임을 당하고 있어야 되는 겁니다. 이거, 괜찮은 건가요?

다까라 일본은 절대주의가 많은 것 같아요.

아, 다까라님, 일본은 절대주의가 많아요?

다까라 그래서 깝깝하쥬. 원칙 매뉴얼 사회

아~ 원칙 매뉴얼 사회. 좋은 면도 있지만 나쁜 면도 있습니다. 제가 계속 말씀드리지만, 인간의 삶은 풍선 같아서 억누르면 억누른 만큼 다른 곳으로 튀어나오게 되어있어요. 제가 방송에서 웃으면서 "경제는 풍선이야. 이 빨갱이들아!" 얘기하잖아요? 사람 심리도, 인생도 마찬가지입니다. 억누르면 다른 곳에서 튀어나오게 되어 있어요.

일본 같은 원칙 매뉴얼 사회는 '절대주의'에 가까운 거죠. 근데 제가 일본 영화도 많이 보고 일본애니메이션도 많이 보고, 또 일본에 몇 번 놀러가 보기도 했는데… 놀러간 걸로 뭘 제대로 알겠습니까만… 일본에서 일본 사람들하고 얘기를 나눠보고 관찰해본 결과, 일본 사회는 절대주의에 가까운 객관주의 같더라구요.

이번에는 다른 예를 들어볼게요. 강도가 들어 왔어요. 나를 죽이려고 해요. 절대주의자는 어떻게 해야 되나요? 살인은 안 되니까, 내가 죽어야 되는 거죠? 하지만 '객관주의'는 이런 경우를 예외로 두는 겁니다. 맥락 속에서 파악해야 된다. 그래서 그게 법으로 적용된 게 정당방위입니다. '객관주의'와 '절대주의'의 차이점, 이제 좀 이해되세요?

철학사를 살펴보면 '상대주의'와 '절대주의', 그리고 '주관주의'와 '객관주의'의 논쟁인 경우가 많아요. 그다음 "선험이냐, 아니냐." 논쟁이 많고요. 제가 오늘 철학에서 가장 중요한 이 두 종류의 개념, '선험' '경험', 그리고 '상대주의' '절대주의' '주관주의' '객관주의'에 대해 자세하게 설명해 드렸던 이유입니다.

다까라 생각이 깊어지네요.

다까라님이 그렇다면, 제가 오늘 목적한 바를 이뤘네요. 여러분이 "선험이 맞을까? 경험이 맞을까? 아님 '선험' '경험' 둘 다 맞는 걸까?" 이런 생각을 하게 된다면, 제 강의의 목적이 이루어진 겁니다.

또는 "야~ '상대주의' 무섭네! '주관주의'도 무서운 거고, '너도 옳고 나도 옳아' 이게 잘못된 거구나~! 그럼 어떻게 하면 좋을까?" 이런 생각까지 하게 된다면 여러분은 이미 철학의 길로 접어들게 된 겁니다. 그렇다면 제가 강의한 유럽 철학 개론 강의는 완전히 성공한 거고요.

KV BLM의 흑인생명은 소중하다=상대주의

아 BLM! KV님, 그거요. 상대주의인 척하면서 그냥 선전선동으로
_{Black Lives Matter '흑인의 목숨도 소중하다'는 구호로 시작된 미국의 사회 운동(실상은 빨갱이들이 주도)}
사회를 혼란스럽게 만들려는 거예요.

Chapter 4 알아둬야 할 철학 용어들

지금까지 강의한 내용을 한번 더 살펴보겠습니다.

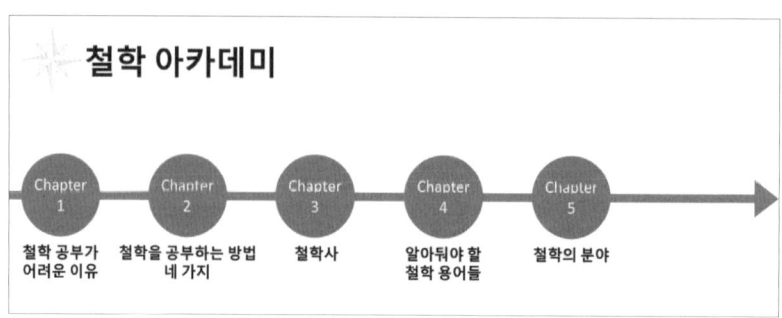

〈챕터 1〉에서는 **철학 공부가 어려운 이유**를 살펴보았고요. 〈챕터 2〉에서는 **철학을 공부하는 방법 네 가지**를 살펴봤습니다. 그리고 〈챕터 3〉에서는 **철학사** 고대 철학 네 가지, 중세 철학 네 가지, 그리고 근대철학 네 가지를 살펴봤죠? 그다음 〈챕터 4〉에서는 **알아둬야 할 철학 용어** 중 '본유관념'과 '선험'에 대해서 생각해 보는 시간을 가졌습니다. 그다음 '상대주의' '주관주의' '절대주의' '객관주의'를 짚어 봤고요.

어떤 공부를 하든 ★큰 흐름, 아웃라인을 익히는 게 가장 중요합니다★.

힘드실 테니 5분만 쉬었다가 마지막 〈챕터 5〉 **철학의 분야** 강의를 시작할게요.

(쉬는 시간 5분)

Chapter 5

철학의 분야

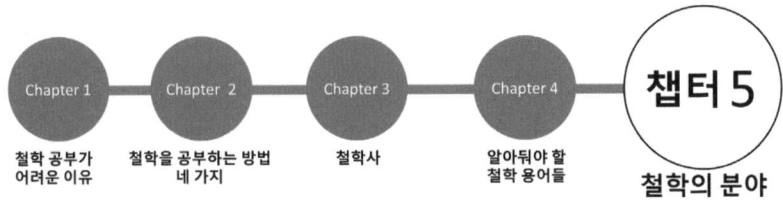

챕터 5

철학의 분야

1 | 철학의 분야

2 | 인도 철학의 인식론
    (1) 상키야파
    (2) 로카야타파
    (3) 불교·바이세시카파
    (4) 니야야파
    (5) 미망사파[바타파]와 베단타파

3 | 스스로 생각하기

Chapter 5 철학의 분야

1 | 철학의 분야

철학의 분야를 이해하기 위해서는 먼저 철학용어를 충분히 익혀야 합니다. 그래야 이해가 쉬워지기 때문입니다. 오늘 강의는 철학개론이니까 철학 분야에 대한 이름만 잠시 보여드리고 넘어가는 걸로 하겠습니다.

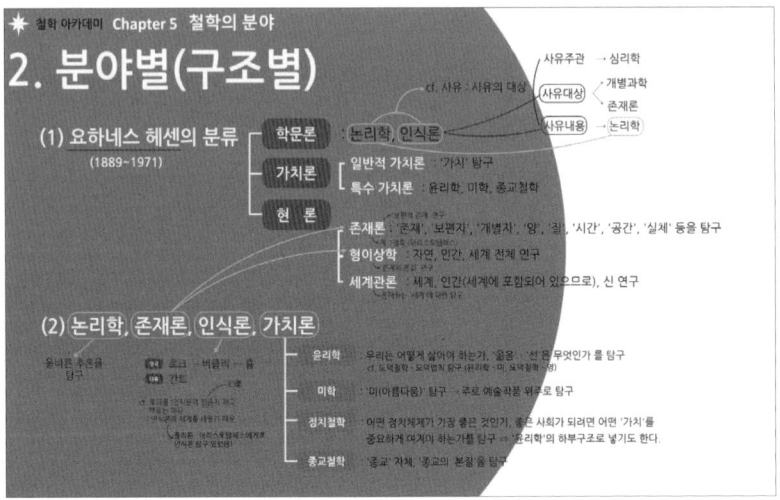

철학의 분야는 철학교수마다 다르게 구분하지만, 크게 보면,

(1) 논리학, 형이상학, 윤리학, 정치철학, 미학, 종교철학

(2) 논리학, 인식론, 형이상학, 윤리학, 미학

(3) 학문론[논리학/인식론], 가치론[일반적 가치론/특수 가치론], 현실론[존재론/형이상학/세계관론] - 요하네스 헤센의 분류법

(4) 논리학, 존재론, 인식론, 가치론[윤리학/미학/정치철학/종교철학]

214

이렇게 네 가지로 방식으로 분류합니다.

'철학의 분야'까지 자세하게 설명하면 여러분이 힘들 수 있으니까 다음 시간에 좀 더 자세하게 들어가도록 하고요. 여기에서는 「인식론」이 뭔지 잠깐 설명드려 볼까 하는데, 어떠세요?

KV 네~
다까라 넹
김정수 네

좋습니다. 그럼 「인식론」에 대해 잠시 살펴보고 넘어갈게요. 아까 제가 철학용어를 설명할 때, '이성' '오성' 얘기보다 '선험'과 '경험', 그리고 '상대주의'와 '절대주의' 얘기를 더 많이 했잖아요. 그것처럼 철학을 분야별로 공부할 때도 중요한 분야가 있어요. 물론 전부 다 중요합니다만, 철학자마다 그리고 철학교수마다 중요하다고 여기고 연구하는 분야가 달라요.

일반적인 경우 「존재론」「인식론」을 제일 중요하게 여기고, 그다음 「윤리학」입니다. 저도 이 관점에 동의합니다. 동의한다는 얘기는 이의를 제기할 생각이 없다는 얘깁니다.

하지만 저는 조금 다른 관점과 입장(처음부터 철학을 공부한 것도 아니고, 철학과에서 전공한 것도 아닌, 엉망진창인 정치판과 국가가 망해가는 꼴을 보고 철학을 하기로 결심)으로 철학에 접근했기 때문에, 철학에서 가장 중요한 분야가 「논리학」과 「윤리학」이라고 봅니다. 그리고 「윤리학」을 제대로

Chapter 5 철학의 분야

이해하기 위해 「존재론」과 「인식론」이 필요하다고 보는 입장이고요. 그 점에서 「존재론」 「인식론」이 중요하다고 생각합니다. 제가 보기에 「존재론」은 「인식론」과 뗄 수 없는 학문인데, 이걸 자꾸 분리시켜서 가르치는 경향이 있어요. 파편화 분절화시키는 건 사실 학문하는 자세로는 굉장히 안 좋은 태도인데 말입니다.

'철학의 분야'를 좀 더 쉽게 이해하기 위해서는 「인식론」을 이해하는 것부터 시작하면 좋을 것 같네요. 인도 철학의 「인식론」을 예로 들어 설명하면 쉬울 것 같습니다. 인도 철학은 우리의 예상과는 달리 굉장히 깊고 구체적이고 명확합니다. 역사도 굉장히 오래됐고요.

2 | 인도 철학의 인식론

「인식론」에 들어가기 전에 먼저 '인식'에 대해 짚고 넘어갈게요. 우리가 무엇인가를 알아챘을 때 '인식했다'라는 말을 씁니다. 그러니까 '인식'은 '알다'와 동의어라고 해도 무방하죠?

그러면 「인식론」은 이렇게 정의 내릴 수 있죠. '알게 되는[알아내는] 과정 및 근거에 대해 탐구하는 학문'이다. 그래서 어떤 철학교수들은 "인식에 관한 것은 과학에 맡겨라"는 말을 하기도 합니다. 이런 말을 철학교수가 하다니 정말 어이없습니다. 철학의 한 분야인 「인식론」을 철학의 하부 학문인 과학에 맡기라니요? 개탄스러운 일입니다.

저는 이 입장과 반대로 「인식론」을 과학에 맡기면 안 된다고 봅니다. 물론 과학에서 '인식'에 대한 메커니즘을 연구할 필요는 있죠. 하지만 분명히 '인식'은 철학적 입장에서 탐구해야 할 분야입니다. 정확하게 말해서, 철학만이 '인식'에 대한 탐구를 제대로 할 수 있다고 하는 게 맞겠군요.

과학 분야를 전공한 사람들이 과학이든 다른 분야든 어떤 얘기를 하거나 과학적 주장을 펼칠 때, 철학을 전혀 몰라서 잘못된 말을 하는 경우를 왕왕 보거든요. 과학자들이 흔히 저지르는 이런 실수들에 대해서는 나중에 기회가 되면 하기로 하고요. 인도 철학에서 벌어졌던 「인식론」 논쟁을 살펴보기로 하겠습니다.

인도 철학에서는 '인식'에 대해서 논할 때 '인식 수단'에 관련된 것들을 얘기했습니다. 여기 나오는 '상키야파'니, '로카야타파'니 하는 생소한 이름들은 신경 쓰지 마시고, 그 안의 내용에만 집중해 주시기를 바랄게요.

> **철학 아카데미** Chapter 5 철학의 분야
>
> ## 3. 인도의 인식론(참고)
>
> **(1) 상키야파** : 직접 지각, 추론, 신뢰할만한 사람의 말. 이 세 가지만 인정
>
> **(2) 로카야타파** : 직접 지각만 인정
>
> **(3) 불교 · 바이세시카파** : 직접 지각, 추론만 인정
>
> **(4) 니야야파** : 직접 지각, 추론, 유추, 신뢰할만한 사람의 말. 이 네가지를 인정
>
> **(5) 미망사파[바타파]와 베단타파**
> : 직접 지각, 추론, 유추, 신뢰할만한 사람의 말,
> 아르타파티, 비인식. 여섯 가지를 인식수단으로 인정
>
> ※ 아르타파티 : '그것 이외에 생각할 필요가 없다'로 결론을 유도하는 방식
> ※ 비인식 : 존재하지 않는 것에 관한 인식

(1) 상키야파

이 학파는요, 인식 수단을 세 가지로 봤습니다.

직접 지각
추론
신뢰할만한 사람의 말

직접 지각이란 감각기관을 통해서 직접 인식하는 것을 말합니다. 이렇게 안경이 있으면, (안경을 만지면서) 이렇게 안경을 만져 보고 느껴

야 인식한다. '직접' 만지고 보고 듣고 맛보고 냄새 맡고 느끼면서 '지각'한다. 그래서 '직접 지각'이라고 하는 거예요.

추론. 제가 아까 '추론'은 곧 '사변'이라고 설명했던 거 기억하시죠? 가만히 앉아서 생각만으로 결론을 내리는 것, 그게 '추론'입니다.

신뢰할만한 사람의 말. 이건 더 설명하지 않아도 이해되시죠? 내가 신뢰하고 있는 사람이 내가 모르는 것에 대해서 "그건 이거다"라고 했을 때, 내가 그 사람의 말을 통해서 알게 되는 것. 그래서 '신뢰할만한 사람의 말'을 인식 수단으로 본 겁니다.

여러분은 여기서 그냥 "아, 인식 수단이라는 얘기가 저런 거였구나." 생각하고 넘어가시면 됩니다. '인식'은 아는 것! 그러니까 '어떤 걸 알아내는 방법 혹은 수단'이 '인식 수단'인 거예요. 그 '인식 수단'을 상키야파는 **직접 지각, 추론, 신뢰할만한 사람의 말** 세 가지라고 본 거죠.

'인식 수단'에 대한 설명은 이렇게 할 수 있겠죠?

인식 수단
1. 우리는 어떻게 아는가?
2. 우리가 어떤 것을 아는 방법은 무엇인가?
3. 우리가 어떤 것을 알게 되는 절차는 어떻게 되는가?

> ★ 철학 아카데미 Chapter 5 철학의 분야
>
> ## 3. 인도의 인식론(참고)
>
> (1) 상키야파 : 직접 지각, 추론, 신뢰할만한 사람의 말. 이 세 가지만 인정
>
> (2) 로카야타파 : 직접 지각만 인정
>
> (3) 불교 · 바이세시카파 : 직접 지각, 추론만 인정
>
> (4) 니야야파 : 직접 지각, 추론, 유추, 신뢰할만한 사람의 말. 이 네가지를 인정
>
> (5) 미망사파[바타파]와 베단타파
> : 직접 지각, 추론, 유추, 신뢰할만한 사람의 말,
>   아르타파티, 비인식. 여섯 가지를 인식수단으로 인정
> ※ 아르타파티 : '그것 이외에 생각할 필요가 없다'로 결론을 유도하는 방식
> ※ 비인식 : 존재하지 않는 것에 관한 인식

(2) 로카야타파

이 학파는 '인식 수단'으로 **직접 지각** 하나만 인정해요. 이 학파는 유럽 철학의 '경험주의의 입장'보다 훨씬 더 철저한 **경험절대주의**적 입장이라고 볼 수 있죠?

앞에서 '경험주의'에 대해서 배울 때, "경험을 통하지 않으면 알 수 없다"였죠? 그래서 **경험절대주의**라고 표기해야 정확한 표현이라고 했던 거 기억나시죠?

김정수 네~

신기하죠? 인도에 이런 철학 학파가 있었고, 여기에서 '인식 수단'에 대해 정의를 내렸던 겁니다. 대단하지 않습니까? 제가 왜 그토록

'선험' '경험', 그리고 '상대주의' '절대주의' 얘기에 공을 들였는지를 아시겠죠?

여러분은 철학 공부를 할수록 점점 더 '선험' '경험', 그리고 '객관주의' '절대주의'의 중요성과 「인식론」이 왜 철학에서 연구되어야 하는가 하는 점을 깨닫게 되실 거예요.

> ★ 철학 아카데미   Chapter 5   철학의 분야
>
> ### 3. 인도의 인식론(참고)
>
> **(1) 상키야파** : 직접 지각, 추론, 신뢰할만한 사람의 말. 이 세 가지만 인정
>
> **(2) 로카야타파** : 직접 지각만 인정
>
> **(3) 불교·바이세시카파** : 직접 지각, 추론만 인정
>
> **(4) 니야야파** : 직접 지각, 추론, 유추, 신뢰할만한 사람의 말. 이 네가지를 인정
>
> **(5) 미망사파[바타파]와 베단타파**
> : 직접 지각, 추론, 유추, 신뢰할만한 사람의 말,
> 아르타파티, 비인식. 여섯 가지를 인식수단으로 인정
>
> ※ 아르타파티 : '그것 이외에 생각할 필요가 없다'로 결론을 유도하는 방식
> ※ 비인식 : 존재하지 않는 것에 관한 인식

(3) 불교·바이세시카파

이 두 학파는 **직접 지각**과 **추론** 두 가지만 '인식 수단'으로 인정했습니다. 이 학파의 독특한 점은 '신뢰할만한 사람의 말'을 '추론'에 포함된다고 봤던 겁니다.

(4) 니야야파

이 학파는 '인식 수단'에 **직접 지각, 추론, 유추, 신뢰할만한 사람의 말**, 네 가지가 있다고 봤습니다.

(5) 미망사파[바타파]와 베단타파

이 학파는 **직접 지각, 추론, 유추, 신뢰할만한 사람의 말** 이 네 가지에 **아르타파티**와 **비인식** 두 가지를 '인식 수단'에 추가했어요. 여기 첨가된 두 가지 얘기는 다음 기회에 더 설명을 하는 걸로 하고 강의를 마무리하겠습니다.

이쯤이면 「인식론」이 무엇을 연구하는 철학인지 느낌이 조금 오셨어요?

아리스토텔레스가 『형이상학』 맨 첫 문장에 인간이 지닌 '앎의 기쁨'에 대해 언급한 이유가, "인간은 앎의 기쁨을 누리는 지성적[이성적]인 존재"라는 걸 제일 먼저 강조하고 싶어서가 아니었을까요?

'우리가 어떤 것을 알 때, 무엇을 통해서 아는가?'에 대해서 탐구하는 학문이 철학에서 「인식론」분야입니다. 그리고 그 방법이 왜 옳은가 또는 틀린가를 논하는 분야입니다. 또한 '그 앎이 정확한 것인지 어떻게 알 수 있는가?'를 탐구하는 학문이 「인식론」입니다. 그러니까 '인식'에 관한 모든 것을 탐구하는 학문이 바로 「인식론」인 겁니다.

이제, 본 수업, 철학개론 강의는 끝났습니다.

시간이 많이 늦어진 관계로, 한 20분 정도 여러분과 얘기를 나누고 마치겠습니다.

다까라　전두엽 쪽으로 피가 쏠리는 느낌
KV　ㅎㅎ다까라님^^

전두엽 쪽으로 피가 쏠리는 느낌. 다까라님 표현 너무 재밌네요~ ^^

3 | 스스로 생각해보기

제가 설명한 인도 철학 중에서 「인식론」에 대한 각 학파의 입장을 살펴보고 나니 「인식론」이 왜 중요한지 짐작이 되시죠?

강의가 끝난 다음 이런 생각을 해 보시기 바랍니다. 〈우리가 배우지 않고도 아는 게 있네? 어? 그럼, '선험'이 있네? 잠깐? 그러면 '선험'이 있는 건데 '경험절대주의'는 왜 '선험'이 없다고 생각하게 된 걸까?〉 이렇게 말입니다.

그리고 조금 더 나아가서 〈그렇다면 우리는 어떻게 해서 '선험'을 가지고 있게 된 걸까?〉 이렇게 말입니다. **선험, 경험, 이성중심주의, 경험절대주의**에 대해서 배웠으니까요.

그리고 인도 철학의 「인식론」에 대해서 배웠으니까, 〈'인식의 방법', 즉 '인식 수단'은 더 없을까?〉 이런 생각을 해보시기 바랍니다.

더 나아가 〈잠깐만? '추론'하고 '유추'는 같은 거 아니야?〉라는 생각도 해보시고, 〈'신뢰할 만한 사람의 말'은 '추론'하고 다른 거 아닌가? 그럼 이 학파의 말은 옳지 않은데?〉라는 생각도 해보시길 바랍니다. 그리고 또 〈'신뢰할 만한 사람의 말'을 별개의 '인식 수단'으로 보지 않고, '추론'에 넣는 게 맞지 않나?〉 이런 생각도 한번 해보시길 권합니다.

이번 철학개론 강의가 끝난 다음, 여러분이 위와 같은 생각을 하게 되면, 제가 한 강의는 성공한 겁니다. 철학개론 강의의 목적이 철학적 주제에 대해 생각해 보는 것이거든요. 지금까지 저를 따라 숨 가쁘게 달려오시느라 고생하셨습니다. 철학개론 강의를 듣고 난 다음 여러분들의 마음에 뭔지 모를 충만감이 느껴지셨다면 절반은 성공한 거고요.

강의 후기

`Epilogue`

강의 들은 후 어땠나요?

이상 오늘 수업을 마치겠습니다. 그냥 바로 강의를 마치면 아쉬우니까, 여러분과 얘기를 나눠보는 시간을 가져 볼게요.

오늘 저하고 이렇게 철학 수업을 해 보셨는데, 어떠셨어요? 아! 이렇게 질문하면 너무 막연하니까, 질문을 바꿔 볼까요? 질문이 명확해야 답도 명확하게 돌아오죠. 제가 한 강의 중에 어떤 부분이 제일 마음에 드셨어요?

다까라　ㅋㅋㅋ선험 블랙홀에 빠짐 ㅡ,ㅡ

선험 블랙홀에 빠지셨군요. 아주 좋습니다. 경험하지 않으면 알 수 없다고 생각해왔다면 그럴 겁니다.

다까라　난 어떤 부류지…

이제부터 고민하시면 됩니다. 다까라님. '선험'을 절대 인정하지 않고, 오로지 '경험'만 인정하는 **경험절대주의자**가 될 것인지, 아니면 '선험'도 인정하는 **이성중심주의자**가 될 것인지 말입니다.

또 다른 분들은요? 강의 중에 어떤 게 가장 좋으셨어요?

KV　지금 이 시대가 상대주의와 절대주의의 대결 같은 느낌이 듭니다.

Epilogue

KV님, 잘 보셨습니다. 지금 같은 상태가 계속 있어 왔는데, 제일 심했던 게 고대 그리스 아테네였고, 르네상스 시기였고, 그리고 지금 현재죠.

엘라이온 각자의 선험과 경험에 관한 생각 나누는 부분요~~
다른 분들의 생각을 듣는 기 잼나네요^^

그렇죠? 다른 분들의 생각을 듣는 것도 재미있죠!

김정수 철학사적 배경을 모르면 그 어떤 철학도 이해하기 힘들다는 말이 가장 가슴에 와 닿습니다.

아~ 그러셨군요.

다까라 강의 중 인식 부분이랄까요.

아! 그 부분이 가장 인상 깊으셨군요.

그러니까 여러분, 자신을 철학자라고 내세우는 사람들이라면 오늘 제가 한 이런 얘기를 해야 하는 게 맞죠? 자칭 철학자입네 떠들면서 어떻게 적국의 간첩질을 하는 정치인들의 나팔수 역할을 합니까? 말도 안 되죠.

그러니까 이런 현상, 지금 TV 나와서 철학의 '철'자도 모르면서 자칭 철학자라고 나대는 이런 인간들이 있는 현상은 셋 중 하나죠. 하나는 언론방송 관계자들이 철학이 뭔지 모른다. 다른 하나는 자칭 철학자라고 나대는 인간들이 언론방송에 돈을 뿌려서 자기가 출연할 수 있는 시간을 샀다. 마지막 하나는 우리 눈에 보이지 않는 시스템 설계자가 그 가짜 철학자들을 유명인으로 키워 철학이 뭔지 모르게 하기 위해, 즉 우리 머릿속을 혼란에 빠뜨리기 위해 압력을 넣어 출연시키게 했다. 즉 페이백 스타로 키웠다.

_{payback (투자한)자금 회수. 키워주고 그것을 갚는 형태 (보통 재단의 기부형태 등으로)}

박라니 선험과 경험 그리고 상대주의와 절대주의요.

아, '선험'과 '경험' 그리고 '상대주의'와 '절대주의' 그 얘기가 좋으셨군요. 좋습니다.

북극성 전체가 ~다 좋았어요~

전체가 다 좋으셨다니, 고맙습니다~

제가 앞으로 이번 철학개론 강의를 엮어서 책으로 낸 다음, 다시 〈챕터 1〉부터 〈챕터 5〉까지의 내용을 조금 더 자세하게 담아서 책을 낼 예정입니다.

그럼 마지막으로 여러분께 요청 하나 하고 강의 창을 닫겠습니다. "뭐가 더 알고 싶다", "이런 부분은 좀 더 깊게 들어갔으면 좋겠다" 같은 제안이나 질문들을 【폴라스타 채널】 게시판에 남겨 주셨으면 좋겠어요.

Epilogue

박라니 막연하게 생각한 부분들을 마주하니 생각이 많아지네요.

아, 박라니님, 그러셨군요. 다른 분들도 그러시죠? 이제 내일 아침이 되면, 뭔가 생각이 다양해지고 깊어졌다는 것을 느끼게 되실 겁니다.

다까라 지금 깨달아야 할 부분들이 많아 그냥 선생님을 따라가겠습니다.

네, 알겠습니다. 고맙습니다.

다까라 우선 저의 당장 과제는 선험과 나? ㅋㅋㅋ

선험과 나. 다까라님 고민할 철학적 주제가 생기셨네요. 좋습니다!

KV 아는 게 없으니 질문도 요청도 못할 듯요~^^

아, 그래요? KV님! (채팅창 위를 훑어본다) KV님은 여기 댓글로 "이 시대가 '상대주의'와 '절대주의'의 대결 같은 느낌이 든다"고 얘기하셨네요. 그러면 '상대주의'와 '절대주의'를 알게 되신 거죠. 그렇죠?

KV 네~

혹시 여러분 중에 이번 철학개론 강의를 들으시면서 뭔지 모를 충만감 느끼신 분들 계신가요?

다까라 만땅입니다.

아주 좋습니다. 이제 3분 뒤에 방송 창을 닫을 거예요. 다른 분들은 또 하실 말씀 없으세요?

정치이야기 네. 충만감 최고예요~ ^^

충만감이 드는 것, 굉장히 중요합니다. 정신적 충만감은 사람을 행복해지게 만들거든요.

다까라 오늘 대개 어려울 줄 알았는데, 머리가 생각이 만땅이에요.
박라니 철학이 재미있으면서도 머리는 풀가동해야 하는군요…

네, 박라니님, 그렇습니다. 제가 사실 먹는 음식의 양이 굉장히 많은데, 그 먹는 양에 비하면 살이 안 찌는 편이거든요? 그게 아마 이렇게 뇌를 풀가동해서 작업하는 경우가 많아서 그런 게 아닌가 싶습니다. (웃음)

엘라이온 본유, 외래, 인위 등등 첨 들어본 단어가 많아요——

자칭 철학자입네 하는 사람들은 제가 오늘 강의했던 내용을 얘기해야 최소 철학교수라고 자칭할 수 있는 겁니다. 강신주 도올 최진석 진중권 다 거기서 거기인데요, 대중의 입맛에 맞춘답시고 가볍고 달콤한 말들만 늘어놓으면서 철학을 철학이 아닌 말장난? 이것저것 다 끌어모아 놓은 잡탕, 아니면 날라리 도사 흉내나 내면서 철학을 이상한 것으로 만들어 버렸어요. 참으로 분노해야 할 지점입니다.

Epilogue

오늘 제가 한 유럽 철학 개론 강의를 듣고, "아, 철학이 이런 거였구나" 혹은 "아, 철학이 그래서 굉장히 어려운 거였네"라는 것만 알게 되셔도 사실은 엄청난 겁니다.

KV 네.
다까라 감사합니다. 행복해요^^ 편안한 밤 되세요.
정치이야기 네. 긴 시간 뜻 깊은 강의해주셔서 감사합니다.
엘라이온 고맙습니다.
김정수 행복한 시간이었습니다. 감사합니다.

그러면 강의를 마치겠습니다.

여러분, 오늘 정말 고생하셨어요. 그리고 다시 한 번 더 축하드립니다. 이 멋진 철학의 세계에 오신 것을 말입니다.

다까라 넹. 감사합니다.
KV 긴 시간 수고 많으셨습니다. 감사합니다.~^^

철학 공부가 어려운 이유
일곱 번째

> Addition 철학 공부가 어려운 이유 일곱 번째

철학 공부가 어려운 이유 일곱 번째

1. 추상적 개념을 다루기 때문에
2. 철학자마다 다른 언어를 사용했기 때문에
3. 역사적 배경을 알아야 하기 때문에
4. 제너럴리스트여야 하기 때문에
5. 철학사적 배경을 알아야 하기 때문에
6. 종교철학과 종교전쟁을 알아야 하기 때문에

7. 엄밀함, 명료함, 치열함, 올바른 논리 추구의 자세가 필요하기 때문에

철학은 **엄밀함**, **명료함**, **치열함** 그리고 **올바른 논리 추구** 이 네 가지의 자세가 필요한 학문이기 때문에 어렵습니다.

어쩌면 〈철학이 어려운 이유〉 중 이 일곱 번째 내용이 가장 어려운 것이 될 지도 모르겠습니다. 그래서 철학개론 강의에서는 이 내용을 일부러 뺐습니다. 하지만 책으로 엮을 때는 꼭 들어가야 할 것 같다는 생각에 인쇄 전날 출판사에 원고를 보냈고, 그래서 출간이 더 늦어지게 되었습니다. 이 점 죄송하게 생각하고 있습니다.

만약 철학 공부가 어려운 이유 일곱 번째 부분이 어렵게 느껴진다면, 이 부분만 세 번 이상 읽는 것을 권합니다.

그럼 철학이 어려운 이유 일곱 번째 내용을 시작해 보겠습니다.

철학을 공부하기 위해서는 반드시 지니고 있어야 할 자질들이 있습니다. 저는 그 중 엄밀함, 명료함, 치열함 그리고 올바른 논리 추구 이 네 가지가 가장 중요하다고 봅니다. **엄밀함**은 단어 선택에서 세밀한 부분까지 놓치지 않는 것을 의미하고, **명료함**은 분명하게 구분하고 명확하게 드러내 보이는 것을 의미합니다. 그리고 **치열함**은 천착과 비슷한 말로 끈기 있게 계속해서 집중하고 탐구하는 자세를 말합니다. 마지막으로 **올바른 논리 추구**는 논리적 정합성과 유사한 말로 자신의 발언과 글의 형식이 올바른지를 살펴보고, 그 내용 또한 모두 참인지를 점검하는 자세를 의미합니다.

우리 대부분은 엄밀함, 명료함, 치열함 그리고 올바른 논리 추구 이 네 가지의 자세가 중요하다는 것을 잘 모릅니다. 그 어디에서도 중요하다고 배운 적이 없기 때문이죠. 그러니까 여러분이 엄밀함, 명료함, 치열함 그리고 올바른 논리 추구의 중요성을 모르고 살아온 건 너무도 당연한 겁니다. 여러분의 잘못이 아닌 교육 시스템과 교육학자들과 철학자들, 그리고 교육정책입안자들의 잘못이니까요.

> **Addition** 철학 공부가 어려운 이유 일곱 번째

1 | 엄밀함

먼저 **엄밀함**부터 말씀드릴게요. 엄밀함이 적용되어야 할 곳은 모든 분야, 모든 상황입니다. 많은 사례를 들어 설명하면 좋겠지만, 지면 관계상 그 중 가장 중요한 부분인 **단어 선택의 엄밀함**에 대해서만 말씀 드리겠습니다.

먼저, 발언 내용에서 어떤 단어를 사용할 때, 특히 중요점을 두는 단어만큼은 어떤 의미로 사용하는지를 정확하게 정의(定義)한 다음에 사용해야 합니다. 뜻을 정확하게 알고 사용해야 한다는 얘기입니다. 하지만 이런 원칙을 지킨 사람은 많지 않습니다. 심지어 철학자들조차도 말입니다.

플라톤 대화편들을 읽어 보신 분들은 잘 아시겠지만, 그 책들을 읽는 게 어렵습니다. 그 이유는 주인공인 소크라테스가 대화 혹은 논의에서 '단어 선택의 엄밀함'을 추구하기 때문입니다. 엄밀함을 배우지 못한 사람은 엄밀함이 어떤 것인지를 잘 모르기 때문에 어려울 수밖에 없습니다. 처음 접한 것은 낯설고 익히기 어렵기 때문입니다.

단어에 엄밀함을 적용하는 것은 파르메니데스가 시작했고, 플라톤과 아리스토텔레스에서 정점을 이룹니다. 그리고 플라톤의 책 『프로타고라스』와 『소피스트』는 그 중 최고라고 할 수 있습니다.

첫 번째 예를 들어 엄밀함을 설명해 보겠습니다. 플라톤의 책 『소피스트』에서는 비슷해 보이는 '철학자'와 '소피스트'를 구분하기 위해 논의를 진행합니다. 내용을 전부 다 얘기하면 너무 길어지므로 여기에서는 엄밀함이 적용되는 부분 중 몇 가지만 언급하겠습니다.

『소피스트』 첫 부분에서 플라톤은 '논박의 신'이라는 별명을 가진 엘레아에서 온 '손님'을 통해 세 가지의 엄밀함을 보여줍니다.

(1) '소피스트'와 '철학자'라는 이름을 구분해서 사용하는 이유는 다르기 때문에 구분해서 부르는 것이다.

(2) 그 둘의 무엇이 다른지 찾아내기 위해 기술의 종류를 구분해 보자.

(3) 그 둘에 대해 올바른 정의를 내리기 위해서는 올바른 논증과 올바른 논의가 필요하다: 논증하는 방법들과 논의하는 방식들을 구분함

플라톤은 『소피스트』에서 진짜 소크라테스와 외모도 지적인 것도 소크라테스를 닮은 젊은 기하학자 테아이테토스와 소크라테스와 이름만 같은 소크라테스를 등장시켜 (1) 닮아 보이는 단어를 올바르게 정의내리기 위해 (2) 기술의 종류를 구분하며, (3) 논증 및 논의 진행 방식에서까지 엄밀함을 추구하고 있습니다.

앞에서도 말씀드렸습니다만, 만약 이 글이 복잡하고 어렵게 느껴지고 심지어 머리까지 아프셨다면, 지금까지 단 한 번도 엄밀함에 대한

Addition 철학 공부가 어려운 이유 일곱 번째

훈련을 받아 본 적이 없기 때문입니다. 엄밀함을 배우지 못한 사람이 생전 처음 엄밀함을 만나면 복잡하고 어렵게 느끼는 건 너무도 당연합니다. 그러니 안심하시길 바랍니다.

여기까지 읽었는데 어렵고 복잡하고 머리 아프고 졸리는 것 같은 느낌이 드는 분들이 계시면, 이 부분에서 멈추고 다시 '철학이 어려운 이유 일곱 번째'의 첫 부분으로 돌아가셔서 다시 읽어보시기 바랍니다.

두 번째 예를 들어 엄밀함을 설명해 보겠습니다. 철학에서는 '이성'과 '감정' 이 둘을 다른 것으로 여기고 완전히 분리시키죠. 그러고 나서 '이성'은 완벽하고 합당하고 올바른 것으로 만들었습니다. 문제는 (1) '이성'과 '감정'에 대해 명확하게 정의내리지 않고 사용한 경우가 많다는 것이고요, (2) '이성'과 '감정'을 왜 구분했는지에 대한 설명이 없다는 겁니다. 그리고 (3) '이성'과 '감정'이 왜 정반대의 것으로 취급받게 되었는지에 대한 논증도 없고요.

뿐만 아니라 (4) 수많은 철학자들과 철학도들은, 이런 점에 대해 문제를 제기하지 않고, (5) 그것이 사실인 것처럼, 증명된 이론인 것처럼 떠받들어 왔습니다.

'이성'과 '감정'에 대해 엄밀함을 적용한 결과 다섯 가지의 문제가 있다는 것을 발견할 수 있습니다.

엄밀함이 중요한 이유입니다.

2 | 명료함

그 다음 **명료함**에 대해서 살펴보겠습니다. 애매함과 모호함을 제거하고, 분명하게 구분해서 명확하게 드러내 보이는 것을 가리킵니다. 그렇기 때문에 **명료함**도 **엄밀함**처럼 모든 분야, 모든 상황에 적용되어야 하는 중요한 자세입니다.

명료함을 설명하기 위해 먼저 '생명'이라는 단어를 예를 들어 생각해 보겠습니다. '생명'은 '살아서 숨쉬고 활동할 수 있게 하는 힘'이라고 정의합니다. 이게 명확한 정의 같아 보이시나요?

제가 여기서 질문을 해보겠습니다. '살아서 숨쉬고 활동할 수 있게 하는 힘'이라고 하는 정의 중에서 '살아서'가 의미하는 건 뭐죠? 그것을 '스스로 움직이는 것'이라고 정의를 내려도 괜찮겠지요? 그렇게 되면 스스로 움직이는 '바람'은 생명을 가진 존재가 됩니다. 그리고 그 바람을 구성하고 있는 '공기'도 생명을 가진 존재가 되고요. 또한 그 공기를 구성하고 있는 산소 질소 수소 같은 '원자'도 생명을 가진 존재가 됩니다.

그런데 우리는, 특히 과학에서는 '바람'도, '공기'도, 공기의 구성 원자들도 살아 있는 존재, 즉 '생명'을 가진 존재라고 여기지 않습니다. 바람, 공기, 공기의 구성 원자들이 스스로 움직이는 존재인데 말입니다. 어떻게 된 일일까요?

Addition 철학 공부가 어려운 이유 일곱 번째

다음 반대의 예를 들어서 살펴보겠습니다. '생명'의 반대말은 '죽음'이죠? '죽음'은 '생명을 잃은 것' 혹은 '생명이 없어진 상태'라고 정의를 내립니다.

그럼 이번에는 이를 바탕으로 다른 질문을 해보겠습니다. '생명'에 대한 정의에서 질문한 것과 같은 종류로요. '죽음'은 '생명'의 반대말이므로 '스스로 움직이지 않는 것'을 의미합니다. 우리가 흔히 볼 수 있는 '스스로 움직이지 않는 것' 중에 '흙 혹은 땅'이 있죠? 이 논리대로라면 '흙 혹은 땅'은 스스로 움직이지 않기 때문에 죽은 존재입니다. 그리고 흙[땅]을 구성하고 있는 '입자'들과 그 입자들을 구성하고 있는 '원자'도 죽은 존재가 됩니다.

그런데 우리는 '흙[땅]'을 죽은 존재라고 생각하지 않습니다. 오히려 우리에게 생명을 주는 존재라고 여기고 있지요. 모든 생명이 흙에서 영양분을 얻어 생명을 유지하고 있다는 것을 알기 때문입니다. 어떻게 된 일이죠?

여기서 하나 더 질문을 추가해 볼까요? 바람, 즉 공기 중에 있는 원자는 땅에도 있습니다. 바람[공기] 안에 있는 원자는 살아 있는데 '흙 혹은 땅'에 존재하는 바람[공기]와 똑같은 성분인 원자는 죽은 존재가 될 수 있을까요? 살아 있지만 죽은 것이다? 죽은 존재지만 생명을 지녔다? 이런 말도 안 되는 결론이 나옵니다. 어떻게 된 일이죠?

명료함이라는 잣대를 들이대면 겉으로는 그럴듯하게 번지르르하고 화려해 보이지만, 실상은 애매모호하고 말도 안 되는 것임을 발견할 수 있게 됩니다. 그리하여 다른 사람의 지식을 암기해 자신의 지식인 양 뽐내는 사람들에게 속지 않고, 그런 이들이 허영심에 찌든 가짜 지식인 혹은 사기꾼이라는 사실을 분명하게 구별해 낼 수 있습니다.

명료함은 '애매함과 모호함을 제거하고, 분명하게 구분해서 명확하게 드러내 보이는 것을 가리킨다'고 서두에서 말씀드렸습니다. 그러니까 명료함을 유지하기 위해서는 애매하고 모호한 표현을 제거하고, 분명하고 명확하게 표현하기 위해 최선을 다해 노력해야 하는 거죠.

애매하고 모호한 표현을 제거하고 분명하고 명확하게 표현하기 위해서는 내가 아는 것이 분명하고 명확한 것인가를 먼저 살펴봐야 합니다. 여기에 특히 엄밀함이 적용되야 합니다. 명료하게 만드는 과정에서 내가 혹은 사회가 당연하다고 여기는 것이 과연 분명하고 명확한 것인가까지 검토할 수밖에 없습니다. 이런 태도는 나 혹은 우리 사회가 가진 생각이 틀릴 수도 있다는 전제를 포함하게 됩니다. 이것이 정확하고 올바른 탐구 자세를 견지하도록 이끌고요.

뿐만 아니라 명료함을 유지하기 위해서는 내가 알고 있는 것이 (1) 다른 사람이 알아낸 것을 그저 암기해서 알고 있는 것인지, (2) 다른 사람이 알아낸 것을 기반으로 추론해서 새로운 것을 더 알아 낸 것인지, (3) 다른 사람이 알아낸 것을 기반으로 추론해서 정반대의 것을 알아낸 것인지를 구분하려고 노력해야 합니다.

Addition 철학 공부가 어려운 이유 일곱 번째

우리가 '인용' '참고' '참조'라는 말과 '표절'이라는 단어를 구분해서 사용하는 이유가 바로 이 명료함에 근거해 있습니다. 이런 태도는 자신이 가진 생각이 틀릴 수도 있다고 가정하는 정확하고 올바른 탐구 자세도 가지게 만듭니다.

명료함은 투명성을 유지하려고 하는 태도를 포함합니다. 투명성은 자신의 잘못을 발견했을 때 순순히 인정하고 왜 잘못되었는지 살펴보고 밝혀내는 것을 의미합니다. 음흉하게 의도를 숨기지 않는 것이고, 비겁하게 탓하며 빠져나가지 않는 것이며, 변명하며 합리화라는 방어막에 숨지 않는 것을 의미합니다. 그런 점에서는 정직함이라고 바꿔 말할 수도 있는 게 명료함입니다.

명료하지 못 하다는 얘기는 정확하게 구분해 내지 못 한다는 얘기와 같은 의미가 됩니다. 분명한 것들이 섞여져 희미하게 되고 실체가 뭉뚱그려지게 된다는 얘깁니다. 그렇게 되면 거짓과 참[진실], 허구와 사실의 경계가 무너지게 되고, 극단적으로 표현하면 실체가 없어지게 될 수도 있습니다. 우리가 실체를 정확하게 인식하지 못하고 뭉뚱그려서 받아들이게 되면 우리 머릿속에서는 구체적인 실체를 생각할 수 없게 되는 결과를 낳기 때문입니다.

이렇듯 엄밀함 안에 명료함이 동반되어야, 거짓이 참이 되지 않고, 참이 거짓으로 몰리지 않으며, 허구가 사실이 되지 않으며, 사실이 허구나 거짓으로 인식되지 않으며, 배가 산으로 가는 일이 생기지 않으며, 비행기가 바다로 가는 일이 생기지 않습니다.

명료함이 없으면 엄밀함도 없습니다. 명료함이 사라지면 사기꾼들이 득세하게 됩니다. 거짓말쟁이가 하는 말이 진실로 기록이 되고, 도둑놈들이 부자가 되고, 살인자들이 권력을 잡게 됩니다.

엄밀함이 없으면 명료함도 없습니다. 엄밀함도 명료함도 없는 자들은 플라톤이나 아리스토텔레스 같은 대 철학자의 말 몇 구절을 외워서 마치 자기가 한 말인양 떠들면서 자칭 철학자라고 나대게 됩니다. 자신이 외우고 있는 것이 남의 것이 아니라 자기 것이라고 착각하게 되었기 때문입니다. 우리에게 명료함이 없으면 자칭 철학자라고 나대는 사기꾼들을 철학자라고 여기며 숭배하고 따르게 됩니다. 절대 그런 일이 있으면 안 되겠지요? 명료함이 중요한 이유입니다.

우리에게 명료함이 없으면 거짓이 진실의 옷을 뒤집어쓰고 판치는 세상, 거짓이 가득한 세상이 됩니다. 참과 거짓, 진실과 거짓, 사실과 허구를 명료하게 구분하려고 노력하지 않으면 누구의 말도 믿을 수 없는 허망한 사회가 되어 버립니다.

명료함을 지키려고 노력해야 바르게 생각할 수 있습니다. 그래야 우리는 온전한 사람, 진실된 사람으로 살 수 있습니다. 이런 이유로 우리는 명료함을 지키려고 노력해야 합니다.

명료함이 중요한 이유입니다.

> Addition 철학 공부가 어려운 이유 일곱 번째

3 | 치열함

천착과 집중력을 포함한 말입니다. 즉, 끈기있게 그리고 집중적으로 탐구하는 자세가 **치열함**입니다. 아무리 힘들고 어렵더라도, 아무리 시간이 오래 걸리더라도, 반드시 알아내고 말리라, 반드시 풀고 말리라, 반드시 해결하고 말리라. 이런 자세가 치열함입니다.

엄밀함과 명료함을 유지한다는 것은 바로 치열함을 의미합니다. 치열한 자세를 유지하지 않으면 엄밀함도 명료함도 존재할 수 없습니다. 치열함이 없으면 중요한 문제, 복잡한 문제, 까다로운 문제, 복합적인 문제를 해결해 낼 수 없습니다. 뿐만 아니라 새로운 것[작품, 물건 등]을 만들어 낼 수도 없습니다.

치열함이 중요한 이유입니다.

4 | 올바른 논리 추구

올바른 논리 추구는 논리적 정합성을 유지하는 자세를 의미합니다. 앞에서 한 말과 뒤에서 한 말이 어긋나지 않는 것이 논리적 정합성입니다. 그리고 잘못된 논증을 하고 있는 건 아닌지 늘 점검하는 자세를 유지하는 것을 의미합니다.

그리고 논리학에서 말하는 '건전한 논증', 즉 형식에서도 내용에서도 오류가 없는 논증, 내용도 참, 전제와 결론으로 가는 형식도 모두 참인 논증을 가리키는 말입니다.

> ★ 참고: 논증 세 가지 ★
>
> 1. 건전한 논증: 전제도 참, 결론도 참
>
> 2. 타당한 논증
>   (1) 한 전제는 참, 한 전제는 거짓, 결론은 거짓
>   (2) 한 전제는 참, 한 전제는 거짓, 결론은 참
>   (3) 두 전제가 거짓, 결론은 참
>   (4) 두 전제가 참이고 결론이 참 → 건전한 논증
>
> 3. 부당한 논증
>   (1) 두 전제가 참, 결론은 거짓
>   (2) 두 전제가 참, 결론은 참
>   (3) 두 전제가 거짓, 결론은 참
>   (4) 한 전제는 참, 한 전제는 거짓, 결론은 참

> **Addition** 철학 공부가 어려운 이유 일곱 번째

엄밀함과 **명료함**과 **치열함**은 반드시 **올바른 논리**를 통해야 합니다. 그래야 올바른 결론에 이르게 되기 때문입니다.

엄밀함 안에는 '분명하게 구분하고 명확하게 드러내 보이는' 명료함이 포함되어 있습니다. 그리고 '무슨 일이 있어도 반드시 해내고 말리라'는 치열함과 '잘못된 논증을 하고 있는 건 아닌지 찾아내는 작업'인 올바른 논리 추구 작업까지 다 포함되어 있습니다. 엄밀함이 없다면 명료함도 있을 수 없고, 치열함도 있을 수 없으며, 올바른 논리 추구 또한 있을 수 없죠. 엄밀함이 모든 올바른 태도를 이끌어낸 자세입니다. 그래서 엄밀함을 제일 먼저 언급한 겁니다.

하지만 엄밀함을 언급하면서 명료함과 치열함 그리고 올바른 논리 추구 작업을 구분하지 않은 채, 나머지 세 가지가 엄밀함이라는 단어 안에 포함되어 있다고 설명하면, 명료함을 잃게 되는 결과가 나올 수 있습니다. 그렇게 되면 생각도 뭉뚱그려지기 때문에 엄밀함을 무너뜨리는 결과가 발생할 수도 있습니다. 그런 이유로 저는 **엄밀함**과 **명료함**, **치열함**과 **올바른 논리 추구**, 이렇게 네 가지로 **구분을** 했습니다.

공교육에서 가르치지 않으니 모를 수밖에 없었다

철학 공부가 어려운 이유는 그 어디에서도 **엄밀함, 명료함, 치열함** 그리고 **올바른 논리 추구** 자세를 배우지 못했기 때문입니다. 이건 여러분의 잘못도, 그리고 여타의 학자, 선생, 교수들의 잘못도 아닙니다. 인간을 기계와 대치시킨 유럽의 산업화 세력과 그것을 도입한 일제 식민지 치하에서 만들어진 공교육의 주입식 암기 교육*, 성적순 서열화 교육시스템**의 잘못입니다.

---

* 주입식 암기 교육

　파편화되고 분절화된 쪼가리 지식을 강제로 암기시키는 교육

** 성적순 서열화 교육시스템

　누가 더 정확하게 암기했는지 선별해내는 시험 제도를 통해 성적을 매긴 다음, 서열을 세워, 최상위 등급에 오른 학생들만 인정하고 나머지 학생들은 버리는 잘못된 공교육 시스템

강제로 주입된 쪼가리 지식에 대한 암기력 테스트만 하는 이런 잘못된 공교육 시스템은 우리를 시험 성적에만 매달리게 했습니다. 시험 성적을 잘 받기 위해 죽어라 외우는 일에만 몰입해야 했죠.

〈공부=암기〉라는 인식 때문에 우리는 생각하는 습관이 사라졌습니

Addition 철학 공부가 어려운 이유 일곱 번째

다. 공부를 하는 것 자체를 싫어하게 됐습니다. 아무도 우리에게 생각하는 법을 알려주지 않았습니다.

우리는 엄밀함과 명료함, 치열함과 올바른 논리 추구의 자세를 그 어디에서도 배울 수 없었습니다. 그렇기 때문에 우리는 엄밀함, 명료함, 치열함, 그리고 올바른 논리 추구, 이 네 가지가 우리 인생에서도 학문에서도 얼마나 중요한지 전혀 알 길이 없었습니다.

다시 한 번 더 말씀드립니다. 여러분이 엄밀함, 명료함, 치열함, 그리고 올바른 논리 추구, 이 네 가지를 모르는 것은 너무도 당연한 것이며, 절대 여러분의 잘못이 아니라는 얘기입니다. 그러니 이것에 관련해서는 자기 비하도, 자책도 하시면 안 됩니다. 잘못된 반성이니까요. 잘못된 반성은 자존감을 무너뜨립니다. 명심하시기 바랍니다.

이제 여러분은 이 책, 『철학개론』을 통해 엄밀함, 명료함, 치열함, 올바른 논리 추구의 중요성을 알게 되었으니, 지금부터는 이 네 가지를 지키려고 노력해야 합니다. 그래야 올바르게 생각할 수 있고, 그래야 사람다운 사람이 될 수 있습니다. 그래야 우리나라가 선진문명을 지닌 대한민국으로 다시금 우뚝 설 수 있습니다.

철학은 다른 모든 학문을 파생시킨 학문입니다. 모든 학문의 어머니죠. 철학은 곧 학문이었습니다. 그런 이유로 철학을 공부해야 다른 학문을 공부하는 것도 쉬워진다는 얘깁니다. 바꿔 말하면 철학을 공부하지 않은 채 다른 학문을 접하게 되면 철학을 공부했을 때보다 더 어려워진다는 얘기가 됩니다.

대학의 철학과에서조차 엄밀함, 명료함, 치열함, 그리고 올바른 논리 추구의 중요성을 가르치지 않습니다. 플라톤과 아리스토텔레스가 추구했던 것이 바로 이 엄밀함, 명료함, 치열함과 올바른 논리 추구의 자세였는데도 그것을 제대로 가르치지 않습니다. 만학의 어머니인 철학이 중심을 못 잡고 아이들에게 사랑을 베풀지 못하니 아이들 모두가 대중의 사랑을 받기 위해 별의별 짓을 다 하고 있게 된 거죠. 철학 없이 다른 학문을 하게 되면 결론이 엉뚱하게 나올 수도 있고 잘못된 길로 갈 수 있습니다. 이것이 현재 학문체계가 가진 가장 큰 문제점입니다. 지금 그런 문제점이 하나둘씩 터져나오고 있죠.

철학을 없앤 자리에 과학이 군림하고 있습니다. 하지만 서두에서도 얘기했듯이, 철학을 배우지 않는 학문은 엄밀하지도 못하고 논리적-올바른 논리라는 의미에서-이지도 않습니다.

거짓에 속지 않기 위해, 참과 진실 그리고 사실이 거짓으로 매도되지 않기 위해 우리는 이제부터 생활 속에서 그리고 모든 생각에서 엄밀함, 명료함, 치열함, 올바른 논리 추구의 자세를 유지하려고 노력해야 합니다. 말할 때나 글을 쓸 때, 사용하는 단어를 정확하게 알고 쓴 건지, 논리는 올바른지, 궤변이 아닌지 등등을 점검하는 노력을 하는 겁니다. 처음에는 어렵겠지만 노력하다 보면 습관이 됩니다. 습관이 될 때까지 노력하면 됩니다.

지금 우리가 공교육에서 배우고 있는 학문은 산업화 이후에 만들어진 학문들입니다. 처음부터 체계를 갖춘 학문이 아니라 그때그때마다 상황에 따라서 나온 학문들이라는 얘깁니다. 그리고 그 학문들이

> **Addition** 철학 공부가 어려운 이유 일곱 번째

아직까지도 체계를 갖추지 못한 상황이고요. 이것은 전적으로 철학에 책임을 물어야 합니다.

인간은 태생적으로 지적인 존재입니다. 아는 것을 기뻐하며, 평생을 배우면서 살아갑니다. 모를 때는 못하지만 알면 할 수 있습니다. 그러니 여러분, 이제부터는 생각을 할 때, 다음 세 가지를 끊임없이 살피시기 바랍니다. 그게 치열함입니다.

〈철학을 제대로 공부하기 위해서 필요한 질문들〉

(1) 내가 한 생각이 엄밀한가?

(2) 명료한가?

(3) 올바른 논리를 추구하고 있는가?

부 록

여섯 가지 증명과 단상들

Appendix 부록: 여섯가지 증명과 단상들

[증명 1]
"철학은 최고 유용한 학문" 증명

철학의 쓸모 있음을 증명하라.

철학은 쓸모없는 학문이라는 견해는 틀렸다. 즉 잘못된 논증이라는 얘기다. 이것은 철학을 연구하는 교수들과 철학자들, 특히 분석철학에게 죄를 물어야 한다.

각 대학에서 철학과를 폐지시키는 것을 아무렇지도 않게 생각하는, 아니 오히려 당연하다고 생각하는 세상에서 우리는 살고 있다. 철학이 쓸모없는 학문이라고 주장하는 사람들이 있기 때문이다. 그들이 철학을 알고 그런 소리를 할까? 아니다. 모르기 때문에 그런 소리를 하는 것이다. 그러니까 "철학 그거 쓸모없어"라고 말하는 것은 역으로 "나는 철학에 대해 무지한 사람이야"라고 자랑하는 얘기가 된다. 이것도 모르고 떠드는 것이다. 얼마나 한심한가? 철학에 대해 아무것도 모르면서 철학을 깔보는 게 정상인가, 비정상인가? 하긴 철학에 대해 아무것도 모르니까 그런 소리를 지껄이는 것이겠지만.

다른 예를 들어보겠다. 과학이 대단한 학문인 줄 알고 – 물론! 대단한 학문 맞다! – 모든 것에 '과학적'이라는 단어 붙이기를 좋아하며, 자기 생각에 반대되는 모든 것을 '비과학적'이라는 단어를 붙여 매도한다. 학문 이름 뒤에 과학이라는 단어를 붙이는 게 유행인 세상이니

Appendix 부록: 여섯가지 증명과 단상들

이해 못 할 바도 아니다.

하지만 이렇게 '과학' 좋아하고 숭배하는 사람들, '비과학적' 딱지 붙이기를 좋아하는 사람들은 과학이 뭔지 알고 그러는 걸까? 아니다. 그들은 철학은커녕 과학조차 모르는 사람들이다. 자기 생각에 반대되는 것들을 '비과학적'이라고 매도하는 행위 자체가 '비과학적인 행위'이기 때문이다. 비과학적으로 생각하기 때문에 비과학적으로 행동하는 것이다. 자신의 행위가 얼마나 과학에 위배되는지도 모른 채, 과학을 추켜올리며 과학 맹신주의에 빠지는 게 정상인가, 비정상인가?

현재 우리 사회에는 왜 이렇게 비정상적인 생각을 하는 사람들이 많아지게 된 걸까? 첫 번째 책임은 철학교수들에게 있다. 철학의 쓸모 있음, 즉 철학의 중요성을 증명해 내지 못했기 때문이다. 그리고 두 번째 책임은 철학이 얼마나 중요한 학문인지를 대중에게 인지시키지 못한 모든 철학자들—근대 철학자로 불리는 데카르트와 로크부터 시작해서—에게 있다.

철학교수와 철학자들의 오만함과 무지 때문에 분석철학 부류처럼 철학자임을 내세우며 형이상학을 없애는 사람들까지 나오게 되었고, 형이상학적 사변을 증오하며 정작 자신은 사변을 늘어놓는 정신병자들이 지천에 깔린 세상이 된 것이다.

또 그렇게 해서 수많은 사람들이 모르는 것을 안다고 착각하며 살게 되었다. 심지어 이제는 이력서뿐만 아니라 대학 졸업장과 석사 박사 학위 증명서까지 위조하거나 돈을 주고 사는 세상이 되어 버린 것이다. 그리고 자신이 그 분야의 최고 전문가인 양 행세하는 일까지 생긴 것이고.

그동안 철학이 놓친, 철학에서 가장 중요한 자세인 엄밀함, 명료함, 치열함, 그리고 올바른 논리 추구를 플라톤과 아리스토텔레스 이후 아무도 알려주지 않다보니 모르면서 안다고 착각하고 전문가 행세를 하며 비전문가를 깔보게 되는 세상이 되었다. 도토리 키 재기. 더 이상 엉망이 되면 안 된다. 건강한 삶을 위해 노력해야한다. 건강한 삶을 사는 척하는 것이 아니라 건강한 삶을 살아야 한다. 건강한 삶을 위해 우리는 정신의 건강을 지켜야 한다. 정신의 건강을 지키기 위해 우리는 제대로 알도록 노력해야 한다. 아는 척하는 것이 아니라, 진짜로 알아야 한다. 그러기 위해서 엄밀함, 명료함, 치열함, 그리고 올바른 논리 추구 자세를 잃지 않아야 한다.

삶에서 엄밀함, 명료함, 치열함, 그리고 올바른 논리 추구를 위해 조금씩이라도 신경을 쓰는 사람들이 늘어난다면, 모든 게 제자리로 돌아가기 시작할 것이다. 이제는 바로잡아야 할 때다.

자신의 무지함도 인지하지 못한 무식한 자들이 시스템의 상층부를 차지하고 앉아 자신들만큼 배우지 못한[학위증명서를 가지지 못한] 이들을 깔보는 일이 없어야 바른 사회, 좋은 사회라고 할 수 있을 것이다. 엄밀함, 명료함, 치열함, 그리고 올바른 논리 추구의 자세를 가지면 이런 엉터리 무식쟁이들이 엘리트 행세를 하는 현상은 사라질 것이다.

아리스토텔레스가 철학을 배우기 전에 반드시 배워야 할 것이 논리학이었다고 주장했다는 것을 상기해야 한다. 2500여년 동안 플라톤과 아리스토텔레스보다 더 뛰어난 철학자가 없었다는 사실도 상기하고. 더 이상 인류 정신 문명의 퇴행은 방치되어서는 안 된다.

※추신

마지막으로 당부 말씀 하나 더 드리겠습니다.

다시 플라톤과 아리스토텔레스로 돌아가서 엄밀함, 명료함, 치열함, 올바른 논리 추구를 익히시기 바랍니다.

철학의 목적은 생각을 바로잡는 것입니다. 플라톤 책을 집어들어 플라톤이 얼마나 치열하게 엄밀함, 명료함, 올바른 논리 추구를 보여줬는지를 읽어내십시오.

[증명 2]

"신이 존재해야 하는 이유" 증명

신의 존재를 확실하게 느끼고 있는 나로서는 불경스러울 수도 있는 이런 말을 할 수밖에 없어서 착잡하지만, 반드시 짚고 넘어가야하는 것이기 때문에 언급하겠다.

신은 반드시 필요한 존재이다. 신의 존재 여부에 관계없이, 그리고 신의 존재 여부에 대한 믿음에 관계 없이, 신은 인간에게 반드시 필요한, 아니 절대적으로 없어서는 안 되는 존재다.

예를 들어 보겠다. '신이 없다'고 믿는다는 것은 사후세계가 없다고 믿는 것이다. 사후세계가 없다고 믿으면 어떻게 될까? 극단적으로 가게 되면 살인하고, 식인할 수 있으며, 다른 사람의 재산을 빼앗고, 육체적 쾌락을 쫓아 살게 된다. 그리고 이 모든 나쁜 짓에 대해 죄책감을 가지지 않아도 된다. 그냥 살다가 죽으면 그만이기 때문이다.

이렇게 되면 우리 인간은 다른 동물과의 경계가 없어진다. 그런데 생각해 보자. 우리 인간은 다른 동물과 똑같은 존재인가? '인간과 동물은 같은 존재'라는 원칙이 참이라면, 우리는 개 돼지 원숭이와 같은 존재가 되며, 개미나 벌과 같은 존재가 되고, 심지어는 애벌레나 곤충과 같은 존재가 된다.

Appendix 부록: 여섯가지 증명과 단상들

　신의 존재를 부정하는 사람들은 그렇게 생각할까? '인간은 다른 동물과 똑같은 존재'라는 원칙을 적용한 '우리 인간은 애벌레, 곤충과 같다'라는 결론에 수긍하는 사람들이 있었을까? 내가 지금까지 만난 사람들 중에는 없었다. '인간은 다른 동물과 똑같은 존재'라고 말한 사람들 모두가 말이다. 단 한 명도.

　'인간은 다른 동물과 똑같은 존재'라고 발언한 사람도 인간은 다른 동물과 다른 존재라고 생각한다. 인간은 왜 동물과 다른 존재라고 스스로를 여기게 되었을까? 다른 존재라서. 이렇게 대답하는 사람들이 있었다.

　좋다. 인간은 동물과 무엇이 달라서 다른 존재라고 여기는가? 질문하니, 생각을 하기 때문이라고 대답하더라.

　좋다. 그럼 동물은 생각하지 않나? 질문하니, 그렇다고 대답하고.

　좋다. 그럼 개가 주인을 잃고 슬퍼하며 무덤 곁을 떠나지 않는 것은 어떻게 생각하는가? 질문했더니, 그건 감정일 뿐이라고 대답.

　좋다. 그렇다면 그 감정은 어디에서 나왔는가? 물어보니, 주인을 그리워해서라고 대답.

　좋다. 주인을 그리워한다는 건 생각이 아닌가? 이렇게 질문하면 모두 화를 내거나 나가버린다.

[증명 2]

그럼 이제 그들의 잘못된 논점을 바로잡아 보겠다. 다른 동물과 인간이 구별되는 이유는 인간이 다른 동물과 달리 추상적이고 복합적인 생각을 할 수 있기 때문이고, 그 생각을 실체로 구현해낼 수 있기 때문이다. 그렇기 때문에 인간이 다른 동물과 구별되는 것이다.

왜 인간만이 다른 동물과 달리 추상적이고 복합적인 생각을 할 수 있게 되었을까? 진화론자들은 이것을 뇌의 크기에 결부시킨다. 그렇다면 인간의 뇌보다 더 큰 뇌를 가진 동물들은 인간보다 더 추상적이고 복합적인 생각을 할 수 있고, 더 뛰어난 문명을 이루고 살아야 한다. 이게 진화론이 가진 한계다.

뭐라고 주장을 하든 간에 인간은 자각했던 것이다. 우리 인간이 다른 동물들과 다른 존재라는 것을. 여기에서 인간은 인간보다 더 뛰어난 어떤 설계자에 의해서 태어난 존재라는 설정[혹은 개념]이 나오게 되었다. 이로써 인간은 신이 창조한 '신의 일부분'으로 다른 동물과 다른 위상을 지닌 존재라는 점이 충분히 설명되었고.

이번에는 반대로 생각을 해 보자. 신이 있다고 믿는 이들은 사후세계도 있다고 믿는 사람들이다. 사후세계, 윤회가 있으면 죽어서 벌을 받고 다시 태어나서 벌을 받으며 불행하게 살아야 한다. 그것이 두려울수록 살면서 죄를 짓지 않으려고 있는 힘을 기울이게 된다. 자신이 지은 나쁜 행위가, 의도했든 의도하지 않았든간에 자신에게 돌아오기 때문에 반성하고 다시는 죄를 짓지 않으려고 노력한다. 어떤게 더 나은가?

인간에게 반드시 종교와 신이 필요한 이유다.

[증명 3]

"신은 없다" 논리 오류 증명

※ 이 글은 2022년 1월 26일 블로그에 쓴 글로 위 QR코드로 원문을 볼 수 있습니다.

[강추!!!] 헤겔 좌파식으로 "신은 없다"고 단언하는 사회주의자 유물론자 무신론자 과학주의자들에게 이 글을 보여 주세요~ 그들의 논리 오류가 한 방에 깨끗하게 정리됩니다!!!

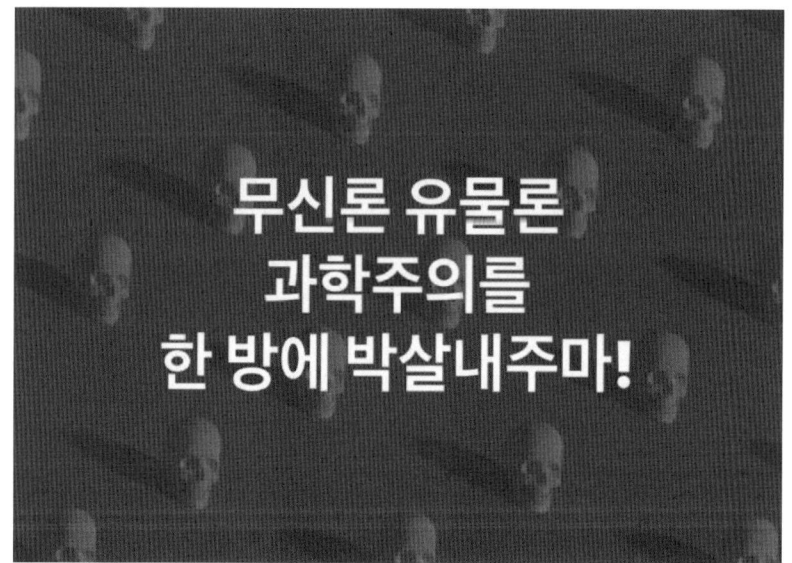

헤겔 좌파의 "인간이 신을 창조한 다음 신이 인간을 창조했다"는 주장은 올바른 주장인가?

> "인간이 신을 창조했다"
> 헤겔 좌파의 주장
> 옳을까요? 틀릴까요?

형사들이 범인을 잡기 위한 추리 기법 중 하나를 이용해서, 헤겔 좌파의 "인간이 신을 창조한 다음 신이 인간을 창조했다"는 주장이 맞다고 가정하고, 이 주장의 의미를 살펴보도록 하겠다.

이 중에서 "인간이 신을 창조했다"는 주장이 맞다고 보고, 이 부분을 먼저 살펴보겠다. 이 전제가 맞다는 가정하에 논의를 전개했을 때, 이 전제가 틀리다는 결과가 나오면 결론도 틀린 것이 된다. 물론 추론 과정이 틀려도 결론이 틀리지만.

Appendix 부록: 여섯가지 증명과 단상들

1. "인간이 신을 창조했다"는 말에 숨겨진 의미

"인간이 신을 창조했다"는 말에는 "신은 없다"는 의미가 포함되어 있다. "신은 없는 건데, 인간이 만들어 낸 것"이라는 얘기이므로.

그러면 "신은 없다"는 말이 옳은 것인지 틀린 것인지, 즉 참인지 거짓인지 살펴보기로 하자.

2. "신은 없다"는 문장은 참인가, 거짓인가?

신이 없나? 신이 없다는 것을 제대로 논증할 수 없다면, 무턱대고 "없다" 혹은 "인간이 만들어낸 허상일 뿐이다"라고 우길 것이 아니라, "모른다" 혹은 "알 수 없다"라고 대답해야 올바른 답이다. 없다는 것을 논증하지 못하면서 어떻게 "신은 없다"고 우기는가? 그거 빨갱이 식의 억지 주장이 아닌가? 정상적으로 사고하는 사람이라면 신의 존재 여부에 대해 "모른다" 혹은 "알 수 없다"라고 대답하는 게 맞다.

이렇게 말하면 나를 불가지론자라고 비난하겠군. 나는 불가지론자가 아니므로, 논의를 더 진행해 보기로 하겠다.

(1) '신'의 존재를 증명하기 위한 간단한 방법 1
- 단어의 개념을 이용한 논리적 추론 방법

'신'이 존재하는가, 존재하지 않는가를 살피기 위해서는 아주 간단한 방법이 있다. 우리 인류가 사용해온 '신'이라는 단어를 어떨 때 사용했으며, 그것에 포함된 의미가 어떤 것들인지를 살펴보는 것이다.

왜 이 쉬운 방법이 있었는데, 아무도 못 한 걸까? 자칭 철학자라고 나선 인간들이 엄청 많은데 말이다? 모르니까 못 하는 거다! 이견 있나? 있으면 댓글 달아라!

자, 그럼 인류가, 인간이 사용하는 '신'이라는 단어가 어떨 때 사용되었는지, 그것에 포함된 의미가 무엇인지를 살펴보자.

① 원인을 알 수 없는 신비한 현상을 만났을 때
② 법칙을 알 수 없는 신기한 현상을 봤을 때
③ 자연[우주]이 저절로 움직이는 현상 앞에서
④ 인력으로는 도저히 어찌할 수 없는 현상 혹은 상황들을 만났을 때

이 모든 것을 가능하게 하는 존재가 있을 것이라고 본 인류는 그 존재에 '신'이라는 단어를 사용했다. 우리 눈에 보이지는 않지만 강력한 원천적인 힘을 가진 어떤 존재가 있음을 감지 혹은 인식했을 때, 인류는 그 존재에 '신'이라는 이름을 사용했다는 얘기다.

자, 결론! '신'이 있다, 없다? 있다!

Appendix 부록: 여섯가지 증명과 단상들

여기에 반론 있나? 있다면, 댓글 달아라!

이 방법이 마음에 들지 않는다고 우기며 '과학적 증거' 운운하는 걸 좋아하는 무신론자[유물론자, 과학이라는 종교에 빠진 자]들이 있을 것이다. 그럼 간단하게, 무신론자 유물론자 과학주의자들이 좋아하는 과학적 개념에 근거해서 살펴볼까?

(2) '신'의 존재를 증명하기 위한 간단한 방법 2
- 과학적 개념을 이용한 논리적 추론 방법

무신론자 유물론자 과학주의자들이 좋아하는 과학적 개념 중에 '상대성 이론'과 '양자물리학'이라는 게 있다.

먼저 질문을 하나 해 보겠다. 당신들은 '상대성 이론'과 '양자물리학'을 이해했는가? 이해했다고? 좋다! 그렇다면 '상대성 이론'과 '양자물리학'을 가능하게 하는 것은 무엇인지 설명해 봐라. 못 한다면 당신들은 무신론 유물론 과학주의를 폐기해야 할 것이다. 왜냐고? '상대성 이론'과 '양자물리학'을 가능하게 하는 어떤 힘을 두고 인류가 '신'이라고 불렀기 때문이다. 이런 걸 자가당착이라고 한다. 자가당착에 빠진 무신론자 유물론자 과학주의자들..어쩌나?

그 다음은 질문 말고 내가 그냥 설명하기로 하겠다. 우주는 무에서 그냥 생겨난 존재라고 한다. 그냥? 아니지! 무에서 폭발을 해서 생겨난 것이 우주라면 폭발의 원인이 있어야지. 내가 이런 얘기를 하면 과학주의자들은 양성자 중성자 전자 핵 우짜고 저짜고 떠들더라? 좋다. 그 양성자 중성자 전자 핵 우짜고 저짜고 하는 것은 어떻게 해서 생겨난 것인가? 그냥 생겨난 것이라고들 하더라?

그냥? 저절로? 그게 과학적 설명인가? 과학적으로 증명할 수 없을 때 "그냥" "저절로"라고들 하던데, 그런 비과학적인 태도가 어디 있나? 과학은 자연 현상 혹은 물질들의 운동에 대한 법칙을 찾아내는 학문 아닌가? 그렇다면 "모른다"고 해야 올바른 대답이고, 과학적인 태도다. 이견 있나? 댓글 달아라!

과학자들도 설명하지 못 하는 현상, 과학자들이 수많은 돈을 들여 과학기술을 발전시켜도 아직까지도 알아내지 못한 근본 법칙, 그것을 두고 인류는 '신'이라고 불렀던 것이다. 맞지? 아니라고 생각하는 사람은 댓글 달아라!

우주를 움직이는 근본 법칙, 근원적인 법칙을 찾기 전까지는 "모른다" "찾는 중이다"고 대답해야 과학적인 대답이다.

가끔 자신이 똑똑한 줄 아는 무신론자 유물론자 과학주의자들은, "신이 있다는 증거가 없기 때문에 신은 없다"고 하던데, 그건 틀린 말이다. 절대 그렇게 단언할 수 없다. 왜냐고? 신이 없다는 증거도 없기 때문이다. 그럴 때는 "모른다" "알 수 없다"라고 해야 올바른 대답이 되는 거다. 이 문장을 이해할 수 없다면, 더 이상 답이 없다. 당신의 문해력이 딸리는 것은 내 책임이 아니므로.

Appendix 부록: 여섯가지 증명과 단상들

없는 것(무)에서 어떻게 있는 것(유)이 생겨나? 그 안에 있는 것(유)의 싹이 있으니까 있는 것이 태어나지. 없는 것(무)이 있는 것(유)을 내포했다면, 그것을 없는 것(무)이라고 할 수 있나? 있는 것(유)에서만 있는 것(유)이 가능하고, 없는 것(무)에서는 없는 것(무)만 존재할 뿐이다. 없는 것(무)을 우리가 어떻게 '인식' 가능한가? 이게 그 유명한 파르메니데스의 주장이다. 알고는 있나? 오늘은 여기까지.

무신론자 유물론자 과학주의자들은 오늘부터 "어떻게 해서 무(아무것도 없는 상태)에서 갑자기 유(있는 상태)가 되는지"를 설명할 방법을 찾아라! "그냥" 혹은 "저절로"라는 대답이 과학적인 대답이 아닌 걸 알았다면 말이다. 이견 있나? 댓글 달아라!

자, 결론! 신이 있다 없다 논쟁에서 가장 올바른 결론은 뭐라고? "있다!"이거나 "모른다." 혹은 "알 수 없다."이다. 즉, "신의 없다"라는 결론은 나오지 않는 걸 알 수 있다. 그러므로 "신은 없다"는 명제는 거짓이 된다. 틀린 말이라는 말이다.

- 〈신의 존재 여부〉에 대한 증명 정리 끝 -

[증명 4]

"철학이 과학보다 중요하다" 증명

※ 이 글은 2021년 8월 28일 블로그에 쓴 글로 위 QR코드로 원문을 볼 수 있습니다.

철학의 입을 틀어막은 것도 모자라 골방에 가두고 철학의 자리를 차지한 과학.

과학이 최고의 학문의 자리를 꿰차자 모든 과학자들이 승리에 도취되어 무분별해지기 시작했다. 실증을 앞세워 철학 없는 과학이 무분별한 과학 실험을 자행했던 것.

과학이 철학을 바닥에 내동댕이 치고 곳곳에서 (순간의) 승리의 나팔을 불어대자, 수많은 학자들이 자기가 연구하는 전문 분야의 이름 뒤에 과학을 붙이며 자신이 과학자임을 드러내려 애를 썼다.

이런 현상이 확대 될 때 벌어진 일은,

1. 두 차례 세계대전
2. 자연 파괴

3. 역사 왜곡
4. 급진빨갱이들에 의한 인간성 상실과 전통문화 및 물질문명의 파괴
5. 1부터 4까지의 사건들을 이용한 신자유주의 세력(NWO를 내세운 세력)의 확장이다.

이 과정에서 권력과 부를 움켜쥔 기득권 세력은 마수를 뻗어 가 국가 및 인류의 인명을 소유화하기 시작했고.

이 과정은 과학자들을 과학의 발전이 인류의 문명을 발전시켰다는 착각 때문에 과학에 대한 자부심을 고취시켰고, 결국 철학은 쓸모없는 학문으로 취급당하게 되었다.

여기서 질문: 과학 발전에 기반한 물질문명의 혜택을 누리는 동안 인류의 정신은 더 나아졌는가?

#그것이문제로다

동서고금의 역사를 살펴보면 문명의 전환기에 제대로 된 철학이 나타나지 않으면,

1. 무조건적 믿음을 강요하는 종교가 날뛰게 되고,
2. 괴상망칙한 자들이 나타나서 자신이 하늘에서 내린 선지자라는 헛소리를 늘어놓으며 세력을 확장하고,
3. 기득권 세력이 기득권을 놓치지 않으려 1과 2에 대한 마녀사냥을 시작한다.

[증명 4]

 이 모든 사건들의 난립으로 인류에게는 서로에 대한 적대감과 불신이 번져 나가게 된다: 철학이 과학보다 중요한 이유다!

 문명의 전환기였던 19C와 20C 초에 철학이 제 할 일을 하지 못하자 과학이 그 자리를 차지했고, 그 결과 나타난 종교가 #과학맹신교와 #공산당교, 그리고 #NWO교(신자유주의=배금주의)와 #물질주의(=과학주의=유물론)이다.

 과학의 융성이 자연 파괴를 불러왔고, 인류의 번영은커녕 퇴폐와 문란함과 불신감만 가져온 것을 확인할 수 있는 이 세상에서, 인류는 #우리는지금무엇을해야하는가? 그리고 철학자는 무엇을 해야 하는가?

> 문명의 전환기에 제대로 된 철학이 나타나지 않으면 무조건적 믿음을 강요하는 종교가 날뛰게 되고 마녀사냥이 횡행하게 된다 철학이 과학보다 중요한 이유다!
> -동방명주-

`Appendix` 부록: 여섯가지 증명과 단상들

[증명 5]

"인간은 이성적 동물이다" 증명

※ 이 글은 2021년 8월 7일 블로그에 쓴 글로 위 QR코드로 원문을 볼 수 있습니다.

예전에 "인간은 이성적 동물이다"(아리스토텔레스)는 말을 두고 "절대 그렇지 않다" 주장하는 지인 조모님과 잠시 논쟁한 적이 있다.

나: 왜 인간이 이성적 동물이 아니라고 생각하는데요?

조: 지금까지 이 세상이 돌아가는 꼬라지랑 인간들이 하는 짓들을 봐. 이게 어떻게 이성적인 거야?

나: 음..이성적인 사람도 있고, 이성적이지 못한 사람도 있는 거 아닐까요?

조: 이 세상이 지금 요모양 요꼬라지가 된 건, 사람이 이성적이지 않기 때문인 거지.

나: 그런데 이성적인 사람이 없는 건 아니잖아요.

조: 그건 그렇지! 하지만 이성적이지 못한 사람이 훨씬 많기 때문인 건 확실하지!

[증명 5]

나: 그럼 논리는 ①이 세상이 엉망진창이다 ②그건 이성적이지 못한 사람이 많기 때문이다 ③이성적이지 못한 사람이 많다는 사실은 "사람이 이성적 동물이 아니다"라는 증명이다. 이렇게 되는 거네요?

조: 그렇지!

나: 그런데 이성적인 사람이 있잖아요.

조: 이성적인 사람이 어디 있어?

나: 조모님은 이성적이지 않으세요?

조: 에이..동방명주는 왜 꼭 그래?

나: 뭘요?

조: 왜 동방명주는 내가 뭔 얘기를 하면, 얘기를 꼭 그런 식으로 끌고 가?

나: 자, 보세요. 조모님은 본인이 이성적이라고 여겨요. 그런데 인간은 이성적이지 않다고 단언해요. 이 세상이 엉망진창인 게 그걸 증명한다고 해요. 이 얘긴 결국 "나(조모님) 빼고 모든 인간은 이성적인 동물이 아니다"가 되는 거예요.

조: 내가 언제 그랬어?

나: 그 말이 곧 그 말인 거죠.

Appendix 부록: 여섯가지 증명과 단상들

조: 그러니까 내가 언제 그렇게 말했냐고! 왜 내가 하지도 않은 말을 했다고 그래?

지켜보던 사람들이 다 웃었고. 나도 이쯤에서 웃고 넘어가려고 했다. 그런데 조모님이 나에게 "동방명주는 왜 꼭 그런 식이냐고! 응?" 이러길래, 한마디를 더 해 줌.

나: 사민주의자인 조모님은, "사람은 이성적 동물인데, 그렇지 못한 경우는 그럴 수밖에 없는 환경이었기 때문이다. 그러니 우리는 이성적인 인간이 될 수 있는 교육 혹은 사회적 환경을 만들어야 한다" 같은 말을 해야 하는 거 아닌가요?

조: 나 앞으로 동방명주랑 얘기 안 할래. 그리고 다시는 안 만날 거야!!!

나: 남자가 삐지기는.

이러고 모두 웃었는데..그 뒤로 진짜 한참을 못 만났다..ㅠㅠ
이 부분을 가지고 지인 김모님이 다시 의문을 제기함.

김: 만약에 "사람은 이성적 동물이다"가 맞다면, 이성적인 사람의 숫자가 더 많아야 하는 거 아닐까?

278

[증명 5]

나: 그럼 이성적이지 못한 사람이 더 많기 때문에 "사람은 이성적 동물이 아니다"라면, 그럼 이성적인 사람이 존재하고 있는 건요? 이성적이지 못한 사람들의 숫자가 이성적인 사람들보다 많으니까 "사람은 이성적 동물이 아니다" 이렇게 결론을 내리면 논리적으로 맞지 않잖아요. 분명히 이성적인 사람들이 존재하고 있는데 말이에요.

김: 그건 그러네. 이거 어렵네..

#철학 #논쟁 #아리스토텔레스 #인간은_이성적_동물이다 #인간 #이성적 #동물

Appendix 부록: 여섯가지 증명과 단상들

[증명 6]

"동양철학은 조선이 으뜸이다" 증명

※ 이 글은 2022년 6월 26일 블로그에 쓴 글로 위 QR코드로 원문을 볼 수 있습니다.

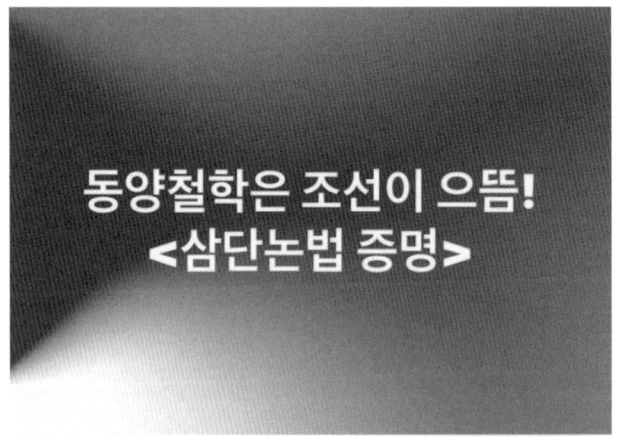

동양철학은 조선이 으뜸이다. 삼단논법으로 증명해 보이겠다.

    1. 동양철학은 성리학이다.

    2. 성리학은 조선이 최강자(으뜸)이다.

    3. 그러므로 동양철학은 조선이 최강자(으뜸)이다.

#동양철학 #성리학

Appendix 부록: 여섯가지 증명과 단상들

[단상 1]

왜 사람들은 "철학은 어려운 학문" 이라고 생각하게 되었는가?(1)

※ 이 글은 2016년 1월 2일 블로그에 쓴 글로 위 QR코드로 원문을 볼 수 있습니다.

이 질문의 초점은 능동형인 '**생각하는가**'가 아니라
수동형 또는 피동형인 '**생각하게 되었는가**'에 있다.

이 부분은 철학이라는 얘기를 하기 전에
"어려운 학문"이라는 '**생각**'이
옳은 것인지 그른 것인지, 어떻게 해서 그렇게 생각하게 되었는지
반드시 짚고 넘어가야 하는 문제이다.

**진짜 철학이라는 학문이 원래 어려운 학문인가,
아니면 어렵게 되어 버린 것인가?**

원래 어려운 학문이라면
왜 어려운 학문인지를 생각해 봐야 하며,

Appendix 부록: 여섯가지 증명과 단상들

어렵게 된 것이라면,
어렵지 않은 것을 어렵게 만든 것이므로
"왜 어렵게 된 것인가"를 생각해 봐야 한다.

이 질문이 중요한 이유는
인간은 교육으로 완성되어지는 존재이기 때문이다.

이 얘기는 곧
'인간의 생각'은 교육되어진 것이라는 의미이기 때문이다.
우리의 모든 생각과 습관은
우리가 사는 국가와 사회와 가정에서 교육된 것[1]이다.

그것은 곧 **국가와 사회가 구성원들에게**
무엇을 교육시키고 있는가,
어떤 방법으로 교육시키고 있는가 하는 문제와 맞닿아 있다.

공교육의 체계와
공교육에서 교육시키는 내용,
그리고 교육시키는 방법의 결과물이
바로 우리의 생각과 습관이기 때문이다.

　　　　　　　　　　　　　　　　- 2016년 1월 2일

---

[1] 한국인으로 태어나 바로 다른 나라로 입양된 아이의 경우, 겉모습은 한국 사람이지만 생각과 습관은 입양된 나라 사람들과 같다.

[단상 2]

왜 사람들은 "철학은 어려운 학문"이라고 생각하게 되었는가?(2)

※ 이 글은 2016년 1월 3일 블로그에 쓴 글로 위 QR코드로 원문을 볼 수 있습니다.

왜 사람들은 "철학은 어려운 학문"이라고 생각하게 되었는가?
에서 제기한 첫번째 질문,
진짜 철학이라는 학문이 원래 어려운 학문인가,
에 대해서 생각해 보겠다.

이 질문에 답하기 위해서는 **먼저 생각해야 할 부분**이 있다.
'철학이란 무엇인가'에 대한 것이다.

중학생들에게 질문을 하면
곧바로 '생각하는 학문'이라는 대답이 나왔지만,
고등학생 대학생 등 학년이 올라갈수록
철학과를 다니는 등 철학에 대해 많이 배울수록
철학이 무엇인지 대답을 못하는 경우가 훨씬 더 많았다.[2]

---

[2] 필자의 경험으로는 단 한 명도 만나지 못했다. 책에서조차 철학이 무엇인지를 명쾌하게 설명하는 이를 만나지 못했다. 전부 한마디로 설명할 수 없는 어려운 것, 또는 아주 형이상학적이라 원체 이해하기 어려운 것이라는 설명밖에는...

> Appendix 부록: 여섯가지 증명과 단상들

실제 인터넷을 검색해 봐도 알 수 있다.

철학 哲學

발음

활용형 **철학만** [철항만]
파생어 **철학-적**

| 표준국어대사전 | 고려대한국어대사전 | 우리말샘 |

예문 열기

명사

1. 인간과 세계에 대한 근본 원리와 삶의 본질 따위를 연구하는 학문. 흔히 인식, 존재, 가치의 세 기준에 따라 하위 분야를 나눌 수 있다.

2. 자신의 경험에서 얻은 인생관, 세계관, 신조 따위를 이르는 말.
   - 그는 언제나 최선을 다해야 한다는 철학을 가지고 살아간다.

https://ko.dict.naver.com/#/entry/koko/3937d90c43644131a29af9653449ecc1

출처: 네이버 국어사전

철학

[philosophy , 哲學]

요약 | 인생, 세계 등등에 관해 연구하는 학문.

필로소피란 말은 원래 그리스어의 필로소피아(philosophia)에서 유래하며, 필로는 '사랑하다' '좋아하다'라는 뜻의 접두사이고 소피아는 '지혜'라는 뜻이며, 필로소피아는 지(知)를 사랑하는 것, 즉 '애지(愛知)의 학문'을 말한다.

철학(哲學)의 '哲'이라는 글자도 '賢' 또는 '知'와 같은 뜻이다. 이와 같이 철학이란 그 자의(字義)로 보아서도 단순히 지를 사랑한다는 것일 뿐, 그것만으로는 아직 무엇을 연구하는 학문인지 알 수 없다. 철학 이외의 학문 가운데 그 이름을 듣고 그 내용을 전혀 알 수 없는 학문은 드물다. 경제학이라고 하면 경제현상에 관해서 연구하는 학문이고, 물리학이라고 하면 물리현상에 관해서 연구하는 학문이다. 경제학이나 물리학이라는 이름만 들어도 그것이 무엇을 연구하는 학문인지 대략은 짐작할 수 있다. 그런데 철학의 경우는 그 이름만 듣고는 그 내용을 이해할 수 없다. 그것은 이 학문의 대상이 결코 일정하지 않다는 것을 말해주기도 한다.

https://terms.naver.com/entry.naver?docId=1146429&cid=40942&categoryId=31433

출처: 두산백과

1. 개념 및 정의

1) 개념

철학(哲學, philosophy)이라는 용어는 소크라테스(Sokrates, BC 470~BC 399)에서 시작한다. 소크라테스가 문제를 삼았던 것은 자연이 아니라 인간이다. 이 인간은 영혼으로서 인간이며 소피스트(sophist)에서 볼 수 있는 개인적 인간이 아니라 보편적 인간이었다. 영혼은 지혜(sophia)를 기능으로 하는 이법(理法)이며, 이 이법은 소피스트들의 인위적인 것(nomos)에서 부정된 것이며 인간의 본질이다. 인간이 영혼을 잘 가꾸는 것은 지혜(sophia)를 사랑(philos)하는 것이며, 그것이 곧 철학하는 것(philosophia)이다. 여기에서 철학이라는 용어가 나온 것이다.

소크라테스(Sokrates, BC 470~BC 399)

2) 정의

"철학이란 무엇인가?"라고 묻는 문제는 "인간이란 무엇인가?", "인생이란 무엇인가?" 하는 문제와 더불어 매우 중요하고도 난해한 문제이다. 그 이유는 철학이라는 학문의 폭이 아주 넓고 그 대상이 너무 많기 때문이다. 세계 인구가 70억 명이라면 70억 가지의 사유, 70억 가지의 철학이 존재할 수 있다는 이야기이다. 그러나 신은 영특했다. 신이 세계의 사상적 혼란을 야기 시키지 않으려고 극히 일부 사람들에게만 철학하는 것을 허용한 것은 다행스러운 일이 아닐 수 없다. 그렇다고 해서 철학에 관해 변죽만 울릴 수 없다. 우리는 철학의 정의와 관련하여 몇 가지 점에서 사유(思惟)할 수 있는 것이다.

① 철학은 자기 자신의 앎의 문제를 탐구하는 사유의 학(學)
② 철학은 난해한 학문이나 우주의 근원을 탐구하는 종합적인 학문

첫 번째로, 우리나라의 속담 중에 "등잔 밑이 어둡다.", "업은 아이 3년 찾는다."라는 말이 있다. 이 말들은 인간이 원시(遠視)적이라는 데 그 함축적 의미가 있는 것이다. 참된 진리, 실제적 사실이 자기 주변에 있고 자기 자신에게 있다는 것을 미처 알지 못하고 발견하지 못하는 인간에게 주는 가벼운 경고이다. 인간은 삶을 외면하지 말고 삶 속에서 철학을 찾고, 철학적 사유를 해야 한다. 석가모니(釋迦牟尼)는 생로병사(生老病死)라는 인간의 근본적 고뇌를 해결하기 위하여 철학을 시작했다. 인간 삶의 어두운 면을 고찰하는 것은 물론 그와 동시에 진취적이고 촉진적이고 밝은 면도 있는 이러한 삶의 전체를 고찰함도 일리가 있는 것이다. 염려와 불안과 절망의 저편에 우리는 신뢰와 희망과 감사의 가능성이 있음을 알고, 그러한 것을 형이상학적 요소인 삶의 여러 현상으로서 인정하지 않으면 안 된다.

두 번째로, 철학은 우주의 근원을 탐구하는 종합적인 학문이다. 이것은 철학이 객관성을 지닌 학문이라는 말과도 일맥상통할 것이다. 철학의 대상이 밤하늘의 별처럼 많고 그 방법 또한 다양하여 철학이 다소 어렵고 난해하다는 느낌을 주고 있는 것이 사실이다. 보편적이라는 말은 학문의 보편타당성(普遍妥當性)을, 미각성은 감성과 미학의 영역을, 초월은 신(神)과 종교의 문제를 함축하고 있으며, 형이상학(形而上學, metaphysics)은 2500년 동안 서양 철학계를 지배해온 철학의 중심 학문이기 때문이다. 그러나 어려운 학문일지라도 이 학문에 입문하고자 하는 학도들은 마땅히 거쳐 가야 할 만학의 기초학문이다. 이러한 학문을 모든 학도들이 전공을 이수하는 데 있어서, 지혜롭고 덕스러운 삶을 살아가는데 있어서 초석이 되도록 일조를 하는 것이 철학자의 임무가 되어야 할 것이다.

https://terms.naver.com/entry.naver?docId=2073281&cid=44411&categoryId=44411

출처: 학문명백과

Appendix 부록: 여섯가지 증명과 단상들

정의

인간과 세계에 대한 근본 원리와 삶의 본질 따위를 연구하는 학문.

개설

철학이란 용어는 오늘날 매우 광범위하고 다양하게 사용되고 있어 철학이 무엇인가 하는 점을 한 가지 개념으로 분명하게 파악하기는 힘들다.

철학이라는 개념 자체가 갖는 포괄성과 다의성 때문에 철학 앞에는 관념론적 철학·경험론적 철학·실존론적 철학·과학철학 내지 언어철학 등 각 철학의 주제와 특징에 따른 수식어가 항상 붙어 있다 또 지역적으로는 서양철학·동양철학 및 한국철학이라는 명칭이 함께 쓰이기도 한다.

철학이라는 이름을 가진 학문이 이와 같이 다양한 주제와 광범위한 영역을 갖게 된 것은 이 학문이 오랜 역사를 통해 발달해 온 데다가, 철학을 행하는 방식이 철학의 개념을 규정해 왔기 때문이다.

철학이 무엇인가를 이해하기 위해서는 먼저 철학이라는 용어가 어떻게 생겨났고, 초기에 어떠한 의미로 사용되었는가를 살펴 볼 필요가 있다.

https://terms.naver.com/entry.naver?docld=563348&cid=46649&categoryld=46649 출처: 한민족문화대백과

철학

[Philosophy , 哲學]

자연 및 사회, 인간의 사고, 그 지식 획득 과정에 관한 일반적 법칙을 연구하는 과학이며, 따라서 전체로서의 세계에 대한 견해를 나타내는 세계관이다. 또한 논리학 및 인식론을 그 안에 포함시키고 있다. 철학은 사회적 의식의 한 형태이며 따라서 궁극적으로는 사회의 경제적 구조, 생산관계에 규정받는다. 그 때문에 그것은 사회에서 생활하는 사람들의 사회적 지위(계급 내지 계층)의 표명으로 나타난다. 이 점에서 사회적 지위의 차이에 따라 철학적 견해에도 차이로 내립하는 철학설이 생기며, 철학에 있어서 당파적 성격도 생기게 된다.

세계관으로서는 일찍이 신화적 또는 종교적 세계관도 존재했었고 지금도 존재하고 있지만, 철학의 세계관이 이들과 구별되는 것은 이론적으로 기초가 있는 세계관이라는 점이다. 철학은 그때그때의 사회의 경제적 구조에 의해 규정되지만 또한 일정한 상대적 독립성을 가지고 있어, 앞의 시대로부터 사상을 이어받고 그것을 발전시키면서 자신의 학설을 만들어 내어 인간 생활에 영향을 준다.

철학이란 간단하게 지혜를 탐구하는 학문이다. 여기서 철학(哲學)의 철(哲)은 밝다는 의미가 아니고 슬기로운 재치나 지혜를 의미하는 중국어 또는 일본식 한자 표현이다. 우리말로는 지혜학으로 이해해도 무방하다. 그리스어로 필로소피아(philosophia)란 말은 피타고라스(피타고라스 학파)에 의해 쓰여졌다고 하는데, 이것은 philo=사랑(愛)과 sophia=지혜(知)가 합쳐서 된 말로 일반적으로 지적 탐구를 표현하고 있다.

https://terms.naver.com/entry.naver?docld=388785&cid=41978&categoryld=41985 출처: 철학사전

철학

문서 토론   읽기 편집 역사 보기

위키백과, 우리 모두의 백과사전.

철학(哲學, 고대 그리스어: φιλοσοφία)은 세계와 인간의 삶에 대한 근본 원리 즉 인간의 본질, 세계관 등을 탐구하는 학문이다. 또한 존재, 지식, 가치, 이성, 인식 그리고 언어, 논리, 윤리 등의 일반적이며 기본적인 대상의 실체를 연구하는 학문이다.[1][2] 이 말은 프로타고라스에 의해서 만들어졌다고 한다. 철학적 방법이란 질문, 비판적 토론, 이성적 주장, 그리고 체계적 진술을 포함한다.

철학(Philosophy)이라는 용어는 고대 그리스어의 **필로소피아**(φιλοσοφία, 지혜에 대한 사랑)에서 유래하였는데, 여기서 지혜는 일상 생활에서의 실용하는 지식이 아닌 인간 자신과 그것을 둘러싼 세계를 관조하는 지식을 뜻한다. 이를테면 세계관, 인생관, 가치관이 포함된다. 이런 일반적인 의미로서의 철학은 어느 문화권에서나 오래 전부터 존재하여 왔다. 고대 그리스에서는 사실 학문 그 자체를 논하는 단어였고 전통상으로는 세계와 인간 사물과 현상의 가치와 궁극적인 뜻을 향한 본질적이고 총체적인 전착을 뜻했다. 동양의 서구화 이후 철학은 대체로 고대 그리스 철학에서 시작하는 서양철학 일반을 지칭하기도 하나 철학 자체는 동서로 분리되지 않는다. 이에 더하여 현대 철학은 철학에 기초한 사고인 전제나 문제 명확화, 개념 엄밀화, 명제 간 관계 명료화를 이용해 제 주제를 논하는 언어철학이나 논리학등에 상당한 비중을 두고 있다.[3]

어원 [편집]

철학의 영어 명칭 'Philosophy'(필로소피)는 고대 그리스어 필레인(Φιλεῖν, 사랑하다)과 소피아(σοφία, 지혜)의 합성어로서 직역하면 '지혜를 사랑한다'이다. 이는 소크라테스가 처음 사용한 말로 옛날 'Philosophy'의 어원이 되었다. 그는 스스로 모든 것을 안다고 자처하는 소피스트에 대하여 자신은 지혜의 소유자가 아닌 무지자(無知者)로서 오직 지혜를 사랑하는 사람이라고 말했다. 동양에서 쓰는 표현인 철학은 19세기 말 일본의 니시 아마네가 처음으로 'Philosophy'를 '희철학(希哲學)'으로 역역하여 사용하였다. 이게 나중에 철학으로 사용 되었다.[4][5] 한국에서는 이인재(李寅梓, 1870년~1929년)가 1912년 《철학고변(哲學攷辨)》을 발간하면서 처음으로 사용하였다.[6]

앎, 즉 배움과 깨달음을 두려워하지 않고 사랑하는 것은 모든 학문의 출발점이라서 지식과 지혜를 사랑하는 삶의 태도로 철학을 정의한다면, 철학은 특정한 학문 일종이라기보다는 학문 일반에서 요구되는 기본 자세이면서 실천하는 방법이라고 해야 한다. 실제로 '철학'은 일상 어법에서 '세계관', '사고방식'으로 약간 포괄하는 뜻으로 쓰인다.

철학의 대상 [편집]

철학은 다양한 학문과 함께 쓰일 수 있다. 대표적인 예로는 형이상학, 윤리학, 정치철학, 과학 철학, 언어철학, 사회철학, 논리학, 미학 등이 있다.

소크라테스 이전, 철학의 연구 대상은 자연이었다. 이것을 소크라테스 이전 철학이라고 하는데 자연을 스스로 움직이는 대상으로 생각하였다. 기원전 5세기 후반, 즉 소크라테스 시기 철학은 인간의 혼을 연구 대상으로 하였으며, 특히 윤리상 문제에 관심하였다. 소크라테스는 이전 철학과 반대되는 생각을 하였고 소크라테스 이후 플라톤과 아리스토텔레스가 등장한다. 이들은 소크라테스 시기 철학의 대상과 소크라테스 이전 대상을 동시에 연구하여 철학 체계를 정립하였다.

한편 중세 철학에서 대상은 신이었다. 중세는 기독교 사상이 주류였기에 종교상 주관을 강하게 띠어 신을 향한 고찰이 결국 중심 문제였다. 근대 철학에서는 인간 지식의 근원이 주요 연구 대상이었으며 데카르트의 합리론과 로크의 경험론이 나오게 되었으며, 칸트는 합리론과 경험론을 종합하여 비판 철학을 완성하였다.

현대 철학은 언어 철학과 구조주의와 포스트모더니즘이 주요 쟁점이 되었다. 소쉬르가 처음 언어 철학을 언급한 뒤로 루트비히 비트겐슈타인 등이 언어 철학을 발전시켰다. 구조주의는 언어 철학과 크게 연관 되어 생겨났으며 구조주의에 대한 비판으로 포스트구조주의가 나타났다. 한편 포스트모더니즘은 기존 모더니즘을 비판하며 등장하였다.

https://ko.wikipedia.org/wiki/철학   출처: 위키백과

고대 그리스의 철학자 소크라테스가 독배를 마시는 모습

철학

- 플라톤 · 칸트 · 니체
- 석가모니 · 공자 · 이븐 루시드

철학자
미학자 · 인식학자 · 윤리학자 · 논리학자
형이상학자 · 사회와 정치 철학자

전통
대륙 · 아리스토텔레스 · 분석 · 불교 · 스콜라
실존주의 · 실증주의 · 이슬람 · 중국 · 플라톤

시대
고대 · 중세 · 근대 · 현대

문학
미학 · 인식학 · 윤리학 · 논리학 · 형이상학
정치 철학

분과
미학 · 인식론 · 윤리학 · 법철학 · 논리학
형이상학 · 정치철학 · 사회 철학

목록
색인 · 개요 · 연도 · 문제 · 발표 · 학설 · 용어사전

🟢 철학 포털

Appendix 부록: 여섯가지 증명과 단상들

앞 내용들을 요약해 보면,

1. 철학은 인간과 세계에 대한 근본 원리와 삶의 본질 따위를 연구하는 학문이다.
2. 철학은 자신의 경험에서 얻은 인생관, 세계관, 신조 따위를 가리키는 말이다.
3. 철학은 어렵다.
4. 철학은 난해하다.
5. 철학은 광범위하다.
6. 철학은 학문 자체의 이름이다.
7. 철학은 지혜를 사랑한다는 의미이다.
8. 자연 및 사회, 인간의 사고, 그 지식 획득 과정에 관한 일반적 법칙을 연구하는 과학이다.
9. 따라서 전체로서의 세계에 대한 견해를 나타내는 세계관이다. 철학은 지혜와 지식을 이용하여 대상을 가장 탁월하게 취급하는 능력이다.

등으로 설명하고 있다.

정말 어렵다. 이렇게 어렵다니...
설명이 어려워서 더 어렵다...어렵게만 느껴진다...

- 2016년 1월 3일

[단상 3]

과학이 도그마에 빠지면

※ 이 글은 2021년 10월 7일 블로그에 쓴 글로 위 QR코드로 원문을 볼 수 있습니다.

과학이 도그마에 빠지면 더 이상 과학이 아니라 종교다! 과학이 권위와 억압을 행한다면 과학은 더 이상 과학이 아니다!

과학의 생명은 '합리적 의심'과 '지속적 관찰', 그리고 끊임없는 '수정修正'을 통한 '자가自家 혁신'에 있다.

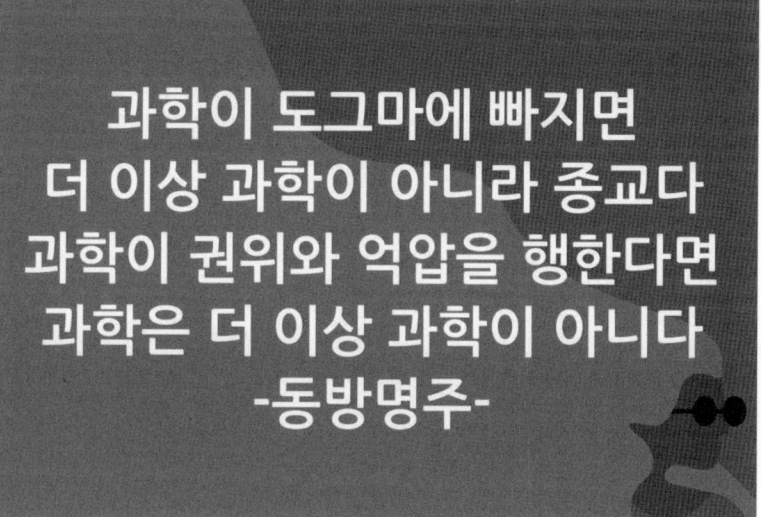

Appendix 부록: 여섯가지 증명과 단상들

> 과학의 생명은
> '합리적 의심'과 '지속적 관찰'
> 그리고 끊임없는 '수정修正'을
> 통한 '자가自家 혁신'에 있다
> -동방명주-

> 생명을 잃었다는 것은
> 죽은 것!

> 현재 과학은 생명을 잃었기에
> 죽은 과학이다!

수많은 과학자들, 그리고 과학 관련 종사자들이 문제인 정부의 코로나 방역 독재 강제 백신 접종으로 죽어나가는 민중을 보고도 가만히 있는 모양새들을 보며 내린 결론이다.

[단상 3]

> "
> 과학이 죽었고,
> 철학자로 살아야 하는 과학자들이
> 과학 관련 분야에 종사하는 노동자에
> 불과한 존재들이 되었다는 사실..
> "

현재의 과학은
권력을 독점한 독재자들이
자기 이익을 위해
민중을 억압하는 가죽 채찍에
불과한 존재가 되었다

'창녀' 혹은 '가수' 혹은 '배우'가
된 과학과 과학자들이라니
통재 통재 통재로다..

록펠러의 손아귀에서 시작되어, 수많은 금융 자본가의 손아귀 속으로 들어간 의학계와 과학계. 그들은 결국 영원히 벗어나지 못할 굴레에 갇힌 제약업계 의학업계, 그리고 과학업계가 되어버렸다. 자본과 사업체를 위해 종속된 학문들..

Appendix 부록: 여섯가지 증명과 단상들

*의학업계: 인류를 위한 순수 의학계가 현존하는가?

*과학업계: 인류를 위한 순수 과학계가 현존하는가?

※ 추신: 있다면 증명하시오.

[단상 4]

기억이란 무엇인가 1

※ 이 글은 2016년 2월 29일 블로그에 쓴 글로 위 QR코드로 원문을 볼 수 있습니다.

기억이란 무엇인가 1

나는 무엇을 기억하고 있는가.
그리고 내가 기억하고 있는 것은 과연 얼마나 정확한 것인가.

기억은 내가 경험한 것이 머릿속에 남아 있는 것이라 할 수 있다.

내가 경험한 것은 모두 머릿속에 남아 있는가?

예를 들어 어제 하루를 기억해 보자. 무엇을 기억하는가?

어제 아침에 눈을 뜨면서부터 자기 전까지 모든 것을 기억하고 있는가?

그 다음 그저께 하루를 기억해보자. 무엇을 기억하는가?

그저께 아침부터 잠자리에 들기 전까지 모든 것을 기억하고 있는가?

대부분 대답이 '아니오'일 것이다.

그럼 나는 무엇을 기억하는가? 내가 기억하고 있는 것은 무엇인가?

Appendix 부록: 여섯가지 증명과 단상들

[단상 5]

기억이란 무엇인가 2

※ 이 글은 2016년 3월 1일 블로그에 쓴 글로 위 QR코드로 원문을 볼 수 있습니다.

기억이란 무엇인가 2

나는 어제의 나와 같은 나인가?
나의 몸을 이루는 세포는 이미 어제의 세포가 아닌데...

왜 우리는 어제의 '나'와 오늘의 '나'가 같다고 생각하는가.

'나'라고 생각하게 되는 '나의 기억'을 담당하고 있는 내 머릿속의 뇌세포도 세포분열을 통해 이미 어제의 그 뇌세포가 아닌데 무엇 때문에 우리는 어제의 '나'와 오늘의 '나'가 같다고 생각하는가.

어제 하루를 지나면서 나는 어제의 경험을 더 기억하게 되었으니, 분명 오늘의 나는 분명하게 어제와 다른 '나'이다.

그런데 왜 우리는 어제의 '나'가 오늘의 '나'라고 여기는가.

바로 '나라고 여기는 착각' 때문이다.

참고 서적

참고 서적

『역사 없는 사람들-헤겔 역사철학 비판-』 라나지트 구하 저, 이광수 역, 삼천리
『역사』 헤로도토스 저, 천병희 역, 도서출판 숲
『역사는 어떻게 삶의 무기가 되는가』 문예춘추 편집부 저, 이미경 역, 베가북스
『역사란 무엇인가』 E.H.Carr 저, 곽복희 역, 청년사
『역사란 무엇인가』 E.H.Carr 저, 권오석 역, 홍신문화사
『역사란 무엇인가』 E.H.Carr 저, 김승일 역, 범우사
『역사란 무엇인가』 E.H.Carr 저, 김택현 역, 까치
『역사란 무엇인가』 E.H.Carr 저, 박성수 역, 민지사
『역사란 무엇인가』 E.H.Carr 저, 박종국 역, 육문사
『역사란 무엇인가』 E.H.Carr 저, 이화승 역, 베이직북스
『역사란 무엇인가』 고려대학교 문과대학 사학과 교수실 편, 고려대학교 출판부
『역사란 무엇인가』 김호연, UUP
『역사란 무엇인가』 이기백, 차하순 편, 문학과 지성사
『역사를 보는 눈』 호리고메 요조 저, 박시종 역, 개마고원
『역사를 보는 이슬람의 눈 이븐 할둔과 역사의 탄생, 그리고 제3세계의 과거』 이브 라코스트 저, 노서경 역, 알마
『역사를 위한 변명』 마르크 블로크 저, 고봉만 역, 한길사
『역사를 읽는 방법-텍스트를 어떻게 읽고 해석할 것인가-』 켄틴 스키너 저, 황정아 김용수 역, 돌베개
『역사와 이데올로기-서양 역사학의 유럽중심주의에 대한 비판적 검토-』 강철구 저, 용의숲
『역사의 풍경』 존 루이스 개디스 저, 강규형 역, 에코리브로
『역사주의: 역사와 철학의 대화』 한국사학사학회 저, 경인문화사
『역사철학』 야나기다 겐주로 저, 이운구 역, 심산
『역사철학강의』 헤겔 저, 권기철 역, 동서문화사
『역사학 개론-역사와 역사학-』 이상신 저, 신서원
『역사학 공부의 기초: 과거에 대한 앎을 이해하는 법』 존 루카치 저, 이재만 역, 유유
『역사학개론』 이상신 저, 신서원
『<자본>에 대한 노트』 세르게이 에이젠슈테인, 알렉산더 클루게 저, 김수환 유운성 옮김, 문학과지성사
『10가지 도덕적 역설』 사울 스밀란스키 저, 안건훈 역, 서광사
『12개 한자로 읽는 중국』 장일청 저, 이인호 역, 뿌리와이파리
『1417년 근대의 탄생』 스티븐 그린블랫 저, 이혜원 역, 까치
『150년 하버드 글쓰기 비법』 송숙희 저, 유노북스
『1780년 이후의 민족과 민족주의』 E. J. 홉스봄 저, 강명세 역, 창작과비평사
『17세기 영국의 수평파운동』 이승영 저, 민연
『17세기 음악』 이남재 저, 음악세계
『18세기 음악』 이남재 김용환 저, 음악세계
『18인의 천재와 끔찍한 부모들』 외르크 치들라우 저, 강희진 역, 미래의창
『1945 중국, 미국의 치명적 선택』 리처드 번스타인 저, 이재황 역, 책과함께
『1950년대의 인식』 진덕규 외 저, 한길사
『19세기 음악』 김용환 저, 음악세계
『1차세계대전-모든 전쟁을 끝내기 위한 전쟁-』 러셀 프리드먼 저, 강미경 역, 두레아이들
『1차세계대전사』 존 키건 저, 조행복 역, 청어람미디어
『20세기 음악』 신인선 저, 음악세계

『20세기 이데올로기-자유주의 보수주의 공산주의 파시즘, 1914-1991-』 윌리 톰슨 저, 전경훈 역, 산처럼

『20세기 프랑스 역사가들-새로운 역사학의 탄생-』 필립 데일리더, 필립 월런 엮음 / 김응종 김정인 문지영 박윤덕 백인호 성백용 양희영 이용재 임승휘 역 / 한국프랑스사학회 감수 / 삼천리

『21세기 미국의 패권과 지정학』 피터 자이한 저, 홍지수 역, 김앤김북스

『21세기와 이데올로기』 이성구 이유나 저, 대경

『21일만에 시나리오 쓰기-당신의 마음속에 있는 영화를 종이에 옮기는 법-』 비키 킹 저, 조고은 역, 비즈앤비즈

『30분 경제학-대학 4년 경제학 공부를 82제 개념으로 끝낸다!-』 이호리 도시히로 저, 신은주 역, 김미애 감수, 길벗

『3차 산업혁명-수평적 권력은 에너지 경제 그리고 세계를 어떻게 바꾸는가-』 제러미 리프킨 저, 안진환 역, 민음사

『4차 산업혁명 이미 와 있는 미래』 롤랜드버거 저, 김정희, 조원영 역, 다산3.0

『68·세계를 바꾼 문화혁명-프랑스 독일을 중심으로-』 오제명 김경석 김길웅 김지혜 안영현 이은미 이정희 전경화 저, 길

『6일 전쟁 50년의 점령』 아론 브레크먼 저, 정회성 역, 니케북스

『Apology, Crito, and Phaedo of Socrates』 Plato 저, Cary, Henry 역, Dodo Press

『C. G. 융 무의식 분석』 C. G. 융 저, 설영환 역, 선영사

『COREA OR CHO-SEN, THE LAND OF THE MORNING CALM』 A. 헨리 새비지-랜도어(A. Henry Savage-Landor) 저, 유페이퍼

『GRIT그릿-IQ, 재능, 환경을 뛰어넘는 열정적 끈기의 힘-』 앤절라 더크워스 저, 김미정 역, 비즈니스북스

『Ideologies in the Age of Extremes Liberalism, Conservatism, Communism, Fascism 1914-1991』 Willie Thompson 저, Pluto Press(UK)

『No Bullshit 수학 & 물리 가이즈』 Ivan Sanov 저, 권기영 역, 한빛아카데미

『The Last Days of Socrates』 Plato 저, Christopher Rowe 역, Penguin Books

『Utilitarianism(영어로 읽는 세계문학 242)』 존 스튜어트 밀 저, 내츄럴

『What is History』 E.H.Carr 저, Vintage Books USA

『Who? 세계 인물: 존 스튜어트 밀』 오경석 저, 김희송 그림, 다산어린이

『Why? 세계사 : 미국』 남춘자 저, 크레파스 그림, 예림당

『Why? 세계사 : 영국』 유기영 임영제 저, 김정진 그림, 예림당

『Why? 세계사 : 프랑스』 남춘자 저, 윤현우 그림, 예림당

『Y의 비극』 엘러리 퀸, 서계인 역, 검은숲

『가장 빨리 부자 되는 법 단숨에 부가 늘어나는 쾌감을 즐겨라!』 알렉스 베커 저, 오지연플루타르코스 역, 유노북스

『가장 위험한 책』 크리스토퍼 B 크레브스 저, 이시은 역, 민음인

『가족이라는 병』 시모주 아키코 저, 김난주 역, 살림

『가짜 감정』 김용태 저, 덴스토리

『가짜 자존감 권하는 사회』 김태형 저, 갈매나무

『감정독재』 강준만, 인물과사상사

『감정적 자아 -나의 감정은 사회에서 어떻게 만들어지는가-』 데버러 럽턴 저, 박형신 역, 한울아카데미

『개념, 용어, 이론을 쉽게 정리한-생명과학 사전-』 오이시 마사미치 저, 이재화 역, 임현구

참고 서적

감수, 그린북
『개인 대 국가』 허버트 스펜서 저, 이상률 역, 이책
『객관성의 칼날-과학사상의 역사에 관한 에세이-』 찰스 길리스피 저, 이필렬 역, 새물결
『갤브레이스가 들려주는 경제학의 역사』 존 케네스 갤브레이스 저, 장상환 역, 책벌레
『거장들의 만남과 헤어짐-학문과 예술의 교육적 진보-』 엄태동 저
『거장들의 스캔들』 홍지화 저, 작가와비평
『검증 미국사 500년의 이야기』 사루야 가나메 저, 남혜림 역, 행담
『결정, 흔들리지 않고 마음먹은 대로』 애니 듀크 저, 구세희 역, 8.0(에이트포인트)
『결코 사라지지 않는 로마-신성로마제국-실익과 명분의 천 년 역사-』 기쿠치 요시오 저, 이경덕 역, 다른세상
『경계를 넘어 빛을 발하다 낭만과 인상주의』 가브리엘레 크레팔디 저, 하지은 역, 마로니에북스
『경극의 이해』 고신 저, 안말숙 윤미령 저, 박이정
『경이로운 철학의 역사. 1: 고대 중세 편』 움베르토 에코, 리카르도 페드리가 저, 윤병언 역, 아르테(arte)
『경제를 보는 눈』 홍은주 저, 개마고원
『경제분석의 역사. 1』 조지프 슘페터 저, 김균 성낙선 이상호 정중호 신상훈 역, 한길사
『경제의 책-인간의 삶을 변화시킨 위대한 경제학의 통찰들-』 니알 키시타이니, 제임드 미드웨이, 크리스토퍼 윌리스, 프랭크 케네디, 존 판던, 조지 애보트, 마커스 윅스 저, 이시은 권지은 이경희 역, 지식갤러리
『경제학 무작정 따라하기-핵심 키워드 8개로 시작하는 당신의 첫 경제학 책-』 조지 버클리, 수미트 데사이 저, 정윤미 역, 김재영 감수, 길벗
『경제학 콘서트』 팀 하포드 저, 김명철 역, 웅진지식하우스
『경제학 팟캐스트-현대 경제를 만든 50가지 생각들-』 팀 하포드 저, 박세연 역, 세종서적
『경제학』 니얼 키슈타이니 저, 박준형 역, 아르테(arte)
『경제학의 검은 베일』 토머스 소웰 저, 박슬라 역, 살림Biz
『경제학의 역사와 사상』 이천우 저, 율곡출판사
『경제학의 인식론적 문제들』 루트비히 폰 미제스 저, 박종운 역, 지식을만드는지식
『곁에 두고 보는 사자성어』 장개충 저, 나무의꿈
『곁에 두고 읽는-철학 가이드북-플라톤부터 곰돌이 푸까지, 지적 수다를 위한 철학 에센스』 제임스 M. 러셀 저, 김우영 역, 휴머니스트
『계몽시대의 철학: 18세기의 철학자들』 이사야 벌린 저, 정병훈 역, 서광사
『계몽의 이데올로기와 대상』 허재영 정대현 윤금선 김정애 김경남 저, 경진출판
『고고학 과거로 들어가는 문』 브라이언 페이건 저, 김문호 역, 일빛
『고대 그리스 그리스인들』 H. D. F. 키토 저, 박재욱 역, 갈라파고스
『고대 그리스 법제사』 최자영 지음, 아카넷
『고대 그리스』 폴 카틀리지 저, 이상덕 역, 교유서가
『고대 그리스의 영광과 몰락』 김진경 저, 안티쿠스
『고대 그리스정치사 사료아테네·스파르타·테바이 정치제도』 아리스토텔레스·크세노폰 외 저, 최자영·최혜영 옮김, 신서원
『고대 로마의 밤문화』 카를 빌헬름 베버 저, 윤진희 역 들녘
『고대 아네테 정치제도사』 최자영 지음, 신서원
『고대 정치사상』 조찬래 저, 충남대학교출판문화원
『고대에서 봉건제로의 이행』 페리 앤더슨 저, 유재건 한정숙 역. 현실문화

『고대의 배와 항해 이야기』 라이오넬 카슨, 김훈 역, 가람기획
『고대 철학(케니의 서양철학사 1)』 앤서니 케니저, 김성호 역, 서광사
『고봉 기대승이 들려주는 사단칠정이야기』 이명수 저, 자음과모음
『고슴도치와 여우 우리는 톨스토이를 무엇이라 부르는가』 이사야 벌린 저, 강주헌 역
『고전주의 음악사』 Reinhard G. Pauly 저, 조응순 역, 영남대학교출판부
『곰브리치 세계사 1, 2』 에른스트 H. 곰브리치 저, 이내금 역, 자작나무
『곰브리치의 불교 강의』 리처드 곰브리치 저, 송남주 역, 불광출판사
『공간의 심리학-인간의 행동을 결정하는 공간의 비밀|진화심리학과 행동과학으로 밝힌 50가지 공간심리 연구-』 발터 슈미트 저, 문항심 역, 반니
『공격성, 인간의 재능-공격성은 어떻게 인간의 독립과 생존, 성취로 이어지는가-』 앤서니 스토 저, 이유진 역, 심심
『공공성』 하승우 저, 책세상
『공대생이 아니어도 쓸데있는 공학 이야기-재미 넘치는 공대 교수님의 공학 이야기 두 번째!-』 한화택 저, 플루토
『공리주의 입문』 카타르지나 드 라자리-라덱, 피터 싱어 저, 류지한 역, 울력
『공리주의』 존 스튜어트 밀 저, 서병훈 역, 책세상
『공리주의』 존 스튜어트 밀 저, 이종인 역, 현대지성
『공부의 철학-깊은 공부, 진짜 공부를 위한 첫걸음-』 지바 마사야 저, 박제이 역, 책세상
『공부하는 뇌』 다니엘 G. 에이멘 저, 김성훈 역, 반니
『공산주의 이후 이슬람-중앙아시아의 종교와 정치-』 A. 할리드 저, 오원교 역, 진인진
『공산주의의 역사COMMUNISM』 리처드 파이프스 저, 이종인 역
『공정하다는 착각-능력주의는 모두에게 같은 기회를 제공하는가-』 마이클 샌델 저, 함규진 역, 와이즈베리
『공화국을 위하여-공화주의 이념의 형성 과정-』 조승래 저, 도서출판길
『공화국의 위기』 한나 아렌트 저, 김선욱 역, 한길사
『공화주의』 김경희 저, 책세상
『공화주의』 모리치오 비롤리 저, 김경희 김동규 역, 인간사랑
『공화주의와 정치이론』 세실 라보르드, 존 메이너 외 저, 곽준혁 조계원 홍승헌 역, 까치
『과학 어떻게 배우고 생각할 것인가』 이케우치 사토루 저, 김정흠 역, 한겨레
『과학 용어 도감-그림으로 기억하는 과학 상식-』 미즈타니 준 저, 윤재 역, 오바타 사키 그림, 서울과학교사모임 감수, 초사흘달
『과학 콘서트』 정재승 저, 동아시아
『과학과 기술로 본 세계사 강의』 제임스 E. 매클렐란 3세 저, 전대호 역, 모티브북
『과학과 철학』 피터 S. 럭크만 저, 편집부 역, 말씀보존학회
『과학사 대논쟁 10가지-과학사의 흐름을 바꾼 열 가지 이야기 | 격렬하고 비열했던 과학자들, 그 생생한 싸움의 역사-』 핼 헬먼 저, 이충호 역, 가람기획
『과학사 속의 대논쟁 10』 핼 헬먼 저, 이충호 역, 가람기획
『과학용어 사전』 아이뉴턴 편집부 저, 아이뉴턴(뉴턴코리아)
『과학의 개척자들』 로버트 웨버 저, 주관식 김철성 정원모 역, 전파과학사
『과학의 망상』 루퍼트 셸드레이크 저, 하창수 역
『과학이론 20 우주론, 양자역학, 진화론, 분자생물학의 최전선』 호소카 히로아키 저, 김정환 역
『과학자에게 이의를 제기합니다』 도다야마 가즈히사 저, 전화윤 역, 플루토
『과학철학 -기독교 세계관의 철학적 기초 3-』 J. P. 모어랜드, W. L. 크레이그 저, 김명석 역, CLC
『과학철학』 R.하레 저, 민찬홍 외 역, 서광사

303

참고 서적

『과학철학』 사미르 오카샤 저, 김미선 역, 교유서가
『과학철학의 이해』 제임스 래디먼 저, 박영태 역, 이학사
『과학철학의 형성』 한스 라이헨바하 저, 전두하 역, 선학사
『과학철학입문』 R. 카르납 저, 윤용택 역, 서광사
『과학한다, 고로 철학한다』 팀 르윈스 저, 김경숙 역, MID
『과학혁명의 구조』 토마스 S. 쿤 저, 김명자 역, 두산동아
『관용에 관한 편지』 존 로크 저, 최유신 역, 철학과현실사
『괴델의 삶』 하오 왕 저, 배식한 역, 사이언스북스
『괴델의 증명-쉽게 풀어쓴 괴델의 불완전성 정리-』 어니스트 베이글, 제임스 뉴먼 저, 강헌주 역, 경문사
『괴물의 심연』 제임스 팰런 저, 김미선 역, 더퀘스트
『괴테 자서전-나의 인생, 시와 진실-』 요한 볼프강 폰 괴테 저, 이관우 역, 우물이있는집
『교사론』 아우구스티누스 저, 성염 역, 분도출판사
『교사를 위한 아동미술교육의 이해』 백중열 오현숙 저, 공동체
『교양으로 읽는 뇌과학』 이케가야 유지 저, 이규원 역, 은행나무
『교양으로 읽는 중국사』 박영규 저, 웅진지식하우스
『교양인을 위한 수학사 강의』 이언 스튜어트 저, 노태복 역
『교육과 정치로 본 프랑스사』 이영림·민유기 등 저, 한국프랑스사학회 기획, 서해문집
『교육의 역사와 철학』 김병희 저
『구글의 종말-빅데이터에서 블록체인으로 실리콘밸리의 충격적 미래-』 조지 길더 저, 이경식 역, 청림출판
『국가 정체』 플라톤 저, 박종현 역, 서광사
『국가』 플라톤 저, 천병희 역, 도서출판 숲
『국가는 왜 실패하는가』 대런 애쓰모글루, 제임스 A. 로빈슨 저, 최완규 역, 장경덕 감수, 시공사
『국가에 관한 6권의 책 1』 장 보댕 저, 나정원 역, 아카넷
『국부론 1, 2』 애덤 스미스 저, 유인호 역, 동서문화사
『국부론』 애덤 스미스 저, 김수행 역
『국부론』 애덤 스미스 저, 최임환 역, 올재클래식스
『국제관계이론』 Oliver Daddow 저, 이상현 역, 명인문화사
『국제분쟁-재앙인가 평화를 위한 갈등인가-』 헬렌 웨어 저, 이광수 역, 이후
『군중심리』 귀스타브 르 봉 저, 전남석 역, 동국출판사
『권력은 왜 역사를 지배하려 하는가-정치의 도구가 된 세계사, 그 비틀린 기록-』 임
『권력이동』 앨빈 토플러 저, 이규행 역, 한국경제신문사
『그 페미니즘이 당신을 불행하게 하는 이유-그들이 말하지 않는 진실-』 오세라비 박가분 김승한 박수현 저, 리얼뉴스
『그래서 철학이 필요해』 고바야시 쇼헤이 저, 김복희역, 쌤앤파커스
『그레이트 게임: 중앙아시아를 둘러싼 숨겨진 전쟁』 피터 홉커크 저, 정영목 역, 사계절
『그리고 나는 스토아주의자가 되었다-성격 급한 뉴요커, 고대 철학의 지혜를 만나다-』 마시모 피글리우치 저, 석개용 역, 든
『그리스 계몽주의와 신플라톤주의』 박규철 저
『그리스 고대 교육사상의 유산』 성기산 저, 문음사
『그리스 고대로의 초대, 신화와 역사를 따라가는 길』 유재원 저, 리수
『그리스 논리사』 김귀룡 저, 충북대학교출판부

『그리스 로마 철학사』 프레드릭 코플스턴 저, 김보현 역, 북코리아
『그리스 비극과 민주정치』 김진경 저, 안티쿠스
『그리스 역사』 크세노폰 저, 최자영 편역, 안티쿠스
『그리스 철학자 열전』 디오게네스 라에르티오스 저, 전양범 역, 동서문화사
『그리스-고대로의 초대, 신화와 역사를 따라가는 길-』 유재원 저, 리수
『그리스인 이야기 1: 호메로스에서 페리클레스까지』 앙드레 보나르 저, 김희균 역, 강대진 감수, 책과함께
『그리스인 이야기 2: 소포클레스에서 소크라테스까지』 앙드레 보나르 저, 양영란 역, 강대진 감수, 책과함께
『그리스인 이야기 3: 에우리피데스에서 알렉산드로까지』 앙드레 보나르 저, 양영란 역, 강대진 감수, 책과함께
『그림 속 천문학』 김선지, 김현구(도움) 저, 아날로그(글담)
『그림과 함께 이해하는-철학 용어 도감-중국·일본·영미 분석철학 편』 다나카 마사토 저, 김선숙 역, 사이토 테츠야 감수, 성안당
『그림으로 배우는-논리 오류19-』 앨리 앨모서위 저, 하자인 역, 돈키호테
『그림으로 보는 상대성 이론과 양자역학』 스티븐 L. 맨리 저, 스티븐 포니어 그림, 김동광 역, 까치
『극장의 역사-건축과 연극의 사회문화사-』 임석재 저, 이화여자대학교출판문화원
『근대 도덕철학의 역사 1. 2. 3. -자율의 발명-』 제롬 B. 슈니윈드 저, 김성호 역, 나남출판사
『근대 프랑스의 공자 열광과 계몽철학』 황태연 저, 넥센미디어
『근대문화사 1-흑사병에서 1차 세계대전에 이르기까지 유럽 영혼이 직면한 위기 | 르네상스와 종교개혁:흑사병에서 30년 전쟁까지-』 에곤 프리델 저, 변상출 역, 한국문화사
『근대문화사 2-흑사병에서 1차 세계대전에 이르기까지 유럽 영혼이 직면한 위기 | 바로크와 로코코:30년 전쟁에서 7년 전쟁까지-』 에곤 프리델 저, 변상출 역, 한국문화사
『근대문화사 3-흑사병에서 1차 세계대전에 이르기까지 유럽 영혼이 직면한 위기 | 계몽과 혁명:7년 전쟁에서 빈회의까지-』 에곤 프리델 저, 변상출 역, 한국문화사
『근대문화사 4-흑사병에서 1차 세계대전에 이르기까지 유럽 영혼이 직면한 위기 | 낭만주의와 자유주의:빈회의에서 프로이센-프랑스 전쟁까지-』 에곤 프리델 저, 변상출 역, 한국문화사
『근대문화사 5-흑사병에서 1차 세계대전에 이르기까지 유럽 영혼이 직면한 위기 | 제국주의와 인상주의:프로이센-프랑스 전쟁에서 세계대전까지-』 에곤 프리델 저, 변상출 역, 한국문화사
『근대세계체제 1-자본주의적 농업과 16세기 유럽 세계경제의 기원-』 이매뉴얼 월러스틴 저, 나종일 박상익 김명환 김대륜 역, 까치
『근대세계체제 2-중상주의와 유럽 세계경제의 공고화 1600-1750년-』 이매뉴얼 월러스틴 저, 유재건 서영건 현재열 역, 까치
『근대세계체제 3-자본주의 세계경제의 거대한 팽창의 두 번째 시대 1730-1840년대-』 이매뉴얼 월러스틴 저, 김인중 이동기 역, 까치
『근대철학(케니의 서양철학사 3)』 앤서니 케니저, 김성호 역, 서광사
『근시사회』 폴 로버츠 저, 김선영 역
『급진자유주의 정치철학』 윤평중 저, 아카넷
『기독교로 보는 세계역사』 김동주 저, 킹덤북스
『기독교와 자본주의의 발흥』 R. H. 토니 저, 고세훈 역, 한길사
『기초 화학 사전-개념, 용어, 이론을 쉽게 정리한-』 다케다 준이치로 저, 조민정 역, 김경숙

참고 서적

감수, 그린북
『기하학-유클리드 기하학 비유클리드 기하학-』 윤갑진 저, 교우사
『긴축 그 위험한 생각의 역사』 마크 블라이스 저, 이유영 역, 부키
『꿈 분석』 칼 구스타프 융 저, 정명진 역, 부글북스
『꿈의 해석』 지그문트 프로이트 저, 안병웅 역, 풀빛
『끝까지 계속하게 만드는-아주 작은 반복의 힘-』 로버트 마우어 저, 장원철 역, 스몰빅라이프
『끝없는 테러공격-테러리즘의 이해와 중동 테러 공격전술-』 이인태 저, 책과나무
『나는 왜 로마카톨릭이 아닌가』 피터 S. 럭크만 저, 김광원 역, 말씀보존학회
『낭만주의 시대의 작곡가들』 Suzanne Pitner 저, 이미정 그림, 다락원
『내 마음을 지키기 위한 철학 학교』 여하네스 부채 저, 이기홍 역, 책세상
『내 인에서 나를 만드는 것들』 애덤 스미스(원저), 러셀 로버츠 저, 이현주 역, 세계사
『내 인생의 첫 번째 Classic-세계적인 클래식 음악가와 아름다운 명곡을 만화로 만나는 클래식 입문서-』 강모림 저, 강모림 그림, 컬처그라퍼
『논거와 논증』 Klaus Bayer, 국세라 저, 신형욱 역, 한국외국어대학교 지식출판콘텐츠원
『논리 속의 오류 오류 속의 논리』 정재환 신소혜 저, 한국외국어대학교출판부
『논리력 키우기』 테드 허들스턴, 돈 로우 저, 어린이철학교육연구소 역, 철학과현실사
『논리로 속이는 법 속지 않는 법』 로버트 J. 굴라 저, 이경석 김슬옹 역, 모멘토
『논리를 모르면 웃을 수도 없다』 박우현 저, 책세상
『논리적 사고』 R. L 퍼틸 저, 한상기 역, 서광사
『논리적 생각의 핵심 개념들』 나이절 워버턴 저, 유영범 역, 동녘
『논리적 추론과 증명』 이병덕 저, 이제이북스
『논리학 대전 1. -명사에 대하여-』 윌리엄 오캄 저, 박우석 이재경 역, 나남
『논리학 윤리학』 J. P. 모어랜드, W. L. 크레이그 저, 이경직 역, CLC
『논리학 입문』 Irving M. Copi , Carl Cohen , Kenneth McMahon 저, 박만준 윤진각 역, 경문사
『논리학 입문』 제임스 카니, 리처드 쉬어 저, 전영삼 역, 간디서원
『논리학 콘서트-생각하는 힘을 길러주는 논리 이야기-』 사와다 노부시게 저, 고재운 역, 바다출판사
『논리학』 로버트 바움 저, 안형관 전재원 역, 이문
『논리학-명제논리와 술어논리-』 손병홍 저, 장서인
『논리학의 기초』 스티븐 바커 저, 최세만 이재희 역, 서광사
『논리학의 역사. 1』 윌리엄 닐, 마사 닐 저, 박우석 배선복 송하석 최원배 역, 한길사
『논리학의 첫걸음』 서정선 저, 서광사
『논리학의 형이상학적 시원근거들』 마르틴 하이데거 저, 김재철 김진태 역, 길
『논리학이란 무엇인가』 F. R. 버거 저, 김영배 역, 서광사
『논쟁에서 이기는 38가지 방법』 쇼펜하우어 저, 김재혁 역, 고려대학교출판부
『논증의 기술』 앤서니 웨스턴 저, 이보경 역, 필맥
『논증의 기술-논리적으로 생각하고 말하고 쓰기의 모든 것-』 앤서니 웨스턴 저, 이주명 역, 필맥
『뇌 마음대로』 코넬리아 파인 저, 송정은 역, 공존
『뇌가 지어낸 모든 세계-상처 입은 뇌가 세상을 보는 법-』 엘리에저 스턴버그 저, 조성숙 역, 다산사이언스
『뉴스 다이어트-뉴스 중독의 시대, 올바른 뉴스 소비법-』 롤프 도벨리 저, 장윤경 역, 갤리온
『뉴욕타임스 과학-질문, 발견, 탐구에 관한 150년간의 이야기-』 나탈리 앤지어, 윌데머 캠퍼트, 월터 설리번, 존 노블 윌포드, 칼 짐머 저, 민청기 방진이 역, 열린과학

『뉴턴 프린키피아』 송은영 저, 홍소진 그림, 주니어김영사
『뉴턴의 시계-과학혁명과 근대의 탄생-』 에드워드 돌린 저, 노태복 역, 책과함께
『뉴파워: 새로운 권력의 탄생-초연결된 대중은 어떻게 세상을 바꾸는가-』 제러미 하이먼즈, 헨리 팀스 저, 홍지수 역, 비지니스북스
『니벨룽겐의 노래』 프란츠 퓌만 저, 박신자 역, 지식을만드는지식
『니체, 평준화 교육에 반대하다』 프리드리히 니체 저, 정명진 역
『니체는 왜 민주주의에 반대했는가』 김진석 저, 개마고원
『니코마스 윤리학』 아리스토텔레스 저, 천병희 역, 숲
『다가오는 유럽의 위기와 지정학』 조지 프리드먼 저, 오지수 역, 김앤김북스
『단숨에 이해하는-자유론-』 김요한 저, 생각정거장
『단위로 읽는 세상』 김일선 저, 김영사
『달려라 논리 1, 2, 3』 탁석산 저, 창비
『달콤한 수학사』 마이클 J. 브래들리 저, 오혜정 역
『당신이 남긴 증오』 앤지 토머스 저, 공민희 역, 걷는나무
『대논쟁! 철학 배틀』 하타케야마 소 저, 김경원 역, 이와모토 다쓰로 그림
『대학은 누구의 것인가 빼앗긴 자들을 위한 탈환의 정치학』 채효정 저
『더 그레이트 워-제1차 세계대전-』 피터 하트 저, 정재면 역, 관악출판사
『더 이상한 수학책-펼치는 순간 단숨에 이해되는 미적분의 비밀-』 벤 올린 저, 이경민 역, 북라이프
『더 클래식 세트』 문학수 저, 돌베개
『더 타임즈 세계사』 리처드 오버리 저, 왕수민 이기홍 역, 예경
『데이비드 프리드먼 교수의- 경제학 강의-회복불능 상태의 자유시장 경제를 구원한 천재 경제학자 밀턴 프리드먼ㅣ그를 능가하는 아들 교수의 일상의 경제학 이야기』 데이비드 프리드먼 저, 고기탁 역, 옥당
『데카르트의 철학』 안쏘니 케니 저, 김성호 역, 서광사
『도덕감정론』 애덤 스미스 저, 민경국 역, 비봉출판사
『도덕적 감정과 직관』 사빈 뢰저 저, 박병기 김민재 이철주 역, 씨아이알
『도덕철학』 제임스 레이첼즈 저, 김기순 역, 서광사
『도덕철학사 강의』 존 롤즈 저, 바바라 허먼 엮음, 김은희 역, 이학사
『도문천자: 천개의 글씨 이야기가 있는』 박종택 저, 서예문인화
『도적 떼』 프리드리히 폰 쉴러 저, 김인순 역, 열린책들
『독이 되는 부모 득이 되는 부모』 백은영 저
『독일 계몽주의』 김수용 저, 연세대학교출판부
『독일 고대 중세문학』 김광요 저, 한국문화사
『독일 고전주의』 임홍배 저, 연세대학교 대학출판문화원
『독일 교육학의 이해』 헬무트 단너 저, 조상식 역, 문음사
『독일 국방군-2차 대전과 깨끗한 독일군의 신화-』 볼프람 베테 저, 김승렬 역, 미지북스
『독일 근대형성사 연구』 조만제 저, 경성대학교 출판부
『독일 명작 기행-중세에서 현대까지 독일 고전 명작들과 함께 하는-』 홍성광 저, 연암서가
『독일 미학 전통-바움가르텐부터 아도르노까지-』 카이 함머마이스터 저, 신혜경 역, 이학사
『독일 비애극의 원천』 발터 벤야민 저, 최성만 김유동 역, 한길사
『독일 사회철학 강의-사유와 비판-』 정재각 저, 인간사랑
『독일 이데올로기』 카를 마르크스, 프리드리히 엥겔스 저, 김대웅 역, 두레
『독일 자유주의발전사』 JAMES J. SHEEHAN 저, 정항희 역, 법경출판사

참고 서적

『독일 정치, 우리의 대안』 조성복 저, 지식의날개
『독일 철학과 정치』 존 듀이 저, 조상식 역, 교육과학사
『독일 철학사-독일 정신은 존재하는가-』 비토리오 회슬레 저, 이신철 역, 에코리브르
『독일 프랑스 공동 역사교과서』 페터 가이스, 기욤 르 캉트랙 저, 김승렬 신동민 이학로 역, 휴머니스트
『독일 현대사-1871년 독일제국 수립부터 현재까지-』 디트릭 올로 저, 문수현 역, 미지북스
『독일, 민족, 그리고 신화-에다에서 베른의 기적까지-』 최윤영 이재원 황승환 권혁준 저, 서울대학교출판문화원
『독일근대사(개정증보판)』 윌리엄카 저, 이민호 강철구 역, 탐구당
『독일명작의 이해』 이재원, 임홍배, 전영애, 황승환 저, 서울대학교출판문화원
『독일사 산책』 닐 맥그리거 저, 김희주 역, 옥당
『독일이야기. 1-독일어권 유럽의 역사와 문화-』 임종대 전영애 이정희 이민용 김명찬 이재황 최윤영 저, 거름
『독재자가 되는 법』 프랭크 디쾨터 저, 고기탁 역, 열린책들
『동·남중국해, 힘과 힘이 맞서다-교역의 중심, 동·남중국해를 둘러싼 패권전쟁-』 마이클 타이 저, 한승동 역, 메디치미디어
『동방 기독교와 동서문명』 김호동 저, 까치
『동아시아 국가의 국제정치』 송영우 저, 교우미디어
『동아시아 패권경쟁과 해양력』 김경식 저, 충남대학교출판문화원
『동양고전극의 미학과 이론』 박진태 정은혜 전인평 정원지 김현욱 저, 박이정
『동유럽 신화-동유럽의 신, 영웅, 신비한 존재들-』 권혁재, 김상헌, 김신규, 이호창, 최성은 저, 한국외국어대학교출판부
『동유럽의 민족 분쟁-보스니아·코소보·마케도니아-』 김철민 저, 살림
『두 개의 스페인-알타미라에서 펠리뻬 6세까지-』 신정환 전용갑 저, 한국외국어대학교출판부
『드로이젠과 역사주의』 최성철, [한국사학사학보 24권]
『또 하나의 유럽, 발칸유럽을 읽는 키워드』 김원회 김철민 저, HUINE
『똑똑한 바보들』 크리스 무니 저, 이지연 역, 동녘사이언스
『라틴아메리카』 우덕룡 외 저, 송산출판사
『라틴어 격언집』 대사리위스 애러수뮈스 원작, 로버트 블랜드 엮음, 김대웅 임경민 역, 노마드
『라틴어 문장 수업』 김동섭 저, 알에이치코리아
『라틴어 수업』 한동일 저, 흐름출판
『러시아의 역사. 상 하』 니콜라스 V. 랴자놉스키, 마크 D. 스타인버그 저, 조호연 역, 까치
『로마 공화정』 데이비드 M. 귄 저, 신미숙 역, 교유서가
『로마 멸망 이후의 지중해 세계(상, 하)』 시오노 나나미 저, 김석희 역, 한길사
『로마 사람들도 피자를 먹었나요 -고대 로마에 대한 궁금증 33가지-』 피오나 맥도널드 저, 함께 나누는 엄마 모임 역, 다섯수레
『로마 -신화적 상상력으로 재현한 천 년의 드라마 (상, 하)-』 스티븐 세일러 저, 박웅희 역, 추수밭
『로마 어린이는 어떻게 살았을까』 롤프 크렌처 저, 김희상 역, 마티아스 베버 그림, 어린이작가정신
『로마 절대권력의 길을 닦다(세계의 고대문명 3)』 아다 가부치 저, 정은진 역, 예경
『로마 제국과 그리스 문화 -헬레니즘의 수용과 변용-』 차전환 저, 길
『로마 카톨릭과 바빌론 종교 -어떻게 바빌론의 여신이 동정녀 마리아가 되었는가-』 데이비드 W. 다니엘즈 저, 한승용 역, 말씀보존학회
『로마 혁명사 1, 2』 로널드 사임 저, 허승일·김덕수 역, 한길사

『로마 황제의 발견 -천의 얼굴을 가진 사람들의 이야기-』 이바르 리스너 저, 김지영 안미라 역, 살림
『로마(똘레랑스의 제국)』 한형곤 저, 살림
『로마사 논고』 니콜로 마키아벨리 저, 강정인 김경희 역, 한길사
『로마사』 프리츠 하이켈하임 저, 김덕수 역, 현대지성사
『로마의 소작과 소작인』 임웅 저, 신서원
『로마의 역사』 장 이브 보리오 저, 박명숙 역, 궁리
『로마의 일인자 1, 2, 3』 콜린 매컬로 저, 강선재·신봉아·이은주 역, 교유서가
『로마의 축제들』 오비디우스 저, 천병희 역, 숲
『로마의 축제일』 오비디우스 저, 천병희 역, 한길사
『로마인의 삶 -축복받은 제국의 역사-』 존 셰이드 외 저, 손정훈 역, 시공사
『로마인이 사는 땅 루마니아』 금동이책 저, 금동이책 그림, 한국글렌도만
『로마카톨릭의 거짓 교리들』 릭 존스 저, 윤지영 역, 말씀보존학회
『로마카톨릭주의의 정체』 랄프 우드로우 저, 하늘기획
『로베스 피에르-덕치와 공포통치-』 막시밀리앙 로베스 피에르 저, 배기현 역, 프레시안북
『로베스피에르 혁명의 탄생』 장 마썡 저, 양희영 역
『로크의 이해』 어네스트 바커 외 저, 강정인 외 역, 문학과지성사
『루이 알튀세르의 이데올로기』 루크 페레터 저, 심세광 역, 앨피
『뤼시스 라케스 카르미데스 초기 대화편들』 플라톤 저, 천병희 역
『르네상스 음악』 이영민 저, 음악세계
『르네상스』 제리 브로턴 저, 윤은주 역, 교유서가
『르네상스』 폴 존슨 저, 한은경 역, 을유문화사
『리더를 위한 고전 열전 3편, 존 스튜어트 밀의 자유론-진정한 자유를 위하여-』 북모닝 CEO편집팀 저, 북모닝
『리비우스 로마사 1. 100년 로마의 시작』 티투스 리비우스 저, 이종인 역, 현대지성
『리비우스 로마사 2. 끝나지 않는 전쟁』 티투스 리비우스 저, 이종인 역, 현대지성
『리비우스 로마사 3. 한니발 전쟁기』 티투스 리비우스 저, 이종인 역, 현대지성
『리비우스 로마사 4. 로마와 지중해 세계』 티투스 리비우스 저, 이종인 역, 현대지성
『리처드 파인만-사랑과 원자폭탄, 상상력과 유쾌함의 과학자, 파인만의 일생-』 크리스토퍼 사이크스 저, 노태복 역, 반니
『마르크스』 피터 싱어 저, 노승영 역, 교유서가
『마스터스 오브 로마 가이드북』 콜린 매컬로 저, 신봉아·이은주 역, 교유서가
『마음의 상처와 마주한 나에게-피하고 싶지만 마주해야 하는, 상처 셀프 치료 심리학-』 롤프 젤린 저, 김현정 역, 나무생각
『마이클 패러데이, 평생의 발자취』 아이치 게이치 저, 김윤정 역, 왓북
『마키아벨리 전술론』 니콜로 마키아벨리 저, 이영남 역, 인간사랑
『마키아벨리, 군주론의 탄생』 마일즈 J. 웅거 저, 박수철 역, 미래의창
『마키아벨리-르네상스 피렌체가 낳은 이단아-』 임
『만들어진 신』 리처드 도킨스 저, 이한음 역, 김영사
『만들어진 진실』 헥터 맥도널드 저, 이지연 역, 흐름출판
『만만하게 보이지 않는 대화법 함부로 무시당하지 않는 말투는 따로 있다』 나이토 요시히토 저, 이정은 역
『만화 로마사 1. 1000년 제국 로마의 탄생 | 기원전 753년~기원전 509년』 이익선 저, 이익선 그림, 임웅 감수, 알프레드

309

참고 서적

『만화 로마사 2. 왕의 몰락과 민중의 승리 | 기원전 509년~기원전 264년』 이익선 저, 이익선 그림, 임웅 감수, 알프레드
『만화 애덤 스미스 국부론』 손기화 저
『만화 헤겔 역사철학강의』 심옥숙 글, 배광선 그림, 김영사
『만화로 배우는 블록체인』 윤진 저, 이솔 그림, 웨일북
『만화로 배우는 인공지능』 미야케 요이치로 지, 신은주 역, 비젠 야스노리 그림, 전승민 감수, 비전코리아
『만화로 보는-지상 최대의 철학 쇼-소크라테스부터 데리다까지 초특급 두뇌들의 불꽃 튀는 입담 공방전』 프레드 반렌트 저, 최영석 역, 라이언 던래비 그림, 다른
『만화처럼 술술 읽히는 철학입문』 가게야마 가츠히데 저, 김선수 역, 성안당
『말, 바퀴, 언어-유라시아 초원의 청동기 기마인은 어떻게 근대 세계를 형성했나-』 데이비드 W. 앤서니 저, 공원국 역, 에코리브르
『맑스사전』 마토바 아키히로, 우치다 히로시, 이시즈카 마사히데, 시바타 다카유키 엮음 / 오석철 이신철 역 / 도서출판 b
『맥을 잡아주는 세계사 1 그리스사』 맥세계사편찬위원회, 송은진 역, 느낌이 있는 책
『맥을 잡아주는 세계사 2 로마사』 맥세계사편찬위원회, 남은숙 역, 느낌이 있는 책
『맥을 잡아주는 세계사 6 영국사』 맥세계사편찬위원회, 하진이 역, 느낌이 있는 책
『맥을 잡아주는 세계사 7 프랑스사』 맥세계사편찬위원회, 최옥영 역, 느낌이 있는 책
『맥을 잡아주는 세계사 9 미국사』 맥세계사편찬위원회, 곽선미 역, 느낌이 있는 책
『맨큐의 경제학』 그레고리 맨큐 저, 김경환 김종석 역, 한티에듀
『메이지 유신-흑선의 내항으로 개항을 시작하여 근대적 개혁을 이루기까지!-』 다나카 아키라 저, 김정희 역, 에이케이커뮤니케이션즈
『메타 인지 도구인 개념도와 브이도』 심재호 저, 교육과학사
『메타윤리』 피터 싱어 저, 김성한 김성호 소병철 역, 철학과현실사
『메타인지치료』 Peter Fisher, Adrian Wells 저, 정지현 역, 학지사
『메타형이상학 입문』 투마스 타코 저, 박준호 역, 서광사
『명화들이 말해주는-그림 속 그리스 신화-』 이진숙 저, 제이앤제이제이(디지털북스)
『명화로 읽는 미술 재료 이야기』 홍세연 저, 미진사
『명화를 결정짓는 다섯가지 힘』 사이토 다카시 저, 홍성민 역, 뜨인돌출판사
『모건과 록펠러 미국 사어사느 개벼이 역시』 홍익희 저, 유페이퍼
『모더니즘 포스트 모더니즘 리얼리즘』 브랜든 테일러 저, 김수기 외 옮김, 시각과언어
『모두를 위한 아리스토텔레스-쉽게 풀어낸 어려운 생각-』 모티머 J. 애들러 저, 김인수 역, 마인드큐브
『모럴 아포리아』 사토 야스쿠니, 미조구치 고헤이 엮음 저, 김일방 이승연 역, 글항아리
『모순의 제국-오스트리아 헝가리제국의 외교사-』 디어세기 이슈트반 저, 김지영 역, 한국외대출판부
『모양; 무질서가 스스로 만드는 규칙』 필립 볼 저, 조민웅 역, 사이언스북스
『모짜르트 베토벤을 알면 클래식이 보인다』 윤희수 저, 문예마당
『몸젠의 로마사 1, 2, 3』 테오도르 몸젠 저, 김남우·김동훈·성중모 역, 푸른역사
『몽골 비사』 유원수 저, 사계절
『몽골제국과 러시아』 게오르기 베르낫스키 저, 김세웅 역, 도서출판 선인
『몽테스키외의 로마의 성공 로마제국의 실패』 샤를 드 몽테스키외 저, 김미선 역, 사이
『무깟디마-이슬람 역사와 문명에 대한 기록-』 이븐 칼둔 저, 김정아 역, 소명출판
『무리는 생각한다-개미에서 로봇까지, 복잡계 과학의 최전선-』 군지 페기오유키오 저, 박철

은 역, 글항아리
『무엇을 위하여 혁명을 하는가』 피에르 세르나, 프레데릭 레장, 장 뤽 샤페, 베르나르 게노 저, 김민철 김민호 역, 두더지
『무엇이 우리 정치를 위협하는가-양극화에 맞서는 21세기 중도정치-』 채진원 저
『무의식이란 무엇인가』 칼 G. 융 저, 김성환 역, 연암서가
『무조건 심플-비지니스 100년사가 증명한 단 하나의 성공 전략-』 리처드 코치, 그레그 록우드 저, 오수원 역, 부키
『문명과 전쟁』 브렛 보든 저, 박배형 역, 서울대학교출판문화원
『문명과 전쟁』 아자 가트 저, 오숙은 이재만 역, 교유서가
『문명은 왜 사라지는가-인류가 잃어버린 25개의 오솔길-』 하랄트 하르만 저, 강인욱 해제, 이수영 역, 돌베개
『문명의 붕괴-과거의 위대했던 문명은 왜 몰락했는가-』 재레드 다이아몬드 저, 강주헌 역, 김영사
『문명의 충돌』 새뮤얼 헌팅턴 저, 이희재 역, 김영사
『문자의 세계』 헨리 로저스, 국립한글박물관 기획, 이용 김성주 김양진 김유범 박진호 안대현 황선엽 고은숙 저, 역락
『문학과 예술의 사회사 1: 선사시대부터 중세까지』 아르놀트 하우저 저, 백낙청 역, 창비
『문학과 예술의 사회사 2: 르네상스 매너리즘 바로끄』 아르놀트 하우저 저, 백낙청 반성완 역, 창비
『문학과 예술의 사회사 3: 로꼬꼬 고전주의 낭만주의』 아르놀트 하우저 저, 백낙청 염무웅 반성완 역, 창비
『물리 화학 사전-법칙, 원리, 공식을 쉽게 정리한-』 와쿠이 사다미, 조민정 역, 그린북
『물리의 구조-물리를 전혀 몰라도 신나게 읽을 수 있다!-』 가와무라 야스후미 저, 이인호 역, 시그마북스
『물리학자의 철학적 세계관』 에르빈 슈뢰딩거 저, 김태희 역, 필로소픽
『물질과 기억』 앙리케르크손 저, 최화 역, 자유문고
『물질과 의식-현대심리철학입문-』 P. M. 처치랜드 저, 석봉래 역, 서광사
『물질문명과 자본주의 I-1 일상생활의 구조 上. 下』 페르낭 브로델 저, 주경철 역, 까치
『물질문명과 자본주의 II-1 교환의 세계 上. 下』 페르낭 브로델 저, 주경철 역, 까치
『미국 공교육의 역사 새로 보기』 김재웅 저, 교육과학사
『미국 대통령 그 어둠의 역사 -권력 부패 음모 스캔들 그들은 정의로운가-』 마이클 케리건 저, 김지선 역, 북맨월드
『미국 사회과학의 기원 1. 2.』 도로시 로스 저, 백창재 정병기 역, 나남
『미국 외교의 역사』 권용립 저, 삼인
『미국 외교정책사-루스벨트에서 레이건까지-』 제임스 E. 도거티, 로버츠 L. 팔츠그라프 저, 이수형 역, 한울아카데미
『미국 정당을 알면 미국 정치가 보인가-정강정책과 유권자연합-』 김진하 저, 오름
『미국 정부와 정치 2』 미국정치연구회 저, 오름
『미국 정치사상 공부의 기초: 미국의 토대를 이해하는 법』 조지 캐리 저, 이재만 역, 유유
『미국 정치와 정부』 Nigel Bowles , Robert K. McMahon 저, 김옥 역, 명인문화사
『미국 중앙은행은 왜 민간은행인가 1. 화폐의 역사(분철)』 홍익희, 유페이퍼
『미국 철학의 현대적 기원, 분석철학』 탁양현 저, e퍼플
『미국 패권 연구』 백창재 저, 인간사랑
『미국 패권의 역사』 브루스 커밍스 저, 박진빈·김동노·임종명 역, 서해문집

참고 서적

『미국 프랑스 영국 교육제도-그들이 걸어온 교육의 길-』 정일용 저, 서울대학교출판문화원
『미국, 새로운 동아시아 질서를 꿈꾸는가-미중일 3국의 패권전쟁 70년-』 리처드 맥그레거 저, 송예슬 역, 메디치(2018년 호주 총리문학상 논픽션 부문 대상)
『미국사 다이제스트 100』 유종선 저, 가람기획
『미국사』 앙드레 모로아 저, 신용석 역, 김영사
『미국에 대해 알아야 할 모든 것 미국사』 케네스 C. 데이비스 저, 이순호 역, 책과함께
『미국역사학의 역사』 이보형 외 엮음 지음, 비봉출판사
『미국의 거짓말』 제임스 로웬, 김한영 역, 갑인공방
『미국의 독립과 혁명의 기운』 한국역사교육연구회 저, 윤명철 감수, 한국가우스
『미국의 반지성주의』 리처드 호프스태터 저, 유강은 역
『미국의 베트남 전쟁』 조너선 닐, 책갈피
『미국의 역사』 허쉬 E.D.HIRSCH, JR 저, 신준수 역, 역사넷
『미국의 자유주의 전통-독립형명 이후 미국 정치사상의 해석-』 루이스 하츠 저, 백창재 정하용 역, 나남
『미국의 정치 문명』 권용립 저, 삼인
『미국의 헌법과 대통령제』 이상돈 저, 소진
『미국인의 역사 1, 2』 폴 존슨 저, 명병훈 역, 살림
『미라클 모닝 -당신의 하루를 바꾸는 기적 아침 6분이면 충분하다-』 할 엘로드 저, 김현수 역, 한빛비즈
『미래쇼크』 앨빈 토플러 저, 이규행 역, 한국경제신문사
『미술관보다 풍부한 러시아 그림 이야기』 김희은 저, 자유문고
『미술사 방법론』 로리 슈나이더 애덤스 저, 박은영 역, 서울하우스
『미술사 방법론』 마이클 핸트, 샬럿 클롱크 저, 전영백과 현대미술연구회 역, 세미콜론
『미술사 방법론과 이론』 앤 댈리바 저, 안영진 역, 비즈앤비즈
『미술사를 만든 책들-E. H. 곰브리치에서 로잘린드 크라우스까지, 미술사의 명저 16-』 리처드 숀, 존-폴 스토나드 지음, 김진실 역, 아트북스
『미술사의 시초개념』 하인리히 뵐플린 저, 박지형 역, 시공사
『미술철학사 1: 권력과 욕망-조토에서 클림트까지-』 이광래 저, 미메시스
『미술철학사 2: 재현과 추상-독일 표현주의에서 초현실주의까지-』 이광래 저, 미메시스
『미술철학사 3: 해체와 종말-포스트 모더니즘에서 매니페스타까지-』 이광래 저, 미메시스
『미스터리 과학 까페-세상을 바꾼 과학자 16인의 수상한 초대-』 권은아 저, 양경미 그림, 서울과학교사모임 감수, 북트리거
『미치게 친절한 철학-개념과 맥락으로 독파하는 철학 이야기-』 안상헌 저, 행성B
『미학수업-품격 있는 삶을 위한 예술 강의-』 문광훈 저, 흐름출판
『미학입문』 조지 딕키 저, 오병남 외 역, 서광사
『미학편지-인간의 미적 교육에 관한 실러의 미학 이론-』 프리드리히 실러 저, 안인희 역, 휴먼아트
『민족-정치적 종족성과 민족주의, 그 오랜 역사와 깊은 뿌리-』 아자 가트, 알렉산더 야콥슨 저, 유나영 역, 교유서가
『민주주의 국가이론』 John S. Dryzek, Patric Dunleavy 저, 김욱 역, 명인문화사
『민주주의 자유론 자유 정체의 탐구』 조영식, 미원전집편집위원회 저, 경희대학교출판문화원
『민주주의』 리처드 스취프트 저, 서복경 역, 이소출판사
『민주주의』 이승원 저, 책세상
『민주주의가 어떻게 민주주의를 해치는가』 움베르토 에코 저, 김운찬 역, 열린책들

『민주주의는 어떻게 망가지는가』 조슈아 컬랜칙 저, 노정태 역, 들녘
『민주주의의 모델들』 데이비드 헬드 저, 박찬표 역, 후마니타스
『민주주의의 쇠퇴』 테다 스카치폴 저, 강승훈 역, 한울아카데미
『민주주의의 수수께끼』 존 던 저, 강철웅 문지영 역, 후마니타스
『바꾸어라, 정치 시민의 힘으로 만든 카르메나의 정치혁명』 마누엘라 카르메나 저, 유아가다, 유영석 역
『바로크 음악 연주하기』 MARY CYR 저, 양승열 역, 상지원
『바로크와 고전주의』 빅토르 L. 타피에 저, 정진국 역, 까치
『바로크와 로코코(시공아트 5)』 제르맹바쟁 저, 김미정 역, 시공아트
『바로크와 로코코-극적인 역동성과 우아한 세련미』 - 다니엘라 타라브라 저, 노윤희 역, 마로니에북스
『바로크의 자유사상가들』 미셸 옹프레 저, 곽동준 역
『바이마르 고전주의: 독일문학사조의 이해』 장순란 저, 한국문화사
『바이마르의 세기-독일 망명자들과 냉전의 이데올로기적 토대-』 우디 그린버그 저, 이재욱, 회화나무
『바티칸 미술관에서 꼭 봐야 할 그림 100』 김영숙 저, 휴머니스트
『반지성주의 미국이 낳은 열병의 정체』 모리모토 안리 저, 강혜정 역
『반지성주의를 말하다 우리는 왜 퇴행하고 있는가』 우치다 다쓰루 저, 김경원 역
『발칙한 수학책-복잡한 계산 없이 그림과 이야기로 수학머리 만드는 법-』 최정담(디멘) 저, 이광연 감수, 웨일북
『발칸의 역사』 마크 마조워 저, 이순호 역, 을유문화사
『백년전쟁 1337-1453 중세의 역사를 바꾼 영국-프랑스 간의 백년전쟁 이야기-』 데즈먼드 수어드 저, 최파일 역
『범죄심리학』 이상현 저, 박영사
『범주들 명제에 관하여』 아리스토텔레스 저, 김진성 역, 이제이북스
『법의 정신』 몽테스키외 저, 고봉만 옮김, 책세상
『법정의 역사』 황밍허 저, 이철환 역, 시그마북스
『법철학』 아르투어 가우프만 저, 김명환 역, 나남
『법철학』 쿠르트 젤만 저, 윤재왕 역, 세창출판사
『법철학사』 오세혁 저, 세창출판사
『법철학의 문제들』 박은정 저, 박영사
『법칙, 원리, 공식을 쉽게 정리한-수학 사전-』 와쿠이 요시유키 저, 김정환 역, 이동흔 감수, 그린북
『베토벤』 발터 리츨러 저, 나주리 신인선 역, 음악세계
『베토벤』 얀 카이에르스 저, 홍은정 역, 길
『베토벤』 음악세계 편집부 저, 음악세계
『베토벤-삶과 철학, 작품, 수용-』 Sven Hiemke, 주대창 우혜언 이정환 저, 한독음악학회 역, 태림스코어
『베트남 전쟁』 박태균 저, 한겨레출판
『벤담과 밀의 공리주의』 제러미 벤담, 존 스튜어트 밀 저, 정홍섭 역, 좁쌀한알
『변증론』 아리스토텔레스 저, 김재홍 역
『변증법 입문』 테오도르 W. 아도르노 저, 홍승용 역
『별걸 다 재는 단위 이야기-과학이 만들어낸 인류 최고의 발명품 단위-』 호시다 타다히코 저, 허강 역, 어바웃어북
『보고 듣고 만지는 현대사상-예술이 현상해낸 사상의 모습들-』 박영욱 저, 바다출판사

참고 서적

『보수주의』 로버트 니스벳 저, 강정인 역, 이후
『보수주의와 보수의 정치철학』 양승태 엮음, 이학사
『보이는 세상은 실재가 아니다-카를로 로벨리의 존재론적 물리학 여행 | 우리가 보고, 느끼고, 숨 쉬는 이 세계는 무엇으로 존재하는가-』 카를로 로벨리 저, 김정훈 역, 이중원 감수, 쌤앤파커스
『보이는 중국사 상, 하』 통차오 편저, 이재연 역, 다른생각
『보이지 않는 붉은 손』 클라이브 해밀턴, 머라이커 올버그 저, 홍지수 역, 실레북스
『봉건사회 1, 2』 마르크 블로크 저, 한정숙 역, 한길사
『부모의 양육태도와 아동의 성격장애』 남영자 저, 학지사
『부분과 전체』 베르너 하이젠베르크 저, 유영미 역, 김재영 감수, 서커스
『부의 도시 베네치아-500년 무역 대국-』 로저 크롤리 저, 우태영 역, 다른세상
『부의 독점은 어떻게 무너지는가-슈퍼 리치의 종말과 중산층 부활을 위한 역사의 제언-』 샘 피지개티 저, 이경남 역, 알키
『부의 미래』 앨빈 토플러, 하이디 토플러 저, 김중웅 역, 청림출판
『부처님이 된 왕자-동화로 읽는 부처님 이야기』 헤더 산체 글, 타라 디 게수 그림, 라다-수지 코우 역, 담앤북스
『부패한 이단자 로마카톨릭』 피터 S. 럭크만 저, 김진석 역, 말씀보존학회
『북유럽 세계사 1, 2』 마이클 파이 저, 김지선 역, 소와당
『분노의 문화사-고전고대의 분노 통제 이데올로기-』 윌리엄 V. 해리스 저, 박희라 역, 인텔렉투스
『분석미학의 이해』 오종환 저, 세창출판사
『분석철학의 야심: 철학 입문』 윌리엄 찰턴 저, 한상기 역, 서광사
『분석철학의 역사-러셀에서 롤스까지-』 스티븐 P. 슈위츠 저, 한상기 역, 서광사
『분석철학이란 무엇인가』 한스요한 글로크 저, 한상기 역, 서광사
『불교』 데미언 키온 저, 고승학 역, 교유서가
『불량국가』 노암 촘스키, 장영준 역, 두레
『불온한 철학사전』 볼테르 저, 사이에 역, 민음사
『붓다의 가르침과 팔정도』 월폴라 라훌라 원저, 전재성 역저, 한국 빠알리성전협회
『브리태니커 필수 교양사전: 근대의 탄생』 브리태니커 편찬위원회 저, 이정인 역, 아고라
『비잔티움 제국사 324~1453』 게오르그 오스트로고르스키 저, 한정숙, 김경연 역, 까치
『비잔틴제국 비사』 프로코피우스 저, 곽동훈 역, 들메나무
『빛의 물리학-EBS 다큐프라임-』 EBS다큐프라임 빛의 물리학 제작팀 저, 홍성욱 감수, 해나무
『사고의 오류』 비난트 폰 페테스도르프, 파트릭 베르나우 저, 박병화 역, 율리시스
『사람은 어떻게 생각하고 배우고 기억하는가-하버드 최고의 뇌과학 강의-』 제레드 쿠니 호바스 저, 김나연 역, 토네이도
『사료로 읽는 서양사 1. 고대편-고대 그리스에서 로마제국까지-』 김창성 저, 책과함께
『사료로 읽는 서양사 2. 중세편-게르만족의 이동에서 르네상스 전야까지-』 김창성 저, 책과함께
『사료로 읽는 서양사 4. 근대편 2-계몽주의에서 산업혁명까지-』 이영효 저, 책과함께
『사상 최강의 철학 입문 최강의 진리를 향한 철학 격투』 야무차 저, 한태준 역
『사이코패스: 정상의 가면을 쓴 사람들-뇌 과학이 밝혀낸 당신 주위의 사이코패스-』 나카노 노부코 저, 박진희 역, 호메로스
『사이코패스와 나르시시스트』 김태형 저, 세창출판사
『사이코패스-정서와 뇌-』 James Blair, Derek Mitchell, Karina Blair 저, 이윤영 김혜원

314

역, 시그마프레스
『사진과 그림으로 보는 미국사』 앨런 와인스타인 외 저, 이은선 역, 시공사
『사진과 그림으로 보는 케임브리지 중국사』 패트리샤 버클리 에브리 저, 이동진 윤미경 역, 시공사
『사카모토 료마와 메이지 유신』 마리우스 B. 잰슨 저, 손일 이동민 역, 푸른길
『사회과학의 철학-사회사상의 철학적 기초-』 테드 벤턴, 이언 크레이브 저, 이기홍 역, 한울아카데미
『사회구성체론 이행논쟁』 강부민생(江副敏生) 저, 교양강좌편찬회 역, 세계
『사회구성체론』 F. 퇴케이 저, 김민지 역, 이성과현실사
『사회구성체론과 사회과학방법론』 이진경 저, 그린비
『사회사상과 정치 이데올로기』 앤드류 헤이우드 저, 양길현 변종헌 역, 오름
『사회심리학의 이해』 한규석 저, 학지사
『사회적 뇌-인류 성공의 비밀-』 매튜 D. 리버먼 저, 최호영 역, 시공사
『사회조직의 이해』 찰스 호튼 쿨리 저, 정헌주 역, 한국문화사
『사회주의의 심리학-성공하는 국민의 조건은 무엇인가-』 귀스타브 르 봉 저, 정명진 역, 부글북스
『사회학 강의』 테오도르 W. 아도르노 저, 문병호 역
『사회학 논문집 1』 테오도르 W. 아도르노 저, 문병호 역, 세창출판사
『사회학』 스티브 브루스 저, 강동혁 역, 교유서가
『사회학의 핵심 개념들』 앤서니 기든스, 필립 W. 서튼 저, 김봉석 역, 동녘
『살아남은 로마 비잔틴 제국-변화와 혁신의 천 년 역사-』 이노우에 고이치 저, 이경덕 역, 다른세상
『삶의 과학』 알프레드 아들러 저, 정명진 역, 부글북스
『상대성이론/나의 인생관』 아인슈타인 저, 최규남 역, 동서문화사
『상식과 교양으로 읽는 미국의 역사』 질비아 엥글레르트 저, 장혜경 역, 웅진지식하우스
『상식의 역사 왜 상식은 포퓰리즘을 낳았는가』 소피아 로젠펠드 저, 정명진 역
『상용한자 자원풀이 1800자』 진태하 저, 명문당
『상형의 원리로 배우는 그림 한자』 김인종 저, UUP
『새로 쓴 독일역사』 하겐 슐체 저, 반성완 역, 지와사랑
『새로 쓴 일본사』 아사오 나오히로 저, 이계황 외 역, 창작과비평사
『새로운 과학과 문명의 전환』 프리초프 카프라 저, 구윤서 이성범 역, 범양사
『새로운 무의식-정신분석에서 뇌과학으로-』 레오나르드 믈로디노프 저, 김명남 역, 까치
『새로운 패러다임의 비교정치』 김성수 저, 글로벌콘텐츠
『생각 조종자들-당신의 의사결정을 설계하는 위험한 집단-』 엘리 프레이저 저, 이현숙 이정태 역, 알키
『생각에 관한 생각-300년 전통경제학의 프레임을 뒤엎은 행동경제학의 바이블-』 대니얼 카너먼 저, 이창신 역, 김영사
『생명을 위협하는 과학 뒤집기』 풀 A. 오핏 저, 곽영직 역, 지브레인
『생물학이 철학을 어떻게 말하는가-자연주의를 위한 새로운 토대-』 데이비드 리빙스턴 스미스 엮음, 뇌신경철학연구회 역, 철학과현실사
『생활 속에서 재미있게 배우는 수학 백과사전 누구나 수학』 위르겐 브뤽 저, 정인회 역
『서양 교육철학사』 Adrian M. Dupuis, Robin L. Gordon 저, 조현철 역, 학지사
『서양 근대 정치사상사』 강정인 김용민 황태연 엮음, 책세상
『서양 금서의 문화사-프랑스계몽주의 시대를 중심으로-』 주명철 저, 길
『서양 미술사:로코코 미술』 김성진 엮음, 서림당

315

참고 서적

『서양 미술사:바르비종 미술』 김성진 엮음, 서림당
『서양 미술사:신고전주의 미술』 김성진 엮음, 서림당
『서양 윤리학사』 로버트 L. 애링턴 저, 김성호 역, 서광사
『서양 정치철학사 1. 2. 3』 레오 스트라우스, 조셉 크랍시 저, 김영수 역, 인간사랑
『서양 중세 정치사상 연구』 박은구 저, 혜안
『서양고대 철학. 1:철학의 탄생으로부터 플라톤까지』 강성훈 강철웅 김대오 김유석 김인곤 김주일 김헌 박희영 손윤락 유혁 이기백 이정호 전헌상 정준영 최화 저, 길
『서양고대 철학. 2:아리스토텔레스부터 보에티우스까지』 강상진 김재홍 박승찬 유원기 조대호 강상진 김유석 김헌 손병석 손윤락 송유례 오유석 이창우 전헌상 저, 길
『서양과학사상사』 존 헨리 저, 노태복 역, 책과함께
『서양교육사』 윌리엄 보이드 저, 이홍우 박재문 류한구 역, 교육과학사
『서양교육철학사』 아드리안 M. 드푸이스/로빈 L. 고든 저, 조현철 역, 학지사
『서양근대미학』 서양근대철학회 저, 창비
『서양미술사 철학으로 읽기』 조중걸 저, 한권의책
『서양미술사(완역본)』 H. W. 잰슨, A. F. 잰슨 저, 최기득 역, 미진사
『서양정치근대사상사』 강정인, 김용민, 황태연 저, 책세상
『서양정치사상입문-플라톤에서 루소까지-』 M. 포사이스, M. 킨스-소퍼 저, 부남철 역, 한울아카데미
『서양정치철학사 I, II, III』 레오스트라우스/조셉 크라시 엮음, 김영수 외 역, 인간사랑
『서양중세문명』 쟈크 르 고프 저, 유희수 역, 문학과 지성사
『서양철학사 1, 2』 군나르 시르베크, 닐스 길리에 저, 윤형식 역, 이학사
『서양철학사(상) : 고대와 중세』 요한네스 힐쉬벨베르거 저, 강성위 역, 이문출판사
『서양철학사(하) : 근세와 현대』 요한네스 힐쉬벨베르거 저, 강성위 역, 이문출판사
『서양철학사』 버트란트 러셀 저, 서상복 옮김, 을유문화사
『서양철학사』 쿠르트 프리들라인 저, 강영계 역, 서광사
『서양철학사』 타케다 세이지, 니시 켄 저, 홍성태 역, 중원문화
『서양철학사』 버트란트 러셀 저, 서상복 옮김, 을유문화사
『서양철학사』 스털링 P. 램프레히트 저, 김태길/윤명로/최명관 역, 을유문화사
『서양철학사』 양해림 저, 집문당
『서양철학사』 요한네스 힐쉬베르거 저, 강성위 역, 이문출판사
『서양철학사』 쿠르트 프리틀라인 저, 강영계 역, 서광사
『서양철학의 흐름』 이와자끼 다께오 저, 허재윤 역, 이문출판사
『서툰 감정-세상에 나쁜 감정은 없다. 서툰 감정만 있을 뿐-』 일자 샌드, 김유미 역, 다산지식하우스
『서한범의 우리음악 이야기 1 전통음악의 길이 보인다』 서한범 저
『선율이란 무엇인가』 백대웅 저, 문예원
『선형대수학 가이드-수학에 투자할 시간이 없는 '수포자'를 위한 가이드북-』 이반 사포프 저, 김대정 모현선 배준우 역, 김은상 감수, 한빛아카데미
『설문한자-부수의 조합으로 이루어진 흥미로운 뜻 글자-』 정중관 저, 현우사
『성격의 비밀-애니어그램 이론과 전개-』 이종식 저, 북랩
『성장 그 새빨간 거짓말-경제개발 정책을 위한 개발 경제학자들의 모험과 불운-』 윌리엄 이스터리 저, 박수현 역, 모티브북
『성장의 문화-현대 경제의 지적 기원-』 조엘 모키르 저, 김민주, 이엽 역, 에코리브르
『세계 경제 축의 대이동』 램 차란 저, 김현구 역, 21세기북스

316

『세계 분쟁 지역의 이해』 이정록 소예나 박종천 장문현 조정규 추명희 저, 푸른길
『세계 수학 걸작선-세상에서 가장 가치있는 수학 23가지-』 에드워드 샤이너만 저, 김성훈 역, 책세상
『세계 역사의 관찰-역사에서 되풀이되는 것, 항상 있는 것, 전형적인 것에 대하여-』 아코프 부르크하르트 저, 안인희 역, 휴머니스트
『세계 자본주의체제와 주변부 사회구성체』 I. 왈러슈타인 외 저, 김영철 편역, 인간사랑
『세계를 움직이는 미국 의회』 송의달 저, 한울
『세계사 I, II』 J. M. 로버츠 / O. A. 베스타 저, 노경덕 외 역, 까치
『세계사를 바꾼 49가지 실수-역사를 보는 새로운 관점, 실수의 세계사-』 빌 포셋 저, 권춘오 역, 생각정거장
『세계사를 움직인 과학의 고전들』 가마타 히로키 저, 정숙영 역, 이정모 감수, 부키
『세계사적 성찰』 야코프 부르크하르트 저, 이상신 역, 신서원
『세계전쟁사 다이제스트 100』 정토웅 저, 가람기획
『세계철학 백과사전-만화보다 더 재미있는 철학 이야기-』 샤를 페팽 저, 이나무 역, 이숲
『세광명가 350곡 선집 1, 2』 편집부 편, 세광아트
『세상에서 가장 빠른 고전 읽기-1페이지로 보는 불멸의 베스트셀러 120|2시간이면 머리에 쏙!-』 보도사 편집부 저, 김소영 역, 보도사 편집부 그림, 후쿠다 가즈야 감수, 위즈덤하우스
『세상에서 가장 빠른 철학 공부-1페이지로 보는 동서양 핵심 철학-』 보도사 편집부 저, 박소연 역, 오가와 히토시 감수, 위즈덤하우스
『세상에서 가장 재미있는 61가지 심리실험: 인간관계편』 이케가야 유지 저, 서수지 역, 사람과 나무사이
『세상에서 가장 재미있는 물리학』 아트 후프만 저, 래리 고닉 그림, 전영택 역, 궁리
『세상에서 가장 재미있는 생물학』 데이브 웨스너 저, 김소정 역, 래리 고닉 그림, 궁리
『세상에서 가장 재미있는 화학』 크레이그 크리들 저, 래리 고닉 그림, 김희준 역, 궁리
『세상을 뒤흔든 사상 현대의 고전을 읽는다』 김호기 저
『세상을 바꾼 100가지 문서 마그나 카르타에서 위키리크스까지 5,000년 세계사를 한 권으로 배우다』 스콧 크리스텐슨 저, 김지혜 역
『세상을 바꾼 철학자들-고대부터 현대까지 핵심개념으로 읽는 철학사-』 희망철학연구소 저, 동녘
『세상의 모든 수학-세상에서 가장 매혹적인 수학 강의-』 에르베 레닝 저, 이정은 역, 김성순 감수, 다산사이언스
『세속의 철학들』 로버트 L. 로버트 L하이브로너 저, 장상환 역, 이마고
『셰일혁명과 미국 없는 세계』 피터 자이한 저, 홍지수 역, 김앤김북스
『소크라테스 두 번 죽이기』 박홍규 저, 필맥
『소크라테스의 변론/크리톤/파이돈/향연』 플라톤 저, 천병희 역, 도서출판 숲
『소크라테스의 비밀』 I. F. 스톤 저, 간디서원
『소포클레스 비극 전집』 천병희 역, 도서출판 숲
『소피스테스』 플라톤, 김태경 역, 서광사
『소피스테스 정치가』 플라톤, 박종현 역, 서광사
『소피스트 운동』 조지 커퍼드 저, 김남두 역, 아카넷
『소피스트』 플라톤 저, 이창우 옮김, 이제이북스
『소피스트적 논박』 아리스토텔레스 저, 김재홍 역, 한길사
『소피의 세계』 요슈타인 가아더 저, 장영은 역, 현암사
『쇼펜하우어 논쟁술』 쇼펜하우어 저, 변학수 역, 경북대학교출판부

참고 서적

『쇼펜하우어 이기는 대화법 38』 A. 쇼펜하우어, 권기대 역, 베가북스
『수다에 관하여-플루타르코스 윤리론집-』 플루타르코스 저, 천병희 역, 숲
『수면혁명-매일 밤 조금씩 인생을 바꾸는 숙면의 힘-』 아리아나 허핑턴 저, 정준희 역, 민음사
『수사학, 시학』 아리스토텔레스 저, 천병희 역, 숲
『수사학』 아리스토텔레스 저, 이종오 역
『수사학의 역사』 마리아 델 카르멘 가르시아 테헤 저, 강필운 역, 문학과지성사
『수카르노와 인도네시아 현대사』 배동선 저, 아모르문디
『수학 사전-법칙, 원리, 공식을 쉽게 정리한-』 와쿠이 요시유키 저, 김정환 역, 이동흔 감수, 그린북
『수학 어디까지 알고 있니?』 마크 프레지 저, 남호영 역, 지브레인
『수학 하지 않는 수학』 제이슨 윌크스 저, 김성훈 역, 시공사
『수학&물리 가이드』 이반 사포프 저, 권기영 역, 한빛아카데미
『수학, 세계사를 만나다-역사에 숨은 수학의 비밀-』 이광연 저, 투비북스
『수학과 문화 그리고 예술-세계의 패러다임을 바꾼 수학의 모든 것-』 차이텐신 저, 정유희 역, 이광연 감수, 오아시스
『수학으로 배우는 파동의 법칙』 Transnational College of LEX 저, 이경민 역, 지브레인
『수학으로 보는 우주-중고등학교 수학으로 우주의 핵심을 계산한다-』 뉴턴프레스, 소후에 요시아미 집필, 아이뉴턴(뉴턴코리아)
『수학의 구조』 가토 후미하루 저, 한진아 역, 시그마북스
『수학의 쓸모-불확실한 미래에서 보통 사람들도 답을 얻는 방법-』 닉 폴슨, 제임스 스콧 벨 저, 노태복 역, 더퀘스트
『수학의 역사』 데이비드 벌린스키, 김하락 류주환 역
『수학의 역사』 지즈강 저, 권수철 역
『수학의 함정-아름다움에 사로잡힌 물리학자들-』 자비네 호젠펠더 저, 배지은 역, 해나무
『수학적 사고의 힘 틀리지 않는 법』 조던 엘렌버그 저, 김명남 역, 열린책들
『순수이성비판 1. 2』 임마누엘 칸트 저, 백종현 역, 아카넷
『쉽게 쓴 서양 고대 철학사』 돈 마리에타 저, 유원기 역, 서광사
『슈베르트의 겨울 나그네』 이언 보스트리지 저, 장호연 역, 바다출판사
『스칸디나비아 신화』 H. R. 엘리스 데이비슨 저, 심재훈 역, 범우사
『스코틀랜드 분리 독립운동의 역사적 기원』 홍성표 저
『스코틀랜드 종교개혁사 존 녹스에서 웨스트민스터 총회까지』 김중락 저
『스코틀랜드의 여왕 1, 2』 슈테판 츠바이크 저, 안인희 역, 자작나무
『스키너의 행동심리학』 B. F. 스키너, 이신영 역, 교양인
『스토리텔링 시대의 플롯과 캐릭터』 김만수, 연극과인간
『스토아주의-500년 역사와 주요 개념에 대하여-』 장바티스트 구리나 저, 김유석 역, 글항아리
『스페인 역사』 한국외국어대학교, 박철 편역, 삼영서관
『스페인사』 레이몬드 카 외 저, 김원중·황보영조 공역, 까치
『스펜서의 요정 여왕 연구:프로테스탄티즘과 16세기 영국 문화』 김호영 저, 숭실대학교출판부
『스피노자의 심리철학-긍정과 자유를 통해 심리철학을 꿰뚫다-』 박삼열 저, 한국학술정보
『슬기로운 논리학-모순과 억지를 반격하는 사이다 논리 이야기-』 크리스토프 드뢰서 저, 전대호 역, 해나무
『시간여행자의 아메리카사』 장 셀리에 저, 이민영 역, 청어람미디어
『시간여행자의 아시아사』 장 셀리에 저, 이민영 역, 청어람미디어

『시간여행자의 유럽사』 장 셀리에 저, 이민영 역, 청어람미디어
『시대를 매혹한 철학-데카르트에서 보드리야르까지, 철학의 발상을 읽다-』 야무차 저, 노경아 역, 삼호미디어
『시민의 교양. 3강: 자유』 북모닝CEO편집팀 저, 북모닝
『시사경제독설-현재와 미래를 관통하는 날카로운 시선-』 캡틴 K 저, 위너스북
『시험에 나오는 철학 입문-일본 대학 입시 '센처 시험' 출제 문제로 서양 철학 사상 이해하기-』 사이토 테츠야 저, 김선숙 역, 정용휴 감수, 성안당
『식민지 시기 전후의 언어 문제』 고영진, 김병문, 조태린, 김하수, 임경화 저
『신공화주의』 필립 페팃 저, 곽준혁 역, 인간사랑
『신과학이 세상을 바꾼다』 방건웅 저, 정신세계사
『신국제정치사』 김순규 저, 박영사
『신들의 계보』 헤시오도스 지음, 천병희 옮김, 도서출판 숲
『신장의 역사』 제임스 A. 밀워드 저, 김찬영 이광태 역, 사계절
『신학 독일어 라틴어 사전-독일어 라틴어 헬리어 히브리어 아람어 등 신학 전문용어-』 프리드리히 하우크, 게르하르트 슈빙에 저, 조병하 역, CH북스(크리스천다이제스트)
『신화의 미술관: 올림포스 신과 그 상징 편』 이주헌 저, 아트북스
『실과 흔적-역사:진실한 것, 거짓된 것, 그리고 허구적인 것-』 카를로 긴즈부르그 저, 김정하 역, 천지인
『실용한자 1800자』 태을출판사 편집부 저, 태을출판사
『실재의 사회적 구성-지식사회학 논고-』 피터 L. 버거, 토마스 루크만 저, 하홍규 역, 문학과지성사
『실존주의』 메리 워낙 저, 이명숙 곽강제 역, 서광사
『실존철학 입문』 O. F 볼노우 저, 최동희 역, 간디서원
『실증주의 서설』 오귀스트 콩트 저, 김점석 역, 한길사
『실천이성비판』 임마누엘 칸트 저, 백종현 역, 아카넷
『실컷 논 아이가 행복한 어른이 된다-놀지 못해 불행한 아이, 불안한 부모를 위한 치유의 심리학-』 김태형 저, 갈매나무
『실험철학』 조슈아 알렉산더 저, 천현득 역, 필로소픽
『심리철학(초보자 안내서)』 이안 라벤스크로프트 저, 박준호 역, 서광사
『심리철학적 소견들 1』 루트비히 비트겐슈타인 저, G. E. M. 앤스컴(엮음), G. H. 폰리히트(엮음), 이기흥 역, 아카넷
『심리학 용어 도감』 시부야 쇼조 저, 김소영 역
『심리학사(사상과 맥락)』 Brett King, Wayne Viney, William Douglas 저, 임성택 역, 교육과학사
『심리학의 모든 지식』 폴 클라인먼 저, 정명진 역, 부글북스
『심리학의 원리』 윌리엄 제임스 저, 정명진 역, 부글북스
『쓸어담는 한자 부수 214자』 권작가 저, 쓸어담는한자
『아들러 심리학 입문』 알프레드 아들러 저, 김문성 역, 스타북스
『아들러 인생방법 심리학』 알프레드 아들러 저, 한성자 역, 동서문화사
『아들러가 전하는 행복을 위한 77가지 교훈-7가지 키워드로 읽는 행복과 긍정의 심리학-』 나가에 세이지 저, 한진아 역, 경향BP
『아랍오스만 제국에서 아랍 혁명까지』 유진 로건 저, 이은정 역, 까치
『아랍에서 출발한 이슬람의 역사와 문화』 최영길 저
『아랍인의 눈으로 본 십자군 전쟁』 아민 말루프 저, 김미선 역, 아침이슬
『아리스토텔레스 수사학(그리스어 원전 완역본)』 아리스토텔레스 저, 박문재 역, 현대지성

참고 서적

『아리스토텔레스 정치학』 신승현 저, 박종호 그림, 주니어김영사
『아리스토텔레스-그의 저술과 사상에 관한 총설-』 W. D. 로스 저, 김진성 역, 세창출판사
『아리스토텔레스의 레토릭』 아리스토텔레스 저, 전영우 역, 민지사
『아리스토텔레스의 형이상학 입문』 에드워드 C. 핼퍼 저, 이영환 역, 서광사
『아리스토파네스 희극 전집 1, 2』 아리스토파네스 저, 천병희 역, 도서출판 숲
『아리스토파네스와 고대그리스 희극공연』 이정린 저, 한국학술정보
『아메리카 파시즘 그리고 하느님 다른 믿음과 생각을 부정하는 종교와 정치는 얼마나 위험한가』 데이비슨 뢰어 저, 정연복 역
『아무것도 하지 않는 시간의 힘-독일 최고의 과학 저널리스트가 밝혀낸 휴식의 놀라운 효과-』 울리히 슈나벨 저, 김희상 역, 가나출판사
『아비투스-인간의 품격을 결정하는 7가지 자본-』 도리스 메르틴 저, 배명자 역, 다산초당
『아우구스투스의 원수정』 김덕수, 길
『아우렐리우스 명상록』 조지 롱 영역, 안정효 한역, 세경
『아이스퀼로스 비극 전집』 천병희 역, 도서출판 숲
『아인슈타인의 편지』 장자크 그리프 저, 하정희 역, 거인북
『아주 오래된 질문들 고전철학의 새로운 발견』 한국철학사상연구회, 정암학당 저
『아퀴나스의 심리철학』 앤소니 케니 저, 이재룡 역, 가톨릭대학교출판부
『아테네의 변명』 베터니 휴즈 저, 강경이 옮김, 옥당
『아프리카 동화집』 계몽사
『아프리카 아이덴티티-2,000개의 언어를 둘러싼 발전과 통합의 과제-』 앤드류 심슨(엮음) 저, 김현권 김학수 역, 지식의 날개
『아프리카의 왕실 미술(art Library 14)』 수잔 프레스턴 블라리어 저, 김호정 역, 예경
『아프리카인이 들려주는 아프리카 이야기-만들어진 정체성과 포스트식민주의-』 조세 카푸타 로타 저, 이경래 역, 새물결
『악의 패턴-민주주의를 불태우는 독재자들-』 케네스 C. 데이비스 저, 임지연 역, 청송재
『안인희의 북유럽신화 세트』 안인희 저, 웅진지식하우스
『알고 나면 잘난 척하고 싶어지는-과학의 대발견 77-』 이보경, 지브레인 과학기획팀 저, 지브레인
『알렉산드로스 대왕 원정기』 아리아노스 저, 윤진 역, 아카넷
『알렉산드로스와 헬레니즘』 이근혁 저, 살림
『알키비아데스 I·II』 플라톤 저, 김주일·정준영 역, 이제이북스
『앙시앵 레짐과 프랑스혁명』 알렉시 드 토크빌 저, 이용재 역, 지식을만드는지식
『애덤 스미스 국부론-번영과 상생의 경제학-』 이근식 저, 쌤앤파커스
『애덤 스미스, 더불어 잘 사는 세상을 꿈꾸다』 김세연 저, 글라이더
『애덤 스미스, 인간의 본질』 오가와 히토시 저, 김영주 역, 이노다임북스
『애덤 스미스의 국부론을 말하다』 윤원근 저
『야바위 게임』 마이클 슈월비 저, 노정태 역, 문예출판사
『양자론이 뭐야?』 사토 가츠히코 저, 봉영아 역, 비타민북
『어떻게 세계는 서양이 주도하게 되었는가』 로버트 B. 마르크스 저, 윤영호 역
『어떻게 이해할까 A세트』 하요 뒤히팅 저, 이주영 역, 미술문화
『어떻게 이해할까 B세트』 토마스 R. 호프만 저, 이한우 역, 미술문화
『어원으로 읽는 214부수 한자』 하영삼 저, 도서출판3
『언어의 비밀』 장영준 저, 한국문화사
『언어학개론』 이건수 저, 신아사

『언어학으로 풀어 본-문자의 세계-』헨리 조저스, 국립한글박물관 저, 이용 김성주 김양진 김유범 박진호 안대현 황선엽 고은숙 역, 역락
『언어학의 역사-스토아학파로부터 촘스키까지-』로버트 로빈스 저, 강범모 역, 한국문화사
『에게・그리스문명・로마제국-지중해, '오래된 미래'를 찾아서-』김칠성 저, 살림
『에고라는 적』라이언 홀리데이 저, 이경식 역, 흐름출판
『에라스뮈스-광기에 맞선 인문주의자-』요한 하위징아 저, 이종인 역, 연암서가
『에라스뮈스와 친구들』김태권 저, 아모르문디
『에우리피데스 비극 전집 1·2』천병희 역, 도서출판 숲
『에우튀데모스』플라톤 저, 김주일 역, 아카넷
『에티카』B. 스피노자 저, 황태연 역, 비홍출판사
『에피소드로 읽는 서양철학사』호리카 데쓰 저, 이선희 역, 바움
『엔론 스캔들』베서니 맥린, 피터 엘킨드 저, 방영호 역, 서돌
『엘리트의 반란과 민주주의의 배반』크리스토퍼 래시 저, 이두섭 권화섭 역, 중앙M&A
『역사 사용설명서-인간은 역사를 어떻게 이용하고 악용하는가-』마거릿 맥밀런 저, 권민 역, 공존
『역사 속의 베트남 전쟁』후루타 모토오 저, 박홍영 역, 일조각
『영국 귀족의 생활』다나카 료조 저, 김상호 역, 에이케이커뮤니케이션즈
『영국 사회를 개조한 크리스천의 역사, 1530-1945』김현숙 저, 주영사
『영국 자유주의 연구』김명환 저, 혜안
『영국 제국주의:1750-1970』사이먼 C. 스미스 저, 이태숙 역, 동문선
『영국사 산책』찰스 디킨스 저, 민청기·김희주 공역, 옥당
『영국사』앙드레 모루아 저, 신용석 역, 김영사
『영국에 영어는 없었다-영어와 프랑스어의 언어 전쟁-』김동섭 저, 책미래
『영국의 위기 속에서 나온 민주주의』김명환 저, 혜안
『영국의 유럽-영국과 유럽, 천년 동안의 갈등과 화합-』브랜든 심스 저, 곽영완 역, 애플미디어
『영국의 인도 통치 정책』조길태 저, 민음사
『영국정치와 국가복지-신(NEW)자유주의에서 신(NEO)자유주의로-』고세훈 저, 집문당
『영국혁명과 올리버 크롬웰』주연종 저, 한국학술정보
『영화 대 역사(영화로 본 미국의 역사)』연동원 저, 학문사
『예루살렘의 아이히만-악의 평범성에 대한 보고서-』한나 아렌트 저, 김선욱 역, 한길사
『예상 밖의 선거 심리와 법칙 선거와 투표의 이론과 아키타입』김현식 저
『예술, 역사를 만들다-예술이 보여주는 역사의 위대한 순간들-』전원경 저, 시공아트
『예술철학』노엘 캐럴 저, 이윤길 역, b
『오늘 만나는 프랑스 혁명』주명철 저, 소나무
『오늘이 보이는 세계사』장 클로드 바로, 기욤 비고 저, 윤경 역, 푸른나무
『오뒷세이아』호메로스 저, 천병희 역, 숲
『오디세이』호메로스 원작, 이충민 편역, 문학동네
『오디오 공리주의』존 스튜어트 밀 저, 진양욱 낭독, 책세상
『오류를 알면 논리가 보인다』탁석산 저, 책세상
『오성에 관하여』데이비드 흄 저, 이준호 역
『오스만 제국사 적응과 변화의 긴 여정, 1700~1922』도널드 쿼터트 저, 이은정 역
『오스트리아사의 역사와 문화 1, 2, 3』임종대 저, 유로서적
『오스트리아학파 경제학 입문』에이먼 버틀러 저, 황수연 역, 리버티
『오이디푸스왕 콜로노스의 오이디푸스』소포클레스 저, 양운덕 해설, 천병희 역, 숲
『오페라 에센스 55-박종호가 이야기해 주는 오페라 55편의 감상의 핵심-』박종호 저,| 시공사

321

참고 서적

『옥스퍼드 과학사-사진과 함께 보는, 과학이 빚어낸 거의 모든 것의 역사-』 이완 라이스 모루스, 다그마 새퍼, 도널드 하퍼, 로버트 스미스, 매튜 스탠리, 샬럿 슬레이, 소냐 브렌처스 저, 임지원 역, 반니
『옥스포드 영국사』 케네스 O. 모건 저, 영국사학회 역, 한울아카데미
『옥스포드 중국사 수업-세계사의 맥락에서 중국을 공부하는 법-』 폴 로프 저, 강창훈 역, 유유
『왕실 스코틀랜드- 영국사』 Roddy Martine 저, 김현수 역, 대한교과서주식회사
『왜 자본주의가 문제일까? -10대에게 들려주는 자본주의 이야기-』 김세연 저, 반니
『왜 자유주의는 실패했는가-자유주의의 본질적인 모순에 대한 분석-』 패트릭 J. 드닌 저, 이재만 역, 책과함께
『왜 하이데거를 범죄화해서는 안 되는가-자유주의 이데올로기 비판-』 슬라보예 지젝 저, 김영신 역, 글항아리
『욕망의 연금술사, 뇌』 모기 겐이치로 저, 이경덕 역, 사계절
『우리 한자 808-고대문화로 해석한 808 한중일 공용한자-』 이기훈 저, 책미래
『우리가 지금껏 몰랐던 신화의 비밀, 명화의 비밀』 제라르 드니조 저, 배유선 역, 생각의길
『우리는 어떻게 괴물이 되어가는가-신자유주의적 인격의 탄생-』 파울 페르하에허 저, 장혜경 역, 반비
『우신예찬』 에라스무스 저, 김남우 역, 열린책들
『우크라이나의 역사』 허승철 저, 문예림
『운명의 과학-운명과 자유의지에 관한 뇌 과학-』 한나 크리츨로우 저, 김성훈 역, 브론스테인
『원소 노트-하루 1분씩이면 118개 원소가 내 머릿속에 들어온다!-』 도쿄대학교 사이언스 커뮤니케이션 동아리 CAST 저, 곽범신 역, 시그마북스
『원소 주기율표-교과서 개념에 밝아지는 배경 지식 이야기-』 제임스 러셀 저, 고은주 역, 키출판사
『원숭이도 이해하는 자본론』 임승수 저, 시대의 창
『원전에 가장 가까운 탈무드』 마이클 카츠, 거숀 슈워츠 저, 주원규 역, 바다출판사
『원전으로 읽는 그리스 신화』 아폴로도로스 지음, 천병희 옮김, 도서출판 숲
『원형과 무의식(융 기본 저작집 2)』 C. G. 융 저, 한국융연구원 융저작번역위원 역, 솔
『위기의 교육과 교육시장(미국 교육의 숨겨진 역사)』 앤드류 코울슨 저, 서은경 역, 나남
『위대하고 찌질한 경제학의 슈퍼스타들』 브누아 시마 저, 권지형 역, 뱅상 코 그림, 류동민 감수, 휴머니스트
『위대한 철학책』 제임스 가비 저, 안인경 역, 바이북스
『위험한 법철학-상식에 대항하는 사고 수업-』 스미요시 마사미 저, 책/사/소 역, 들녘
『유라시아 유목제국사』 르네 그루쎄 외 저, 김호동 유원수 정재훈 역, 사계절
『유럽 민주화의 이념과 역사-영국 프랑스 독일-』 강정인 오향미 이화용 홍태영 저, 후마니타스
『유럽 역사 고대, 크레타 미케네 아테네 스파르타 테바이 마케도니아 고대 로마』 탁양현 저, e퍼플
『유럽 음악의 역사 상, 하』 D.G.HUGHES 저, 안정모 역, 다라
『유럽 정당의 복지정치』 마르틴 질라이프 카이저, 질케 판 디크, 마르틴 로겐캄프 저, 강병익 역
『유럽(EUROPE). 1, 2 -1453년부터 현재까지 패권투쟁의 역사이데올로기-』 브랜든 심스 저, 곽영완 역, 애플미디어
『유럽신화』 재클린 심슨 저, 이석연 역, 범우사
『유럽은 어떻게 관용사회가 되었나-근대 유럽의 종교 갈등과 관용 실천-』 벤자민 J. 카플란 저, 김응종 역, 푸른역사
『유럽의 자본주의-자생적 발전인가 종속적 발전인가-』 샌드라 핼퍼린 저, 최재인 역, 용의숲

『유럽의 첫 번째 태양, 스페인-처음 만나는 스페인의 역사와 전설-』 서희석, 호세 안토니오 팔마 저, 을유문화사
『유럽의 형성-유럽통합체의 기원을 찾아서-』 크리스토퍼 도슨 저, 김석희 역, 한길사
『유럽정치론』 유럽정치연구회 엮음, 박영사
『유럽통합사』 Derek W Urwin 저, 노명환 편역, 대한교과서(주)
『유클리드 기하와 그 너머』 이난이 저, 교우
『유클리드기하학과 비유클리드기하학: 발전과 역사』 M. J. Greenberg 저, 이우영 역, 경문사
『윤리학 입문』 제프리 토마스 저, 강준호 역, 철학과 현실사
『윤리학: 악에 대한 의식식에 관한 에세이』 알랭 바디우 저, 이종영 역, 동문선
『윤리학: 옳고 그름의 발견』 루이스 포이만, 제임스 피저 저, 류지환 조현아 김상돈 역, 울력
『윤리학의 기본원리』 폴 테일러 저, 김영진 역, 서광사
『윤리학의 방법』 헨리 시지윅 저, 강준호 역, 아카넷
『윤리학의 원리』 G. E. 무어 저, 김상득 역, 아카넷
『윤리학의 이론과 역사』 W. S. 사하키안 저, 송휘철 황경식 역, 박영사
『윤리형이상학 정초』 임마누엘 칸트 저, 백종현 역, 아카넷
『융 심리학 해설』 C. G. 융 , C. S. 홀 , J. 야코비 저, 설영환 역, 선영사
『음악미학사』 엔리코 푸비니 저, 서인정 역, 성신여자대학교출판부
『음악사』 H. M. Miller 저, 대학음악저작연구회 역, 삼호출판사
『음악의 기쁨(상) 음악의 요소들 | 베토벤까지의 음악사』 롤랑 마뉘엘 저, 이세진 역, 북노마드
『음악의 기쁨(하) 베토벤에서 현대음악까지 | 오페라』 롤랑 마뉘엘 저, 이세진 역, 북노마드
『음악학』 홍정수 외 저, 심설당
『응용윤리』 피터 싱어 저, 김성한 소병철 역, 철학과현실사
『의회정치 제도론』 김유남 저, 명인문화사
『이기적 감정-나쁜 감정은 생존을 위한 합리적 선택이다-』 랜돌프 M. 네스 저, 안진이 역, 최재천 감수, 더퀘스트
『이데올로기』 데이비드 맥렐런 저, 구승희 역, 이후
『이데올로기』 데이비드 호크스 저, 고길환 역, 동문선
『이데올로기-문화 해부학 또는 하이퍼코드의 문제제기-』 김광현 저, 열린책들
『이데올로기와 미국 외교』 마이클 H. 헌트 조, 권용립 역, 산지니
『이데올로기와 유토피아』 카를 만하임 저, 임석진 역, 김영한
『이데올로기의 시대: 19세기의 철학자들』 헨리 에이킨 저, 이선일 역, 서광사
『이데올로기의 시대』 E. M. 왓킨스 저, 이홍구 역, 을유문화사
『이데올로기의 종언』 다니엘 벨 저, 이상두 역, 범우
『이런 사람 만나지 마세요』 유영만 저, 나무생각
『이런 역사 저런 전쟁 : 고대 그리스 편』 남문희 저, 휴머니스트
『이론과 실재: 과학철학 입문』 피터 고드프리스미스 저, 한상기 역, 서광사
『이사야 벌린의 지적 유산』 마크 릴라, 로널드 드워킨, 로버트 실버스 저, 서유경 역
『이상한 수학책-그림으로 이해하는 일상 속 수학 개념들-』 벤 올린 저, 김성훈 역, 북라이프
『이성과 혁명』 H. 마르쿠제 저, 김현일 역, 중원문화
『이성의 시대-종교전쟁부터 프랑스혁명까지-』 메익 피어스 저, 박응규 역, 그리심
『이성의 역사 철학사는 '이상의 역사'이다 그리고 이성의 역사는 인간의 역사이다』 백종현 저
『이스라엘의 역사』 존 브라이트, 윌리엄 P. 브라운 저, 엄성옥 역
『이슬람 눈으로 본 세계사』 타밈 안사리 저, 류환원 역, 뿌리와 이파리
『이슬람의 1400년』 버나드 루이스 저, 김호동 역, 까치

참고 서적

『이슬람의 세계사 1, 2』 아이라 M. 라피두스 저, 신영성 역, 이산
『이야기의 탄생-뇌과학으로 풀어내는 매혹적인 스토리의 원칙-』 윌 스토 저, 문희경 역, 흐름출판
『이중톈의 미학강의』 이중톈 저, 곽수경 역, 김영사
『이지 클래식』 류인하 저, 42미디어콘텐츠
『이집트역사 다이제스트 100』 손주영 송경근 저, 가람기획
『이타적 인간의 출현』 최정규 저, 뿌리와이파리
『이타주의자의 은밀한 뇌』 김학진 저, 갈매나무
『이탈리아 르네상스의 문화』 야코프 부르크하르트 저, 이기숙 역, 한길사
『인간과 상징』 칼 구스타프 융 엮음, 이부영 이철 조수철 연병길 조규형 김용식 윤경남 역, 집문당
『인간의 교육』 프리드리히 프뢰벨 저, 정영근 역, 지식을만드는지식
『인간의 사고를 어떻게 이해할 것인가?-변증법적 논리학의 역사와 이론-』 예발트 일리엔코프 저, 우기동 이병수 역, 책갈피
『인간의 흑역사-인간의 욕심은 끝이 없고 똑같은 실수를 반복한다-』 톰 필립스 저, 홍한결 역, 윌북
『인간이란 무엇인가-오성 정념 도덕 본성론-』 데이비드 흄 저, 김성숙 역, 동서문화사
『인간지성론 1, 2』 존 로크 저, 추영현 역, 동서문화사
『인도 그리고 인도음악』 전인평 저, 아시아문화
『인도 근대사』 퍼시벌 스피어 저, 이옥순 역, 신구문화사
『인도불교사상사』 에드워드 콘즈 저, 안성두·주민황 역, 민족사
『인도의 역사 1, 2』 유성욱 저, 종교와이성
『인도의 종교문헌사』 존 니콜 파커 저, 유성욱 역, 종교와이성
『인도인의 논리학-문답법에서 귀납법으로-』 카츠라 쇼류 저, 권서용 역, 산지니
『인도철학강의-열 개의 강의로 인도철학 쉽게 이해하기-』 아카마쓰 아키히코 저, 권서용 역, 에이케이커뮤니케이션즈
『인류사를 바꾼 100대 과학사건』 이정임 저, 학민사
『인류사를 바꾼 위대한 과학』 아널드 R. 브로디, 데이비드 E. 브로디 저, 김은영 역, 글담
『인류의 교육을 위한-새로운 역사철학-』 요한 고트프리트 폰 헤르더 저, 안성찬 역, 한길사
『인류의 대항해-뗏목과 카누로 바다를 정복한 최초의 항해자들-』 브라이언 페이건 저, 최파일 역, 미지북스
『인류의 역사철학에 대한 이념』 J. G. 헤르더 저, 강성호 역, 책세상
『인류학자가 쓴-언어학 강의-』 브루스 M. 로우, 다이안 P. 래빈 저, 장영준 역, 시그마프레스
『인문학의 꽃 역사를 배우다-한 권으로 배우는 역사의 모든 것-』 로버트 V. 다니엘스 저, 송용구 역, 평단
『인문학의 꽃, 역사를 배우다』 로버트 V. 다니엘스 저, 송용구 역, 평단
『인물로 보는 서양음악사: 고전주의 음악』 최희성 엮음, 진규영 추천, 서림당
『인물로 보는 서양음악사: 낭만주의 음악』 최희성 엮음, 진규영 추천, 서림당
『인물로 보는 서양음악사: 바로크 음악』 최희성 엮음, 서림당
『인생은 지름길이 없다-하버드대 성공학 명강의-』 스웨이 저, 김정자 역, 정민미디어
『인식론』 D. W. 햄린 저, 이병욱 역, 서광사
『인식론』 J. 혜센 저, 이강조 역, 서광사
『인식론의 역사』 소피아 로비기 저, 가톨릭대학교출판부
『인지과학과 무의식』 DAN J.STEIN 저, 김종우 외 역, 하나의학사
『인지과학입문』 조르쥬 비뇨 저, 김언자 임기대 박동열 역, 만남

『일리아드 & 오디세이아-위대한 영웅들의 모험-』 마샤 윌리엄스 저, 정지인 역, 마샤 윌리엄스 그림, 청어람미디어
『일리아드 오디세이-문학고전의 감동을 만화로 만난다-』 호메로스 원작, 김준배 저, 문성호 그림, 채우리
『일리아스』 천병희 역, 도서출판 숲
『일본사 다이제스트 100』 정혜선 저, 도서출판가람기획
『일본역사』 연민수 편저, 보고사
『일상적이지만 절대적인 과학철학지식』 개러스 사우스웰 저, 김지원 역, 반니
『일차원적 인간-선진산업사회의 이데올로기 연구-』 H. 마르쿠제 저, 박병진, 한마음사
『읽기 쉬운 국부론 요약』 이몬 버틀러 저, 이성규 역   『메디치』 G. F. 영 저, 이길상 역, 현대지성사
『읽어야 풀리는 수학-수학의 핵심은 독해력이다!-』 임나가노 히로유키 저, 윤지회 역, 어바웃북
『임페리움』 한스 크리스티안 후프 저, 박종대 역, 말글빛냄
『있는 그대로의 미국사 1, 2, 3』 앨런 브링클리 저, 황혜성 역, 휴머니스트
『자본, 제국, 이데올로기(19세기 영국)』 영국사학회 편저, 혜안
『자본가의 탄생』 그레그 스타인메츠 저, 노승영 역, 부키
『자본주의 사회주의 민주주의』 조지프 슘페터 저, 변상진 역, 한길사
『자본주의 윤리학』 페터 코슬로브스키 저, 이미경 역, 철학과 현실사
『자본주의 특강』 제프리 잉햄 저, 홍기빈 역, 삼천리
『자본주의와 자유』 밀턴 프리드먼 저, 심준보 변동열 역, 청어람미디어
『자본주의의 문화적 모순-출간 20주년 기념판-』 다니엘 벨 저, 박형신 역, 한길사
『자아의 초월성』 장폴 사르트르 저, 현대유럽사상연구회 역, 민음사
『자연법』 G. W. F. 헤겔 저, 김준수 역, 한길사
『자연의 수학적 열쇠 피보나치 수열』 이광연 저
『자연학 소론집』 아리스토텔레스 저, 김진성 역, 이제이북스
『자유 발도르프 학교의 감성 교육』 고야스 미치코 저, 임영희 역, 밝은누리
『자유』 콘라트 파울 리스만(편저), 비르기트 레키 저, 조규희 역, 이론과실천
『자유가 뭐예요?』 오스카 브르니피아 저, 양진희 역, 프레데릭 레베나 그림, 상수리
『자유론』 존 스튜어트 밀 저, 권기돈 역, 펭귄클래식코리아
『자유론』 존 스튜어트 밀 저, 김형철 역, 서광사
『자유론』 존 스튜어트 밀 저, 박문재 역, 현대지성
『자유론』 존 스튜어트 밀 저, 이종훈 역, 지식을만드는지식
『자유론』 존 스튜어트 밀 저, 정영하 역, 산수야
『자유론』 존 스튜어트 밀 저, 펭귄클래식코리아
『자유론-고품격 시청각 영문판-』 존 스튜어트 밀 저, 유페이퍼
『자유론-오디오 북-』 존 스튜어트 밀 저, 인공지능성우 타입캐스트 낭독, 펭귄클래식코리아
『자유론-자유에 관한 인류 최고의 보고서-』 이진희 저, 풀빛
『자유론-표현의 자유가 진보로 이어진다는 믿음-』 존 스튜어트 밀 저, 권혁 역, 돋을새김
『자유의 법』 로널드 드워킨 저, 이님역 역, 미지북스
『자유의 철학-과학적 방법으로 개발된 삶에 관한 근대 철학-』 루돌프 슈타이너 저, 박규현 황윤영 역, 수신제
『자유주의』 존 그레이 저, 김용직 서명구 역, 성신여자대학교출판부
『자유주의와 공동체주의』 스테판 뮬홀, 애덤 스위프트 저, 김해성 조영달 역

참고 서적

『자유주의와 그 적들』 철학연구회 저, 철학과현실사
『자유주의와 그 적들』 철학연구회 저, 철학과현실사
『자유주의와 사회주의의 진화』 김교환 저, 매봉
『자유주의와 연고주의-대항하는 두 정치 경제 체제-』 랜들 G. 홀콤, 안드레이 M. 카스티요 저, 황수연 역, 리버티
『자유주의의 역사』 노명식 저, 책과함께
『자제력 수업』 피터 홀린스 저, 공민희 역, 포레스트북스
『자존감 수업』 윤홍균 저
『자존감의 여섯 기둥』 너새니얼 브랜든 저, 김세진 역, 교양인
『작은 것들이 만든 거대한 세계-균이 만드는 지구 생태계의 경이로움-』 멀린 셸드레이크 저, 김은영 역, 홍승범 감수, 글담(아날로그)
『작은 자본론 자본론을 읽지 못한 당신에게 들려주는 작은 자본론|경제학 이후의 경제학』 야니스 바루파키스 저, 정재윤 역
『잔혹한 진화론-우리는 왜 불완전한가-』 사라시나 이사오 저, 황혜숙 역, 까치
『장하준 식 경제학 비판-그가 잘못 말한 23가지-』 박동운 저, 노스보스
『재미있는 물리여행-생각의 오류를 깨뜨리는 328가지의 물리 질문-』 루이스 캐럴 엡스타인 저, 강남화와 현직 교사들 역, 꿈결
『재미있는 사회언어학』 아스마 쇼지 저, 스즈킨 준 박문성 공저, 보고사
『재미있는 갑골문 이야기-인류를 품은 한자-』 이주은 저, 나눔사
『재밌어서 밤새 읽는 수학 이야기』 사쿠라이 스스무 저, 조미량 역
『재밌어서 밤새 읽는 원소 이야기』 사마키 다케오 저, 오승민 역, 황영애 감수, 더숲
『전자정복-상상이 현실이 되기까지 천재과학자들이 써 내려간 창조의 역사-』 데릭 청 / 에릭 브랙 저, 홍성완 역, 배영철 감수, 지식의날개
『전장을 지배한 무기전 전세를 뒤바꾼 보급전-전투코끼리 랜드리스 작전 아쿼버스 탄저균까지 무기와 보급으로 본 세계사-』 도현신 저, 시대의창
『전체를 보는 방법-박테리아의 행동부터 경제현상까지 복잡계를 지배하는 핵심 원리 10가지-』 존 H. 밀러 저, 정형채 최화정 역, 에이도스
『전체주의의 기원 1. 2』 한나 아렌트 저, 이진우 박미애 역, 한길사
『절대주의 국가의 계보』 페리 앤더슨 저, 김현일 역, 현실문화
『정당의 생명력: 영국 보수당』 바기함 저, 서울내학교출판문화원
『정냥이 살아야 민주주의가 산다』 미래정치연구소 윤종빈 임성학 장훈 강원택 김용호 외 10명 저, 푸른길
『정리하는 뇌』 대니얼 J. 레비틴 저, 김성훈 역, 와이즈베리
『정부조직개편에 대한 정치과정적 접근 -영국과 프랑스를 중심으로-』 박대식 박재정 김용현 류현숙 정주신 저, 대영문화사
『정의에 대하여 애덤 스미스가 스코틀랜드 글래스고 대학에서 한 강의』 애덤 스미스 저, 정명진 역
『정치 사상 용어 바로 알기』 양동안 저, 대추나무
『정치 이데올로기 이론과 실제』 Leon P. Baradat, John A. Phillips 저, 권만학 역, 명인문화사
『정치 질서의 기원-불안정성을 극복할 정치적 힘은 어디서 오는가-』 프랜시스 후쿠야마 저, 함규진 역
『정치가 우선한다』 셰리 버먼 저, 김유진 역, 후마니타스
『정치론』 B. 스피노자 저, 황태연 역, 비홍출판사
『정치를 보는 눈』 김영명 저, 개마고원

『정치를 종교로 만든 사람들』 강준만 저, 인물과사상사
『정치-운명을 거스르는 이론-』 로베르토 M. 웅거, 추이 즈위안 엮음, 김정오 역, 창비
『정치의 원형을 찾아서』 (살림지식총서 174)최자영 지음, 살림
『정치의 책』 폴 켈리, 로드 다쿰, 존 판던 등 공저, 박유진, 이시은 역, 지식갤러리
『정치이론』 앤드류 헤이우드 저, 권만학 역, 명인문화사
『정치적 부족주의-집단 본능은 어떻게 국가의 운명을 좌우하는가-』 에이미 추아 저, 김승진 역, 부키
『정치적 자유주의』 존 롤스 저, 장동진 역, 동명사
『정치철학 1: 그리스 로마와 중세-정치와 도덕은 화해 가능한가-』 곽준혁 저, 민음사
『정치철학 2: 르네상스와 근현대-지배가 없는 권력은 가능한가-』 곽준혁 저, 민음사
『정치철학의 문제들』 D. D. 라파엘 저, 김용환 역
『정치체제로서의 포퓰리즘』 김영섭 저
『정치학 개론』 이상우 저, 오름
『정치학 개론』 필립스 쉬블리 저, 김계동 김욱 민병오 윤진표 최동주 역, 명인문화사
『정치학 개론』 한종수 저, 세창출판사
『정치학 개론-권력과 선택-』 필립스 쉬블리 저, 김계동 김욱 민병오 윤진표 최동주 역, 명인문화사
『정치학 이해의 길잡이(정치사상)』 한국정치학회 저, 법문사
『정치학』 공삼 민병태 저, 이학사
『정치학』 아리스토텔레스 저, 천병희 역, 숲
『정치학의 이해』 서울대학교 정치학과 교수 저, 박영사
『정치학의 이해』 조용상 저, 법문사
『정치학-현대정치의 이론과 실천-』 앤드류 헤이우드 저, 조현수 역, 성균관대학교 출판부
『제1권력 : 자본 그들은 어떻게 역사를 소유해왔는가』 히로세 다카시 저, 이규원 역, 프로메테우스출판사
『제1권력 2 : 자본 그들은 어떻게 혁명을 삼켜버렸는가』 히로세 다카시 저, 김소연 역, 프로메테우스출판사
『제1차 세계대전-모든 전쟁을 끝내기 위한 전쟁-』 피터 심킨스, 제프리 주크스, 마이클 히키 저, 강민수 역, 플래닛미디어
『제2차 세계대전: 탐욕의 끝 사상 최악의 전쟁 탐욕의 끝, 사상 최악의 전쟁』 폴 콜리어, 알라스테어 핀란, 마크 J. 그로브, 필립 D. 그로브, 러셀 A. 하트 저, 강민수 역
『제3의 물결』 앨빈 토플러 저, 원창엽 역, 홍신문화사
『제도는 어떻게 진화하는가』 캐쓸린 썰렌 저, 신원철 역, 모티브북
『제의 연극-개인의 성장과 집단 및 임상 실제에서 극적 제의의 힘-』 클레어 슈레더 저, 이효원 엄수진 이가원 역, 울림
『조셉 머피 잠재의식의 힘』 조셉 머피 저, 김미옥 역, 미래지식
『조작된 역사』 우베 토퍼 저, 문은숙 역, 생각하는백성
『조지 길더 구글의 종말-빅데이터에서 블록체인으로 실리콘밸리의 충격적 미래-』 조지 길더 저, 이경식 역, 청림출판
『존 로크의 경험론에 있어서 오성의 능력과 교육』 (논문)임태평
『존 로크의 인간 오성론 읽기』 안병웅 저
『존 스튜어트 밀 자서전』 존 스튜어트 밀 저, 박홍규 역, 문예출판사
『존 스튜어트 밀-엘리트 자유주의와 제국주의의 기원을 찾아서-』 박홍규 저, 인물과사상사
『존 스튜어트 밀의 자유론』 김용하 저, 웅진지식하우스
『종교의 탄생과 철학의 시작-축의 시대-』 카렌 암스트롱 저, 정영목 역, 교양인

참고 서적

『종의 기원』 찰스 다윈 저, 송철용 역, 동서문화사
『주기율표』 톰 잭슨 저, 장정문 역, 김병민 감수, 소우주
『주요국의 교육제도』 이규환 저, 배영사
『죽은 경제학자의 살아있는 아이디어』 토드 부크홀츠 저, 류현 역, 한순구 감수, 김영사
『중국 경제사-고대에서 현대까지-』 오카모토 다카시 저, 강진아 역, 경북대학교출판부
『중국 고대 금문의 이해』 최남규 박원규 저, 신아사
『중동의 역사』 버나드 루이스 저, 이희수 역, 까치
『중동의 왜 싸우는가?-정체성의 투쟁, 중동사 21장면-』 박정욱 저, 지식프레임
『중력-아인슈타인 일반 상대성 입문서-』 JAMES B. HARTLE 저, 민건 역, 청범출판사
『중부 유럽 경제사』 양동휴, 김영완 저, 미지북스
『중세 1. 야만인, 그리스도교, 이슬람교도의 시대 476~1000』 움베르토 에코 기획, 김효정 최병진 역. 차용구 박승찬 감수, 시공사
『중세 2. 성당 기사 도시의 시대 1000~1200』 움베르토 에코 기획, 윤종태 역. 차용구 박승찬 감수, 시공사
『중세 독일 신비사상』 정달용 저, 분도출판사
『중세 유럽의 상인들-무법자에서 지식인으로-』 카를로 마리아 치폴라 저, 김위선 역, 길
『중세 유럽의 정치사상』 J. 모랄, W. 울만 저, 박은구 이희만 역, 혜안
『중세, 천년의 빛과 그림자』 페르디난트 자입트 저, 차용구 역, 현실문화연구
『중세음악』 박을미 저, 음악세계
『중세의 가을』 요한 하위징아 저, 이종인 역, 연암서가
『중세의 미학』 움베르토 에코 저, 손효주 역, 열린책들
『중세정치사상』 조찬래 저, 박영사
『중세 철학(케니의 서양철학사 2)』 앤서니 케니저, 김성호 역, 서광사
『중세 철학사』 F. 코플스톤 저, 박영도 역, 서광사
『중세 철학사』 에티엔느 질송 저, 김기찬 역, 현대지성사
『중앙아시아의 음악문화』 이용식 저, 민속원
『중앙유라시아의 세계사-프랑스에서 고구려까지-』 크리스토퍼 벡위드 저, 이강한 류형식 역, 소와당
『중앙유라시아의 역사』 고마츠 히사오 외 저, 이평래 역, 소나무
『지금 애덤 스미스를 다시 읽는다』 도메 다쿠오 저, 우경봉 역, 동아시아
『지능의 함정』 데이비드 롭슨 저, 이창신 역, 김영사
『지도로 보는 세계 사상사-고대부터 현대에 이르기까지 동서양 인류사상의 변천사-』 허원중 저, 전왕록 전혜진 역, 시그마북스
『지성사란 무엇인가?-역사가가 텍스트를 읽는 방법-』 리처드 왓모어 저, 이우창 역, 오월의봄
『지식생태학』 유영만 저, 삼성경제연구소
『지식은 어떻게 탄생하고 진화하는가 인류와 함께 발전해온 지식의 역사 이야기』 피터 버크 저, 이상원 역
『지식을 위한 철학 통조림. 4: 고소한 맛』 김용규 저, 김동연 그림, 주니어김영사
『지식의 세계사-베이컨에서 푸코까지, 지식권력은 어떻게 세계를 지배해왔는가-』 육영수 저, 휴머니스트
『지식의 조건』 이스라엘 쉐플러 저, 김정래 역, 학지사
『지식의 착각-왜 우리는 스스로 똑똑하다고 생각하는가-』 스티븐 슬로먼, 필립 페른맥 저, 문희경 역, 세종서적
『지식인과 사회 스코틀랜드 계몽운동의 역사』 이영석 저

『지식인의 두 얼굴』 폴 존슨 저, 윤철희 역, 을유문화사
『지식인의 아편』 레이몽 아롱 저, 안병욱 역, 삼육출판사
『지적인 사람들을 위한 보수주의 안내서』 러셀 커크 저, 이재학 역, 지식노마드
『지적인 여성을 위한 사회주의 자본주의 안내서-세상을 바꾸는 가장 실용적이면서 효과정인 방법-』 조지 버나드 쇼 저, 오세원 역, 서커스
『지중해 5000년의 문명사 상,하』 존 줄리어스 노리치 저, 이순호 역, 뿌리와이파리
『지중해 문명교류학』 지중해지역원 저, 이담북스
『지중해의 기억』 페르낭 브로델 저, 강추헌 역, 한길사
『지향성: 심리철학소론』 존 R. 설 저, 심철호 역, 나남
『진단명 사이코패스(우리 주변에 숨어 있는 이상 인격자)』 로버트 D. 헤어 저, 조은경 황정하 역, 바다출판사
『진리의 발견』 마리아 포포바 저, 지여울 역, 다른
『진리의 양면성: 인식의 철학 2』 O. F. 볼노오 저, 백승균 역, 서광사
『진보와 보수의 12가지 이념: 다원적 공공정치를 위한 철학』 폴 슈메이커 저, 조효제 역
『진화와 윤리-19세기 자유주의 과학인의 멘토 토마스 헉슬리의 윤리선언-』 토마스 헉슬리, 이종민 역, 산지니
『짜라투스트라는 이렇게 말했다』 F. W. 니체 저, 사순옥 역, 홍신문화사
『차원의 모든 것-차원이란 무엇인가? 우리의 세계는 몇 차원인가?-』 뉴턴프레스 저, 아이뉴턴(뉴턴코리아)
『착한 사람들』 애비게일 마시 저, 박선령 역, 와이즈베리
『착한 사람은 왜 주위 사람을 불행하게 하는가』 소노 아야코 저, 오근영 역, 리수
『착한 인류-도덕은 진화의 산물인가-』 프란스 드 발 저, 오준호 역, 미지북스
『창의 논리학 방패의 논리학-속이는 사람의 관점에서 쓴 역발상 논리학-』 니컬러스 캐펄디, 마일스 스미트 저, 석기용 역, 교양인
『창의성-혁신의 시대에 던져진 인간의 뇌-』 엘코논 골드버그 저, 김미선 역, 시그마북스
『책문』 김태완 저, 현자의 마을
『책의 민족-유대인 디아스포라 4천 년의 역사-』 맥스 I. 디몬트 저, 김구원 역, 교양인
『처음 만나는 민주주의 역사』 로저 오스본 저, 최완규 역, 시공사
『처음 만난 철학-철학 문외한도 쉽게 읽는 철학 명저 50-』 히라하라 스구루 저, 이아랑 역, 시그마북스
『처음 읽는 미국사』 전국역사교사모임 저, 휴머니스트
『천문학 사전-우주와 천체의 원리를 그림으로 쉽게 풀이한-』 후타마세 도시후미 저, 나카무라 도시히로 구성, 조민정 역, 도쿠마루 유우 그림, 전영범 감수, 그린북
『천재들의 철학노트-사유의 거인들이 펼친 열정의 삶과 철학-』 김영범 저, 향연
『철학 1. 철학적 세계정위』 칼 야스퍼스 저, 이진오 최양석 역, 아카넷
『철학 2. 실존조명』 칼 야스퍼스 저, 신옥희 홍경자 박은미 역, 아카넷
『철학 3. 형이상학』 칼 야스퍼스 저, 정영도 역, 아카넷
『철학 교과서. 1: 학문론-철학 서론과 논리학 그리고 인식론-』 요하네스 헤센 저, 이강조 역, 서광사
『철학 교과서. 2: 가치론-일반적 가치론과 윤리학 미학 그리고 종교철학-』 요하네스 헤센 저, 이강조 역, 서광사
『철학 교과서. 3: 현실론-존재론과 형이상학 그리고 세계관론-』 요하네스 헤센 저, 이강조 역, 서광사
『철학 들여다보기』 도널드 파머 저, 남경태 역, 북앤월드

참고 서적

『철학 입문』 롤란트 W. 헹케, 에바 마리아 제빙, 로타 아스만, 라이너 베르트만, 마티아스 슐체 저, 조병희 역, 북비
『철학, 역사를 만나다 세계사에서 포착한 철학의 명장면』 안광복 저
『철학과 과학』 과학사상연구회 편 저, 통나무
『철학도해사전』 페터 쿤츠감, 프란츠 페터 부르카르트, 프란츠 비트만 저, 여상훈 역, 악셀 바이스 그림, 들녘
『철학사 여행』 고사카 슈헤이 저, 방준필 역, 간디서원
『철학으로서의 철학사-존재에 관한 인간 사유의 역사-』 훌리안 마리아스 저, 강유원 박수민 역, 유유
『철학은 어떻게 삶의 무기가 되는가-불확실한 삶을 돌파하는 50가지 생각 도구-』 야마구치 슈 저, 김윤경 역, 다산초당
『철학의 개념과 주요문제』 백종현 저
『철학의 교과서-당신이 몰랐던 진짜 철학-』 나카지마 요시미치 저, 김윤희 역, 지식의날개
『철학의 근본 물음 논리학의 주요 문제』 마르틴 하이데거 저, 한충수 역
『철학의 근본문제』 아우구스트 부룬너 저, 강성위 역
『철학의 근본문제에 관한 10가지 성찰』 나이절 워버턴 저, 최희봉 역
『철학의 기원에 관하여』 카트린 콜로베르 저, 김정란 역, 동문선
『철학의 명저 20』 한국 철학사상연구회 저, 중원문화
『철학의 문제들』 버트란드 러셀 저, 박영태 역
『철학의 여러 문제와 철학실천』 최희봉 김선희 최종문 이기원 유성선 윤석민 황정희 이진남 허서연 하종수 저, 앨피
『철학의 역사-사진과 그림으로 보는-』 브라이언 매기 저, 박은미 역, 시공사
『철학의 역사-소크라테스부터 피터 싱어까지: 삶과 죽음을 이야기하다-』 나이절 워버턴 저, 정미화 역, 소소의책
『철학의 주요문제에 대한 논쟁』 나이절 워버턴 저, 최희봉 역
『철학의 즐거움』 듀란트 저, 이정선 역, 홍신문화사
『철학의 책』 윌 버킹엄 외 공저, 이경희·박유진·이시은 공역, 지식갤러리
『철학이 필요한 순간』 스벤 브링크만 저, 강경이 역, 다산초당
『철학이야기』 윌 듀랜트 저, 임헌영 역, 동서문화사
『철학적 기본 개념』 리피엘 페브버 저, 조국현 역, 동문선
『철학적 논리학(제3판)』 A. C. 그렐링 저, 이윤일 역, 선학사
『철학적 논리학』 A. C. 그렐링 저, 이윤일 역, 선학사
『철학적 분석』 J. O. 엄슨 저, 이한구 역, 철학과 현실사
『철학적 분석은 어떻게 하는가?』 존 호스퍼스 저, 이재훈 역
『철학적 사유의 근본 주제들 I』 Ekkehard Martens, Herbert Schndelbach 저, 원승룡 이강서 김은주 역, 전남대출판문화원
『철학하는 여자가 강하다-능력 있는 현대 여성은 왜 무기력한가-』 레베카 라인하르트 저, 장혜경 역, 이마
『철학학교/비극론/철학입문/위대한 철학자들』 카를 야스퍼스 저, 전양범 역, 동서문화사
『초짜들을 위한 짧고 쉬운 지식의 역사』 대니얼 스미스 저, 석이우 역, 지식서재
『최고의 학교-4차 산업혁명 시대 혁신교육을 이끄는-』 테드 딘터스미스 저, 정미나 역, 예문아카이브
『최신 육서통자전』 송병덕 저, 서예문인화
『최초의 것들』 이안 해리슨 엮음, 김한영 박인균 역, 갑인공방

『축약된 국부론 그리고 대단히 축약된 도덕 감정론』에이먼 버틀러 저, 황수연 외 8인 역
『친일과 반일의 문화인류학-유사종교 반일 민족주의를 말한다-』최길성 저, 타임라인
『친절한 과학사』박성래 저, 문예춘추
『칠체 천자문(정석명필)』송원편집부, 법문북스
『카를 융 : 기억 꿈 사상』카를 구스타프 융 저, 조성기 역, 김영사
『카카오 AI리포트-인간과 인공지능을 말하다-』카카오 AI리포트 편집진 엮음, 북바이북
『칸트 실천이성비판』심옥숙 손영운 저, 주경훈 그림, 주니어김영사
『칸트 읽기-포스트모더니즘 이후의 비판철학-』마키노 에이지 저, 세키네 히데유키, 류지한 역, 울력
『칸트, 근세 철학을 완성하다』강성률 저, 글라이더
『칸트사전』사카베 메구미, 아리후쿠 고가쿠, 구로사키 마사오, 나카지마 요시미치, 마키노 에이지 저, 이신철 역, 도서출판 b
『칸트의 역사철학』임마누엘 칸트 저, 이한구 편역, 서광사
『칼 마르크스, 자본주의를 말하다』김세연 저, 글라이더
『캔 로빈슨 엘리먼트-타고난 재능과 열정이 만나는 시점-』켄 로빈슨, 루 애로니카 저, 정미나 역, 21세기북스
『컨설팅의 심리학-심리와 논리로 상대방을 설득하는 방법-』정병익 저, 리텍콘텐츠
『컨서스-내 인생을 바꾸는 힘-』문성림 저, 미디어숲
『컬러의 말』카시아 세인트 클레어 저, 이용재 역, 월북
『컴 클로저-나를 안전하게 지키면서 세상과 가까워지는 심리 수업-』일자 샌드 저, 곽재은 역, 인플루엔셜
『케임브리지 프랑스사』콜린 존스 저, 방문숙·이호영 역, 시공사
『켈트 신화와 전설』찰스 스콰이어 저, 나영균 전수용 역, 황소자리
『코젤렉의 개념사 사전 1. 문명과 문화』외르크 피쉬 저, 안삼환 역, 푸른역사
『코젤렉의 개념사 사전 10. 노동과 노동자』베르너 콘체 저, 이진모 역, 푸른역사
『코젤렉의 개념사 사전 2. 진보』라인하르트 코젤렉 · 크리스티안 마이어 저, 황선애 역, 푸른역사
『코젤렉의 개념사 사전 3. 제국주의』외르크 피쉬·디터 그로·루돌프 발터 저, 황승환 역, 푸른역사
『코젤렉의 개념사 사전 4. 전쟁』빌헬름 얀센 저, 권선형 역, 푸른역사
『코젤렉의 개념사 사전 5. 평화』빌헬름 얀센 저, 한상회 역, 푸른역사
『코젤렉의 개념사 사전 6. 계몽』호르스트 슈투케 저, 남기호 역, 푸른역사
『코젤렉의 개념사 사전 7. 자유주의』루돌프 피어하우스 저, 공진성 역, 푸른역사
『코젤렉의 개념사 사전 8. 개혁과 (종교)개혁』아이케 볼가스트 저, 백선종 역, 푸른역사
『코젤렉의 개념사 사전 9. 해방』카를 마르틴 그라스·라인하르트 코젤렉 저, 조종화 역, 푸른역사
『콩트가 들려주는 실증주의 이야기』윤민재 저, 자음과모음
『크루그먼의 경제학입문』폴 크루그먼, 로빈 웰스 저, 김재영 박대근 전병헌 역, 시그마프레스
『크리스퍼가 온다』제니퍼 다우드나, 새뮤얼 스턴버그 저, 김보은 역, 프시케의숲
『크리티아스』플라톤 저, 이정호 옮김, 이제이북스
『클래식 400년의 산책 1: 모차르트와 베토벤』이채훈 저, 호미
『클래식 400년의 산책 1: 몬테베르디에서 하이든까지』이채훈 저, 호미
『클래식 노트-알고 싶은 클래식 듣고 싶은 클래식-』진회숙 저, 박경연 그림, 샘터(샘터사)
『클래식 상식 사전-악보의 탄생에서 낭만주의까지 클래식 음악의 모든 것-』마쓰다 아유코 저, 나지윤 역, 길벗
『클래식 음악의 괴짜들 2: 헨델의 가발이 들썩거린 이유는』스티븐 이설리스 저, 고정아 역, 수전 헬러드 그림, 비룡소
『클래식 음악의 괴짜들-베토벤이 스튜 그릇을 던져 버린 이유는-』스티븐 이설리스 저, 고

331

참고 서적

정아 역, 애덤 스토어 그림, 비룡소
『클래식 현대음악과의 만남-필립 글래스 쇼스타코비치 메시앙의 시대-』 데이비드 맥클리리 저, 김형수 역, 포노(PHONO)
『클래식을 뒤흔든 세계사-종교개혁부터 제1차 세계대전까지-』 니시하라 미노루 저, 정향재 역, 북뱅
『클래식을 좋아하는 사람이라면 꼭 알아야 할 52가지-음악평론가 최은규의 클래식 감상법-』 최은규 저, 소울메이트
『클래식음악 산책』 이광열 저, 책과나무
『탄탄한 논리력』 브랜던 로열 저, 정미화 역, 카시오페아
『터기사 100-가장 쉽게 읽는 터키사-』 이희수 저, 청아출판사
『터키-신화와 성서의 무대 이슬람이 숨쉬는 땅-』 이희철 저, 리수
『털 없는 원숭이-동물학적 인간론-』 데즈먼드 모리스 저, 김석희 역, 문예춘추사
『토론의 법칙』 쇼펜하우어 저, 최성욱 역, 원앤원북스
『토지, 정치, 전쟁-1930년대 에스파냐의 토지개혁-』 황보영조 저, 삼천리
『통치론』 베리타스알파
『통치론』 존 로크 저, 조현수 역
『트라우마, 기억으로부터의 자유』 바브 메이버거 저, 김준기 배재현 사수연 역
『틀리지 않는 법-수학적 사고의 힘-』 조던 엘렌버그 저, 김명남 역, 열린책들
『파놉티콘』 제러미 벤담 저, 신건수 역, 책세상
『파시즘 : 열정과 광기의 정치 혁명』 로버트 O. 팩스턴 저, 손명희 역
『파워풀한 수학자들-고대 와 현대를 넘나들며 펼쳐지는 발칙한 수학 여행!-』 김승태 김영인 저, 특별한서재
『파인만의 여섯가지 물리이야기』 리처드 파인만 저, 박병철 역, 승산
『판단력비판』 임마누엘 칸트 저, 백종현 역, 아카넷
『패러데이&맥스웰: 공간에 펼쳐진 힘의 무대』 정동욱 저, 김영사
『패러데이가 들려주는 전자석과 전동기 이야기』 정완상 저, 자음과모음
『패러데이와 맥스웰』 낸시 포브스, 배질 마혼 저, 박찬 박술 역, 반니
『팩트보다 강력한 스토리텔링의 힘』 가브리엘 돌란, 야미니 나이두 저, 박미연 역, 트로이목마
『팩트풀니스-우리가 세상을 오해하는 10가지 이유와 세상이 생각보다 괜찮은 이유-』 한스 로슬링, 올라 로슬링, 안나 로슬링 뢴룬드 저, 이창신 역, 김영사
『페르마의 마지막 정리』 사이먼 싱 저, 박병철 역, 영림카디널
『페르시아 원정기 : 아나바시스』 크세노폰 저, 천병희 역, 도서출판 숲
『펠로폰네소스전쟁사』 투퀴디데스 저, 천병희 역, 도서출판 숲
『편지들』 플라톤 저, 강철웅·김주일·이정호 옮김, 이제이북스
『평등이란 무엇인가』 스튜어트 화이트 저, 강정인 권도형 역, 까치
『포스트모더니즘: 마르크스주의의 비판』 알렉스 캘리니코스 저, 이수현 역, 책갈피
『포스트모더니즘의 철학과 포스트마르크스주의』 윤평중 저, 서광사
『포스트모던의 조건』 장 프랑수아 리오타르 저, 유정완 역, 민음사
『포스트모던의 테제들』 연구모임 사회비판과대안 저, 사월의책
『포퓰리즘의 거짓 약속』 세바스티안 에드워즈 저, 이은진역
『포퓰리즘의 덫』 권혁철 , 김상겸, 우석진, 조동근, 최승노 저
『포퓰리즘의 세계화 왜 전세계적으로 엘리트에 대한 공격이 확산되고 있는가』 존 주디스 저, 오공훈 역
『폭력이란 무엇인가』 슬라보예 지젝 저, 이현우 김희진 정일권 역, 난장이
『폴 존슨 근대의 탄생 I, II』 폴 존슨 저, 살림

『폴 존슨 유대인의 역사』 폴 존슨 저, 김한성 역
『폴 크루그먼 지리경제학-폴 크루그먼의 노벨 경제학상 수상 이론을 일반 독자들에게 소개한 책-』 폴 크루그먼 저, 이윤 역, 창해
『표정의 심리학-우리는 감정을 드러내는가?-』 폴 에크먼 저, 허우성 허주형 역, 바다출판사
『풀기 쉬운 한문 길라잡이』 김종득 저, 명문당
『풀어쓰는 정치학』 배찬복 저, 한국학술정보
『프랑스 1940-제2차 세계대전 최초의 대규모 전격전-』 알란 셰퍼드 저, 김홍래 역, 한국국방안보포럼 감수, 플래닛미디어
『프랑스 계몽주의 지성사-지적 실천 운동으로서의 계몽주의 재해석-』 장세룡 저, 길
『프랑스 공산주의 운동』 은은기 저, 신서원
『프랑스 대혁명의 철학』 베르나르 그뢰튀유젠 저, 이용철 역, 에피스테메
『프랑스 제3공화국 헌정체제-초기 정립과정을 중심으로-』 한동훈 저, 한국학술정보
『프랑스 하나 그리고 여럿』 서울대학교 불어문화권연구소 저, 지성공간
『프랑스 혁명사 3부작-1848년에서 1850년까지 프랑스에서의 계급투쟁 | 루이 보나파르트의 브뤼메르 18일/프랑스 내전-』 카를 마르크스 지음 저, 임지현 이종훈 역, 소나무
『프랑스 혁명에서 파리 코뮌까지』 노명식 저, 책과함께
『프랑스권 지역의 이해』 문시연, 홍태숙 저
『프랑스사』 앙드레 모루아 저, 신용석 역, 김영사
『프랑스의 역사』 다니엘 리비에르 저, 최갑수 역, 까치
『프랑스혁명과 나폴레옹시대의 교육개혁사』 서정복 저, 충남대학교출판부
『프레임-나를 바꾸는 심리학의 지혜-』 최인철 저, 21세기북스
『프로이드 심리학 입문』 캘빈 S. 홀 저, 안귀여루 역, 범우사
『프로코피우스의 비잔틴제국 비사』 프로코피우스 저, 곽동훈 역, 들메나무
『프로타고라스』 플라톤 저, 강성훈 옮김, 이제이북스
『프로테스탄트 윤리와 자본주의 정신』 막스 베버 저, 김상희 역
『프로파간다의 달인』 노형진 이애경 저, 한올
『프리드리히 쉴러』 김승옥 저, 고려대학교출판부
『플라톤의 네 대화 편 에우티프론, 소크라테스의 변론, 크리톤, 파이돈』 플라톤 저, 박종현 역주, 서광사
『플라톤의 다섯 대화편 테아이테토스/필레보스/티마이오스/크리티아스/파르메니데스』 플루톤 저, 천병희 역
『플라톤의 파르메니데스 편 연구』 김귀룡 저, 충북대학교출판부
『플라톤 전집 5-테아이테토스, 필레포스, 티마이오스, 크리티아스, 파르메니데스』 플라톤 저, 천병희 역, 숲
『플로티노스-그리스 철학을 기독교에 전달한 사상가-』 조규홍 저, 살림
『플루타르크 영웅전 전집』 플루타르크 저, 이성규 옮김, 현대지성사
『피렌체 미술산책』 강화자 저, 제이앤제이제이(디지털북스)
『피보나치의 토끼-수학 혁명을 일으킨 50가지 발견-』 애덤 하트데이비스 저, 임성이 역, 시그마북스
『필독서 따라잡기: 자유론』 베리타스알파 저, 베리타스알파
『하루밤에 읽는 경제학』 마르크 몽투세, 도미니크 샹블레 저, 강주헌 역, 손민중 감수, 알에이치코리아
『하룻밤에 읽는 중국사』 미야자키 마사카츠 저, 오근영 역, 중앙M&B
『하버드 논리학 수업-하버드 대학교 전설적 철학 교수의 기초 논리학 강의-』 윌러드 밴 오

333

참고 서적

먼 콰인 저, 성소희 역, 유엑스리뷰
『하버드 말하기 수업-어떤 말이 사람을 움직이는가-』 리웨이원 저, 김락준 역, 가나출판사
『하버드 상위 1퍼센트의 비밀-신호를 차단하고 깊이 몰입하라-』 정주영 저, 한국경제신문
『하버드 철학수업-인간의 정신을 만드는 사상적 원천은 무엇인가-』 윌리엄 제임스 저, 이지은 역, 나무와열매
『하워드 진 살아있는 미국역사』 하워드 진 저, 김영진 역, 추수밭
『하이데거 존재와 시간』 임선희 저, 최복기 그림, 주니어김영사
『학교교육 제4의 길 1, 2: 학교교육 변화의 역사와 미래방향』 앤디 하그리브스, 데니스 셜리 저, 이찬승 김은영 역
『학력파괴자들-학교를 배신하고 열정을 찾은-』 정서주 저, 프롬북스
『학이란 무엇인가』 황금중 저, 글항아리
『한 권으로 끝내는 수학』 패트리샤 반스 스바니, 토머스 E. 스바니 저, 오혜정 역, 지브레인
『한 권으로 이해하는 수학의 세계(Cracking Mathematics)』 콜린 베버리지 저, 김종명 역, 북스힐
『한 권으로 이해하는 양자물리의 세계(Cracking Quantum Physics)』 브라이언 크래그 저, 박지웅 역, 북스힐
『한 권으로 읽는 국부론』 애덤 스미스 저, 안재욱 역, 박영사
『한권으로 읽는 세계신화』 이야기연구회 편, 민중출판사
『한눈에 들어오는 서양철학사』 다케다 세이지/니시 켄 저, 홍성태 옮김, 중원문화
『한시의 맛-율시의 대장과 요체 연구(1)-』 성기옥 저, 책과이음
『한자 백 가지 이야기』 시라카와 시즈카 저, 심경호 역, 황소자리
『한자 부수 214 암기와 해설』 한불학예사 편집실 저, 한불학예사
『한자 부수 제대로 알면 공부가 쉽다』 김종혁 저, 중앙에듀북스
『한자는 우리의 조상 동이족이 만들었다』 진태하 저, 명문당
『한자원리해법』 김철영 저, 자유문고
『한자의 ABC-부수 214 글자-』 한학중 저, 퍼플
『합스부르크 왕가의 흥망과 성쇠-왕가의 존속을 위한 결혼정책-』 이종완 저, 공주대학교출판부
『해석학』 신승환 저, 아카넷
『향연』 플라톤 저, 강철웅 옮김, 이제이북스
『헌법에 비친 역사 -미국 헌법의 역사에서 우리 헌법의 미래를 찾다-』 조지형 저, 푸른역사
『헤겔 이후의 역사철학』 헤르베르트 슈내델바하 저, 이한우 역, 문예출판사
『헤겔』 책임 편집 김종호, 해설 김병옥, 역 김종호, 세계사상전집 양우당
『헤겔』 피터 싱어 저, 노승영 역, 교유서가
『헤겔사전』 가토 히사타케 저, 이신철 역, 도서출판 b
『헤겔의 논리학』 헤겔 저, 전원배 역, 서문당
『헬레니카』 크세노폰 저, 최자영 역, 아카넷
『혁명의 추억 미래의 혁명-역사의 대반전, 신자유주의 이후의 새로운 세계-』 박세길 저, 시대의창
『혁명의 탄생-근대 유럽을 만든 좌우익 혁명들-』 데이비드 파커 저, 박윤덕 역, 교양인
『혁명의 현실성-20세기 후반 프랑스, 칠레, 포르투갈, 이란, 폴란드의 경험-』 콜린 바커, 이언 버철, 마이크 곤살레스, 마르얌 포야, 피터 로빈슨 저, 김용민 역, 책갈피
『현대 과학의 이해』 박영목 저, 북스힐
『현대 과학철학 논쟁』 토머스 쿤 외 저, 조승옥 외 역, 아르케
『현대 물리학과 동양사상』 프리초프 카프라 저, 이성범 김용정 역, 범양사
『현대 미국의 이해』 러셀 던칸, 조셉 가다드 저, 민병오 역, 명인문화사
『현대 언어 심리철학의 쟁점들 1』 이주향 저, 철학과현실사

『현대 역사과학 입문』 소곡왕지 외 저, 조금안 역, 한울
『현대 유럽의 역사』 앨버트 S. 린드먼 저, 장문석 역, 삼천리
『현대 윤리에 관한 15가지 물음』 가토 히사다케 저, 표재명 김일방 이승연 역, 서광사
『현대 이데올로기』 안소니 크레스피그니, 제레미 크로닌 저, 강두호 역, 인간사랑
『현대 정당정치의 이해(개정판)』 심지연 편
『현대 정치철학의 이해』 WILL KYMIOCKA 저, 장동진 장휘 우정열 역, 동명사
『현대 정치학』 오스틴 래니 저, 권만학 외 역, 을유문화사
『현대 중국을 찾아서 2』 조너선 D 스펜스 저, 김희교 역, 이산
『현대 철학 강의 -31가지 테마로 본 현대 영미철학의 흐름과 쟁점-』 로저 스크루턴 저, 주대중 역, 바다출판사
『현대 철학 로드맵』 오카모투 유이치로 저, 전경아 역, 아르테(arte)
『현대과학철학 논쟁』 피터 고드프리스미스 저, 한상기 역, 서광사
『현대미학 특강』 이주영 저, 미술문화
『현대철학(케니의 서양철학사 4)』 앤서니 케니저, 이재훈 역, 서광사
『현상학이란 무엇인가-후설의 후기 사상을 중심으로-』 닛타 요시히로 저, 박인성 역, b
『혐오, 감정의 정치학』 김종갑 저, 은행나무
『혐오사회-증오는 어떻게 전염되고 확산되는가-』 카롤린 엠케 저, 정지인 역, 다산초당
『혐오와 수치심-인간다움을 파괴하는 감정들-』 마사 너스바움 저, 조계원 역, 민음사
『혐오표현, 자유는 어떻게 해악이 되는가?』 제러미 월드론 저, 홍성수 이소영 역
『형식논리학과 선험논리학』 에드문트 후설 저, 이종훈 역, 한길사
『형이상학 1. 2』 아리스토텔레스 저, 조대호 역, 나남
『형이상학』 아리스토텔레스 저, 김진성 역, 이제이북스
『형이상학』 아리스토텔레스 저, 이종훈 역, 동서문화사
『형이상학과 존재론』 박준호 저, 전북대학교출판문화원
『형이상학과 탈형이상학-형이상학의 유래와 도래-』 신승환 저, 서광사
『화석은 말한다(창조론 진화론)』 김영길 저, 예향
『화석은 말한다-화석이 말하는 진화와 창조론의 진실-』 도널드 R. 프로세로 저, 류운 역, 바다출판사
『화학의 미스터리-엔트로피, 주기율표와 분자운동, 분자 관람 그리고 나노ㅣ단백질 구조예 측까지 미래를 위한 화학 특강 10-』 김성근 이영민 김경택 정택동 윤완수 김유수 이동환 이광렬 석차옥 박태현 저, 반니
『화畵 풀이 한자』 최현룡 저, 지호
『후기마르크스주의』 프레드릭 제임슨 저, 김유동 저, 한길사
『흄』 최희봉 저, 이룸
『흄의 인간 오성에 관한 탐구 입문』 A. 베일리, D. 오브리언 저, 이준호, 오용득 역
『흉노제국 이야기』 장진쿠이 저, 남은숙 역, 아이필드
『흐름을 꿰뚫는 세계사 독해』 사토 마사루 저, 신정원 역, 역사의아침
『희랍 철학 입문』 W. K. C. 거스리 저, 박종현 역, 서광사
『히타이트-점토판 속으로 사라졌던 인류 역사-』 이희철 저, 리수
『논리학·윤리학- 기독교 세계관의 철학적 기초 (IV)-』 J. P. 모어랜드 & W. L. 크레이그 저, 이경직 역, CLC

후 기

『철학개론』에 쏟아진 찬사

『철학개론』에 쏟아진 찬사

010 - **** - ****

안녕하세요~^^ 북극성(이서현)입니다~^^
"철학개론" 출판을 진심으로~! 축하드려요.!!! 대박과 함께 전세계인들의 필독서가 되기를 바랍니당.
(동방명주 작가님 파이팅!!!)
··· 중략 ···
철학+세미나=1권은 세미나때 받고, 5권 주문 {자녀(2권) 3권(선물용)}...

9월 3일

주문 접수되었습니다.
감사합니다.
멋진 철학의 세계에 오신 것을 진심으로 환영합니다.
-철학이야기-

오후 1:02

김용희 님 소감

126페이지까지 읽고 쓴 소감

철학에 일도 관심 없는 나에게

어느날 불쑥 **철학개론이 성큼 다가왔다**

솔직히 철학 정치 난 관심 없다

역사에 흥미를 느껴서 찾다보니

어느날 내가 철학개론을 읽고 있는게 아닌가?

신기한 마음에 읽다 보니 그 이유를 알 것 같다

내가 **왜곡된 역사를 바로 볼 수 있는 첫 디딤돌,**
길잡이가 되어 줄 책이란 것을

『철학개론』에 쏟아진 찬사

은하수 님 소감

대학에서 철학의 이해라는 교양과목을 통해 처음으로 철학을 접했던 저는, 복잡하고 어려웠던 기억에 그 이후 더 이상 철학에 대해 알려고 하지 않았습니다. 그러나 늘 나는 누구인가? 나는 왜, 무엇을 위해 이 세상에 왔는가?와 같은 철학적 질문에 대한 답을 얻고 싶었어요. 그러다 동방명주님께 이끌렸고, 드디어 세상에 나온 철학개론이 제 손에 들어왔습니다.

먼저 목차를 훑어보다가 '철학을 배우면 인생의 답을 찾을 수 있나요?-41'를 보고 깜짝 놀라고 말았습니다. 인생의 해답을 찾고 싶던 저에게 어떤 답을 주시려나 호기심이 일었지요. **철학에 대해 무지한 제가 다른 일을 하면서도 세 번만에 끝까지 읽을 수 있었습니다. 책읽기에 방해가 없었다면 서너 시간만에도 읽었을 것** 입니다.

그리고 저의 소감은 다음과 같습니다.
1. 종이의 질감이 부드럽고 좋습니다.
2. 여백이 많아 독서시 피로가 덜합니다.
3. 대화체로 되어있어 **함께 강의를 듣는 느낌**이 듭니다.
4. 주석이 바로 달려있어서 쉽게 뜻을 파악할 수 있습니다.
5. 철학이라는 학문을 누구나 쉽게 접근할 수 있도록 간결하고 명료합니다.
6. 철학아카데미 강의를 큐알코드로 연결해둔 점이 좋습니다.
7. 참고서적 분량에 놀랐습니다.

이미 **철학을 배우려다 실패한 제가 책을 놓고 싶지 않을 정도**였고, 다 읽고 난 뒤 몇 가지 단어가 머릿속에 남았다는 사실이 정말 신기했어요. 또한 저는 이성주의자라 생각했으나 경험절대주의적인 사람이고, 객관주의자임을 깨달았습니다. 철학 학자의 이름이나 학파는 아직 어렵지만 철학개론을 반복해서 읽다 보면 친숙해지고 더 나아가 스스로도 깊은 철학을 할 수 있으리라 생각합니다.

어려운 철학을 쉽게 접할 수 있도록 출간해주신 동방명주님께 감사합니다.

로즈 님 소감

신랄한 비판의식과 사람들에게 정직한 학문을 전하고 싶은 **간절하고 진실한 작가의 마음이 느껴집니다.** 철학을 처음 접했을 때 생소했던 용어를 정리해주고, 시대별 철학이론을 간결히 알려주는, **단연 이 시대에 보지 못했던 철학개론**입니다. **이런 책을 접하게 되서 큰 영광**입니다.

김기남 님 소감 1

앞부분 조금밖에 못읽었어요. 뒷부분 참고서적보고 놀랐습니다. CPS(폴라스타 채널:유튜브 방송)를 언제부터 보기 시작했는지 잘 모르겠는데 정치만 보고 철학, 역사, 문화는 어렵고 복잡하다고 패스했네요. 금년부터 생활이 좀 안정되고 시간이 나서 영어공부 시작하고 철학개론을 접하게 되었습니다. 난생처음. **아무것도 모르는 편이 낫다고 하셔서 위안**이 됩니다.^^ 잘 읽어보겠습니다. 감사합니다.

북극성 님 소감

삶의 중심이 흔들릴 때 처음엔 작은 반디불처럼 가볍게 읽었으나, 점~점 더 든든한 나만의 등대가 되어, 어느새 **삶의 지침서, 나침판 같은 책. 삶의 질이 풍요롭게 될 것을 확신**합니다.

『철학개론』에 쏟아진 찬사

별빛 님 소감 1

창문을 여니..
차소리가 요란스럽네요!

옳고 그름을 생각하면서 살았다면
새벽에 저렇게 달리는 일은 없었을까 싶네요!

이 새벽에는 단잠을 자는 것인데..
생각하는 힘을 접어둔 생활을 반복하는..

그래 그래 철학은? 어디 싸매 두었니?
어디 붙들어 매고 그저 살기만 할까(?)
철학은 "생각하는 법을 가르쳐주는 학문"
그 **삶의 방향을 더 바르게 해준다!**
바르다는 것은 의심을 통해 생각을 시작하고
찾아보고 듣고
또 생각하고 정리해 나가는 태도를
"바르게 하는 과정이라 봅니다"
철들게 하는 질문이 철학일까(?)

유제봉 님 소감

저는 100p 읽고 있습니다.
철학을 알게 되어 즐겁습니다.
감사합니다. 좋은 하루 되세요.

> 정현주 님 소감 1

"부자"가 되고 싶은 당신에게
더 이상 **"위선에 기만당하고 싶지 않은"** 당신들에게
이 책을 권합니다.

먼저 책 읽기가 너무 힘들다는 분들 계시다면
걱정하지 않으셔도 됩니다.

웹툰처럼 술술 읽히며 행간도 넓고 여백도 상당합니다.
그럼에도 2700년 유럽 철학사를 개괄하고 있으며,
기억에도 남습니다.

**철학책 그 어려운 걸 어떻게 보냐며 걱정하시는 분들도
염려 놓으시길 바랍니다.**

저는 철학책 읽고 요약하기 숙제가 있었는데 책을 이해하지 못해서 숙제를 제출하지 못한 경험이 있습니다. 그래서 철학책 보기가 두려웠고, 당연히 철학적 개념도 전무한 상태였지만
이 책을 읽는데 어려움을 느끼지 않았습니다.

철학책 아니었나?
그런데 이 책에 부자 되는 방법이 나온다고?
위선자 감별법이 나온다고?
대관절 부자 되기와 위선자 감별은 무슨 상관이지?

『철학개론』에 쏟아진 찬사

정현주 님 소감 2

네, 혼란스러우실 겁니다. 목차 어딜 봐도 그런 내용은 없으니까요. 하지만 저자는 얘기합니다. **철학을 공부하면 생각이 명료해진다**고.

제 생각이 명료한지는 아직 알 수 없지만 오랫동안 답을 찾지 못해 헤매던 물음들의 **답에 가까운 생각들이 요즘 떠오르고 있습니다. 이 책을 읽은 후 말이죠.**

정직하고 성실하게 일해서 번 돈을 사기꾼 위선자에게 뺏기지만 않아도 우리는 부자가 될 수 있습니다. 엄청나게 큰 돈을 벌지 않아도 말이죠.

나를 비롯해서 내 가족들이 사기꾼 위선자에게 현혹되지만 않아도 우리는 우리의 돈과 가정을 지킬 수 있습니다.

그렇다면 **누가 위선자이고 누가 사기꾼인지 알아볼 수 있는 혜안**이 있어야 하겠지요?

"철학 공부가 어려운 이유 일곱 번째"와
"부록 : 여섯 가지 증명과 단상들"을
재차 보시길 당부합니다.

저자는 계속해서 말합니다. **'엄밀함, 명료함, 치열함, 올바른 논리 추구 자세'를 지키려 노력하면 바르게 생각할 수 있고 사람다운 사람이 될 수 있다**고 말입니다.

> 정현주 님 소감 3
>
> **내가 바르지 못한데 올바른 것을 볼 수 있을까요?**
>
> 이 책은 그 **올바름**으로 안내하는 '**철학 공부의 안내서**'입니다.
> 곁에 두고 수시로 읽으신다면 세상이 달라 보이고,
> **달라진 나를 볼 수 있을 것** 같습니다.
>
> 그렇다면,
> 우리 잠깐 철학의 세계로 탐험을 떠나 보는 건 어떤가요?

> 수니 님 소감
>
> 지금 읽기 시작했습니다~^^
> (소리내서 천천히 쌤이 강의하는 모습을 상상하면서)
> 그동안 방송에서 쌤의 강의 철학을 들어서인지
> **시작부터 설레고 흥미롭습니다^^**
> 철학은 너무 어려워서 먼 달나라 책인 줄 알았는데
> 너무도 쉽게 귀에 **쏙쏙 들어오는 지식 전달에 감동**입니다!
> 철학은 알면 지금까지와는 전혀 다른 **행복감으로 이어지고**
> 다른 눈으로 세상을 보게 될 거란 말에 감사해졌습니다^^
> 서두르지 않고 천천히 읽겠습니다 ♡

『철학개론』에 쏟아진 찬사

김기남 님 소감 2

저는 현실적인 성향이라 인문학엔 관심이 많지 않았고 더구나 철학은 어렵다고 생각해 알아볼 엄두도 내지 않았어요.

난생 처음으로 철학개론 책을 읽게 되었는데, 철학을 어렵다고 생각한 이유, 철학공부가 어려운 이유에 대해서 말씀해주시고 **철학공부 방법까지 안내해주셔서 마음만 먹으면 나도 할 수 있겠구나** 싶었어요.

유럽철학사와 철학용어들, 철학분야를 소개한 부분은 어려웠지만 **복잡하지 않고 쉬운 말로 설명**을 해주셔서 대충 감은 잡았고요.

현시대를 살면서 우리나라 사람들의 생각과 행태를 도저히 이해할 수 없었으나 우리가 **200년간 과학맹신주의와, 철학을 무시하는 세상에 살고 있었고, 상대주의가 득세하는 시대에 살아온 결과라는 정리된 이해를 할 수** 있었어요.

어린 시절 좋은 대학, 좋은 직업을 갖기 위해 공부를 열심히 해야한다는 말이 마음에 들지 않아 왜 공부를 질해아하나라는 철학적 고민(?)을 한 적이 있었어요. 오래 생각하니 나름대로의 답을 얻고 만족했던 기억이 나네요. 이제부터는 **나는 어디서와서 어디로 가는건지 인생에 대한 철학적 고민을 다시 시작해봐야겠어요.**

엄밀함, 명료함, 치열함, 올바른 논리추구 자세를 떠올리면서 살아야겠다는 마음을 가지게 됩니다.

엄청난 독서량과 노력으로 얻어진 결과물을 아낌없이 가르쳐주시는 선생님께 감사와 존경을 보냅니다.

엘라이온 님 소감

명주선생님~~
너무 늦었지요!
시댁, 친정 다니다보니 책을 제대로 못 읽었어요——
이제 한 숨 돌리며...
샘께 들었던 강의 떠올리며 몇 자 적어봅니다.
'인문학적 소양 정도면 세상을 읽을 수 있지 않을까?'하던 나의
생각은, 명주 선생님을 알게 된 후로
와장창 깨졌습니다.
　거짓과 기만이 넘쳐나는 악한 시대에, **진짜와 진실을 가려내기**
위해서는 철학이 꼭 필요함을 명주샘을 통해 알게 되었습니다.
　철학선생도 가짜가 너무 많은 세상에,
진짜 철학자이며 메타 철학자 동방명주 선생님이 바른 길잡이가 되
어주십니다.
　저의 발걸음이 아직은 서투르지만,
길잡이 명주선생님 따라 차근차근 제대로 밟아 나갈 것입니다!'

소민경 님 소감

　인간성이 상실되고 있는 현대사회에서 가장 기본적으로 짚고 넘어갈 부분을 상세히 설명한 책을 뽑는다면 당연히 이 책을 권할 수 밖에 없다. 작가의 인간에 대한 깊은 사랑과 왜곡된 현실에 대해 바로잡고자하는 인식이 강하게 느껴졌다. **철학을 처음 접하는 사람들이 이 책을 통해 기본을 다진다면 심도있게 철학을 공부하는데 큰 디딤돌이 될거라고 자부**한다.

『철학개론』에 쏟아진 찬사

이경민 님 소감 1

저는 190페이지까지 읽었습니다.

철학이 어려운 것이 저희의 잘못이 아니라는 것, 그리고 철학이 어려운 이유에 대해서 말씀해주신 것, 합리주의를 이성중심주의로, 경험주의를 경험절대주의란 말로 바로잡아 주신 점이 기억에 남습니다. 제가 **여태껏 읽은 철학 관련 책들 중 가장 술술 읽혔던** 것 같습니다. 그 이유를 생각해 보자면 동방명주 선생님께서 철학에 대해 잘 알고 계시고, 이해하기 쉬운 말로 설명하시고, 질문을 던지고 답변을 들으시면서 강의를 하셨기 때문이 아닐까 합니다.

아.. 그리고 **"철학은 이렇게 공부해야 한다"는 내용이 담긴 책**도 이 책이 처음이었던 것 같습니다.

철학을 공부하는 긴 여정에 있어서 이제 막 첫 걸음을 뗀 것 같습니다.

이렇게 좋은 책을 세상에 내 주셔서 감사합니다.

음.. 제가 철학과를 2년 반 정도 다녔지만, 기억에 남게, 알기 쉽게 철학에 대해서 설명을 해준 교수님은 없었습니다. 철학이란 것이 무엇인지, 철학에서 쓰는 **용어의 뜻이 무엇인지 알려 주는 교수님도 없었죠**. 왜 철학을 배워야 하는지에 대해서도 말해 준 교수님은 없었습니다. 저는 철학과에서 철학을 통해 세상을 더 나아질 수 있게 하는 방법을 배우리라 생각했었는데, **철학과에서는 그 답을 찾지 못했습니다**.

> 이경민 님 소감 2

하지만 동방명주 선생님께서는 알기 쉽게, 용어의 뜻을 분명하게 알려 주시고, 철학을 왜 배워야 하는지에 대해서도 알려 주시고 어떻게 공부해야 하는지에 대해서도 알려 주십니다. 철학과에서는 "이게 철학이다"라 말하면서 이해하기 어렵게 가르쳐줬지만, 선생님께서는 철학의 내용과 왜, 어떻게 철학을 공부해 나가야 하는지에 대한 방향을 잡아주십니다. 아직 철학에 대해서 제대로 아는 것이 없지만, **철학을 공부하는 데 있어서 이 방향이 맞다고 확신을 주는 것이 동방명주 선생님의 책이라고 생각**합니다.

비유하자면 철학과에서는 철학이란 어두컴컴한 숲에 몸만 가지고 헤쳐나가야 하는 막막한 느낌이라면, 동방명주 선생님의 책은 어둠을 밝힐 **등불**과 길을 알려 줄 **지도**, 방향을 잡아 줄 **나침반**이 모두 갖춰진 것과도 같다고 할 수 있습니다.

아.. 그리고 한 가지 더 생각났습니다.
이 책을 읽으면서, **제가 철학에 대해 "모른다"는 것을 알게** 되었습니다. 그동안 그냥 안다고 착각했다는 것을 알았습니다.

허영심 많은 가짜들에게 많이 둘러싸여 있었던 것 같습니다.

먹을 가까이하면 먹처럼 검어진다고.. 저도 그랬던 것 같습니다.

『철학개론』에 쏟아진 찬사

만년학생 님 소감

이제 책을 다 읽었습니다.
부족하지만 제 소감입니다.

지금까지 **막연하게만 여겼던 철학이라는 주제에 대해서 공부할만한 가치가 있고 또한 내가 할 수도 있다는 자신감을 갖게 해 주셔서 너무 뿌듯한 마음과 깊은 감사**를 드립니다

철학을 한다는 것의 가장 중요한 점이 내가 뭘 알고, 뭘 모르는지를 알게 된다는 사실과, **"읽었다 와 공부했다"의 차이점을 설명**하는 부분에 이르러서는 **지금까지 뭔가를 하는 척했던 저를 반성하는 계기가** 되었습니다.

또한 모든 학문의 근간인 철학이 비과학의 과학에 매도당하는 현실을 보면서 제가 몸담고 있는 비지니스의 현장에서 제너럴리스트와 일명 스페셜리스트간 벌어지는 갈등과 유사하단 생각을 했습니다. 기업을 구성하는 수많은 전통과 경험에 대한 의미와 맥락의 이해가 없이 선진이론이라고 포장된 교수 컨설턴트 등 소위 전문가라고 칭하는 집단의 부작용을 종종 보았습니다.

마지막으로 엄밀함 명료함 치열함 올바른 논리추구에 이르러서는 지난 탄핵 이후 이것과는 거꾸로 가는 사회현상을 지켜보면서 우리사회에서 무엇보다 철학의 복원이 중요함을 인식하는 계기가 되었고 개인적으로는 **일상에서 엄밀함 명료한 치열함 올바른 논리추구라는 철학하는 삶을 실천해야겠다 라는 다짐을 하게** 되었습니다.

그간 그럴듯하고 거창한 말장난의 미혹에서 건져주시고 **철학하는 삶이 왜 중요한지 그리고 흥미를 갖게 해 주셔서 감사합니다.**

JK 님 소감

안녕하세요 동방명주 쌤과 철학공부방 여러분~!
드디어 책을 다 읽었습니다.
그동안 바쁘다가 오늘 시간이 나서 **앉은 자리에서 다 읽었습니다!**

너무 잘 읽혔습니다!
처음에는 "철학"이란 단어에 겁부터 났지만 선생님이 쉽게 설명해주셔서 **정말 단숨에 읽었습니다.**

철학에 대한 접근 방법, 철학의 흐름(역사), 철학의 용어까지 예시를 들어서 설명해주시니 이해가 잘 되었습니다.
대화체여서 더 쉽게 다가갈 수 있었던 것 같습니다.
또한 철학의 개요를 이렇게 명료하게 설명하실 수 있다는 것은 참고서적의 그 방대한 양에서도 보여주는 것처럼 엄청난 노력(선생님이 말씀하신 치열함!)과 수고가 있으셨음을 느끼게 됩니다. 그 인내의 시간을 생각해보니 저절로 고개가 숙여집니다. 정말 감사합니다!

철학에 관심이 있는데 어디서 어떻게 시작할지 모르는 분께는 필독서가 될 것입니다!

끝으로 말씀하신 철학 공부가 어려운 이유에서 일곱번째 이유 "엄밀함, 명료함, 치열함, 올바른 논리 추구의 자세" 꼭 명심하겠습니다 ♥

『철학개론』에 쏟아진 찬사

별빛 님 소감 2

철학을 하면..
큰 나무가 된다!

… (중략) …

철학은 별자리
철학은 후레쉬
철학은 GPS
철학은 저울
철학은 표준에 대한 고찰
철학은 자동차(올라타서 목적지로 가는 원동기)

… (중략) …

인생살이 고속도로 달릴 때는
철학적 사유는 패스하게 되죠!

현재 고초를 겪거나
미래가 불투명할 때
철학적 질문이 든다면..
동방명주 지음
철학개론 기차가 있습니다!

돌다리도 두드리고 넘어가라는
속담이 있죠?
철학개론으로 그동안 돌다리라고 믿어왔던 것을 두드려 보세요!!

> **주영 님 인상깊었던 구절**
>
> 덕이라는 단어에는 지금과 달리 어떤 의미가 있었을까요?
>
> 사람을 죽이는 의미가 있었어요. 놀라셨죠? 우리는 지금 베풂, 사랑, 자비, 너그러움, 남을 포용하는 것을 덕이라고 생각해요. 근데 고대 그리스 아테네에서는 덕에 용기라는 덕목도 포함되어 있었어요.
>
> 전쟁시에 시민으로서 의무를 다하는 용기라는 의미로 말입니다. 전쟁이 일어나면 적을 죽여야 하고 나 또한 적에게 죽을 수 있잖아요. 누군가를 죽여야 하고, 또 나도 죽을 수 있다고 생각하면 두렵죠.
>
> 그 **두려움을 극복해 내는 용기가 '덕'** 이었던 겁니다. 전쟁시에 적군을 잘 무찌르고 죽이고, 나도 죽을 각오를 하는 것.
>
> 그게 그들이 사용하던 용기의 의미였던 겁니다.
>
> 그래서 체력 단련 학교를 국가에서 운영했던 거죠.
> 적군을 잘 무찌르고 죽이기 위해서 평상시에 늘 체력을 단련하는 것. 그게 뭐겠어요.
>
> 전쟁 연습이죠.
>
> 전쟁시에 죽을 수 있다는 두려움을 극복하고, 적을 죽이고 반드시 이겨야 한다는 단단한 마음가짐이 용기에 담긴 의미였고, 이게 바로 덕의 덕목이었단 얘기입니다.

『철학개론』에 쏟아진 찬사

조용범 님 소감

철학개론, 지금 막 완독했습니다. 좋은 책 잘 읽었습니다.

부당한 이야기를 어렵게 쓴 다른 책들보다 정당한 이야기를 쉽게 쓴 님의 책이 신선했습니다.

지루하게 글씨만 빼곡한 책이 아니라서 더 좋았습니다. **안주 없이 단숨에 시원하게 생맥주 한 잔을 들이킨 느낌이랄까?**

엄밀함, 명료함, 치열함, 논리적 정합성을 가지고 3.0의 세계를 준비하는 내가 되도록 노력하겠습니다~~

감사합니다.

그럼, 소인은 완독의 여운을 🚬로 달래보고 오겠습니다.

윤승현 군(중2)

1.12.6 제목: 철학개론 (느낀점)

철학개론 책을 읽고 제일 처음으로 생각이 든 점은 정말 재미 없다 였다. 그 이유는 아직도 잘 되는듯 안되는듯 어렵고 설거지신게 시대에 없어 안되는 건가 라고 생각했다. 그래도 계속 읽다 보니 처음보다 점점 이해가 되는것 같았다. 그래도 잘 안되는 건 어쩔 수 없지만 읽는 동안 이걸 읽으면 좋을까 생각했다. 근데 재미있는 관심이 가는 부분도 있었다. 그 부분은 신이 존재하는가 였다. 과학적인 관점이 있는 부분이었다. 신이 존재하는가? 하는 부분은 내가 신은 존재한다고는 되긴 하지만 왜 존재하는지는 제대로 설명할 수 없기도 하고 신이 왜 존재하는지 궁금했던 이야기 겪기 때문이다. 신이 존재하는 이유를 설명할때 과학관련된 이야기가 나오는데 물질과 물질이 만나 뭉쳐지된다 하지만 신기하는 존재 겠다면 처음 만들어진 물질은 무엇이고 그물질이 다른 물질과 만나 또다른 물질을 만든는데 과학자들에게 처음 만들어진 물질은 어떻게 만들어졌는 모르면 저절로 만들어 졌다고 답한다. 하지만 이건 인은 전대로 일어나지 않을 것이다. 신이 존재하지 않는다면 아무것 내용이 있는데 이 내용에 제일 재미있고 관심이 생기는 부분이 없었던것 같다. 그리고 철학은 인생에 없어서는 안될 점이 나고 생각했다. 과학으로 설명하지 못하는 것을 철학이 설명해 주기 때문에 인생에서는 없어서는 안될 지식이라고 생각했다.

떼부자 님 소감

<책을 펼치기 전>
그다지 책읽기를 즐겨 안 하는 이들이 늘 그렇듯, 이 책도 이해하기 어려운 내용에 막혀 **10쪽도 못 읽고 책장으로 들어가리라** 그도 그럴 것이 무려 **<철학개론>** 아니든가?

<책장을 넘기며>
종이 질이 특이하고 책이 살짝 무게감이 느껴진다.
차례를 쭉 살펴보니 <철학사>라는 부분이 약간 긴장감을 주지만 한 번 도전해 볼 만 하다는 생각이 든다
어라!! 예상과 달리 **대화체 문장**이네. **작가외 등장인물들이 여럿**이네. 이 책은 **좀 특이하다는 느낌**을 받는다

<뒤표지를 닫으며>
내가 333쪽 책을 이틀만에 다 읽었다고? 이게 뭔 일이지? 내 독서 이력에 이런 일이 있었던가?
물 흐르듯 읽었다
현학적인 표현들을 열거하며 독자들을 무시하고 진을 빼는 내용이 없다
문단마다 줄 띄우기를 하면서 중언부언 없이 내용을 정확하게 전달한다
철학이 어렵게 느껴지는 이유를 설명하며, 작가는 오히려 독자들의 잘못이 아님을 강조하고, 용기를 불어넣는다
철학의 중요성을 역설하지만, **억지로 가르치려고 하지않고 스스로 깨우칠 수 있도록 유도한다**
참고 서적을 보는 순간 경악을 금치 못했다. **이렇게 많은 참고서적이 기록된 책을 본 적이 없다.**
철학을 이렇게 쉽게 설명할 수 있는 원천이 이것인가?
나는 철학이 무엇인지 아직 모른다. 하지만 **이 책을 접하고 사람다운 <생각> 이라는 것을 하기 시작했다**

축하합니다~♡

철학

선진문명의 지름길
최고 지성의 향연
이 멋진 세계에
들어오신 것을

유튜브 방송 【폴라스타 채널】의 『철학아카데미』 코너에서 진행한

동방명주의 『철학개론 I』
유럽 철학 개론 강의록

초판 1쇄 인쇄 2022년 11월 1일
초판 1쇄 발행 2022년 11월 11일

강의   동방명주
발행처   철학이야기
발행인   (유)소프트레볼루션스
강의녹취록 정리 및 편집   이주호
표지디자인   류봄
주소   서울특별시 마포구 독막로28길 10, 109동 B101-327호
문의처   philosophystory1@naver.com
© 철학이야기, 2022. Printed in Seoul, Korea

값 35,000원
ISBN 979-11-951106-4-3 (03160)

이 도서의 국립중앙도서관 출판도서목록(CIP)은 서지 정보유통지원시스템 홈페이지(http://www.seoji.nl.go.kr)와 국가자료공동목록시스템(http://nl.go.kr/kolisnet)에서 이용하실 수 있습니다.